utb 3370

Eine Arbeitsgemeinschaft der Verlage

Böhlau Verlag · Wien · Köln · Weimar
Verlag Barbara Budrich · Opladen · Toronto
facultas · Wien
Wilhelm Fink · Paderborn
Narr Francke Attempto Verlag · Tübingen
Haupt Verlag · Bern
Verlag Julius Klinkhardt · Bad Heilbrunn
Mohr Siebeck · Tübingen
Ernst Reinhardt Verlag · München
Ferdinand Schöningh · Paderborn
Eugen Ulmer Verlag · Stuttgart
UVK Verlag · München
Vandenhoeck & Ruprecht · Göttingen
Waxmann · Münster · New York
wbv Publikation · Bielefeld

Dieter Kreft, C. Wolfgang Müller (Hrsg.)

Methodenlehre in der Sozialen Arbeit

Konzepte, Methoden, Verfahren, Techniken

3., überarbeitete Auflage

Mit 4 Abbildungen und 1 Tabelle

Mit Beiträgen von Nando Belardi, Michael Galuske, Sabine Gieschler, Wolfgang Hinte, Heiko Kleve, Dieter Kreft, Dieter Maly, Stephan Maykus, Joachim Merchel, Werner Michl, C. Wolfgang Müller, Ria Puhl, Hiltrud von Spiegel, Reinhard Thiers und Wolf Rainer Wendt

Ernst Reinhardt Verlag München

Universitätsbibliothek
Duisburg-Essen

Prof. *Dieter Kreft*, Verwaltungs- und Erziehungswissenschaftler, Staatssekretär a. D., ist Honorarprofessor der Leuphana Universität in Lüneburg.

Prof. Dr. Dr. h.c. *C. Wolfgang Müller* ist emeritierter Professor der Technischen Universität Berlin.

13
i3G7222(3)+8

Bibliografische Information der Deutschen Nationalbibliothek

Die Deutsche Nationalbibliothek verzeichnet diese Publikation in der Deutschen Nationalbibliografie; detaillierte bibliografische Daten sind im Internet über <http://dnb.d-nb.de> abrufbar.

UTB-Band-Nr.: 3370
ISBN 978-3-8252-5290-8
3., überarbeitete Auflage

Ausgesondert durch
Universitätsbibliothek
Duisburg-Essen

© 2019 by Ernst Reinhardt, GmbH & Co KG, Verlag, München

Dieses Werk einschließlich seiner Teile ist urheberrechtlich geschützt. Jede Verwertung außerhalb der engen Grenzen des Urheberrechtsgesetzes ist ohne schriftliche Zustimmung der Ernst Reinhardt, GmbH & Co KG, München, unzulässig und strafbar. Das gilt insbesondere für Vervielfältigungen, Übersetzungen in andere Sprachen, Mikroverfilmungen und die Einspeicherung und Verarbeitung in elektronischen Systemen.

Printed in EU
Einbandgestaltung: Cover unter Verwendung eines Fotos von © istock.com/lushik
Satz: ew print & medien service GmbH, Würzburg

Ernst Reinhardt Verlag, Kemnatenstr. 46, D-80639 München
Net: www.reinhardt-verlag.de E-Mail: info@reinhardt-verlag.de

Inhalt

Abkürzungsverzeichnis

a. a. O.	am angegebenen Ort
Abs.	Absatz
Art.	Artikel
AG	Arbeitsgruppe / Ausführungsgesetz
AK	Arbeitskreis
AKJStat	s. KomDat
ASD	Allgemeiner Sozialer Dienst
BA	Bachelor of Arts
BAG	Bundesarbeitsgemeinschaft
Bd. / Bde.	Band / Bände
BGB	Bürgerliches Gesetzbuch
BJK	Bundesjugendkuratorium
BKSchG	Bundeskinderschutzgesetz
BMUB	Bundesministerium für Umwelt, Naturschutz, Bau und Reaktorsicherheit
BRD	Bundesrepublik Deutschland
BT	Bundestag
DAGG	Deutscher Arbeitskreis für Gruppenpsychotherapie und Gruppendynamik
DGSA	Deutsche Gesellschaft für Soziale Arbeit
DGSv	Deutsche Gesellschaft für Supervision
Drs.	Drucksache
DBSH	Deutscher Berufsverband für Soziale Arbeit
DKSB	Deutscher Kinderschutzbund
DV	Deutscher Verein für öffentliche und private Fürsorge, Berlin
d. V. / d. d. V.	der Verfasser / durch die Verfasser
ebd.	ebenda
et al.	und andere
EQR	Europäischer Qualifikationsrahmen
EU	Europäische Union
GG	Grundgesetz

GWA	Gemeinwesenarbeit
i. d. R.	in der Regel
i. E.	im Erscheinen
ISA	Institut für soziale Arbeit, Münster
ISS	Institut für Sozialpädagogik und Sozialarbeit, Frankfurt / M.
ISSAB	Institut für Stadteilbezogenen Soziale Arbeit und Beratung, Essen
i. S. v.	im Sinne von
i. V. m.	in Verbindung mit
JA / JÄ	Jugendamt / Jugendämter
Jh.	Jahrhundert
JHA	Jugendhilfeausschuss
JHP	Jugendhilfeplanung
JWG	Gesetz für Jugendwohlfahrt
KMK	Kultusministerkonferenz
KomDat	Kommentierte Daten der Kinder- und Jugendhilfe
LJA / LJÄ	Landesjugendamt / Landesjugendämter
np	neue praxis
NDV	Nachrichtendienst des Deutschen Vereins für öffentliche und private Fürsorge
o. Ä.	oder Ähnliches
o. g.	oben genannt
o. J.	ohne Jahr
Rz.	Randziffer
SGB	Sozialgesetzbuch (mit den im Text genannten Büchern)
SPFH	Sozialpädagogische Familienhilfe
SPI	Stiftung Sozialpädagogisches Institut, Berlin
s. w. u.	siehe weiter unten
TuP	Theorie und Praxis der Sozialen Arbeit
TZI	Themenzentrierte Interaktion
uj	unsere jugend
u. U.	unter Umständen
VA	Verwaltungsakt
vs.	versus

Einführung der Herausgeber

Dieses Buch ist als Studienbuch im Rahmen eines berufsqualifizierenden Studiums der Sozialen Arbeit entwickelt worden. Bei seiner Herausgabe haben wir uns an unseren eigenen langjährigen Erfahrungen in Berufstätigkeit, Lehre und Forschung orientiert. Wir haben dabei immer versucht, dem doppelten Anspruch der Ausbildung zur Sozialen Arbeit zu entsprechen: relevante Beiträge zeitgenössischer Human- und Sozialwissenschaften zu kennen, einzuschätzen und in ihrem jeweiligen wissenschaftstheoretischen Bezugsrahmen ernst zu nehmen und gleichzeitig jenes Handwerkszeug lehrend, erprobend und übend zu vermitteln, das wir zur Ausübung von Berufen der Sozialen Arbeit für unabdingbar halten. Denn die Berufe, zu denen wir ausbilden, sind personenbezogene Dienstleistungsberufe mit einem prägenden anwendungsorientierten Anteil, der auf handwerklichem Können beruht. Wir verwenden deshalb gern und in Erinnerung an alte Handwerker-Traditionen den Untertitel: „Handeln nach den Regeln der Kunst". Denn Kunst hat viel mit Können zu tun und nicht unbedingt mit Wollen. Und eine Sache ‚begreifen' heißt nicht nur, sie zu ‚verstehen', sondern auch, sie handelnd ‚angegriffen' zu haben.

Vor dem Hintergrund dieser Überlegungen haben wir 2008 versucht, in einem gemeinsamen Beitrag für die Fachzeitschrift „Theorie und Praxis der Sozialen Arbeit" – „Konzepte, Methoden, Verfahren und Techniken. Ein praxisorientierter Ordnungsversuch für das Handeln nach den Regeln der Kunst" (TuP 2/2008, 134–143) – eine Lernende und Lehrende orientierende ‚Schneise' in den kaum noch zu durchblickenden Dschungel der Methodenliteratur unserer Zunft zu schlagen.

Wir waren erstaunt, wie viel Zustimmung unser – noch sehr allgemeiner und struktureller – Ordnungsversuch gefunden hat, und wir haben schließlich die wiederholt ausgesprochene Anregung, diese Idee in einem Basis-Studienbuch weiterzuentwickeln, aufgegriffen und konkretisiert:

Dieser Titel will und kann kein ausbildungsbegleitendes Lehr- und Trainingsbuch zur Einführung in ‚methodisches Arbeiten' ersetzen. Es will und soll vielmehr vor allem für Studierende und Praktizierende die Vielfalt von Begriffen ordnen, die sich inzwischen unter dem Sammelbegriff ‚Methoden der Sozialen Arbeit' tummeln.

Der Methodenbegriff sollte nach unserer Auffassung künftig nur noch für die drei klassischen Methoden benutzt werden, alle anderen Versuche planvollen Handelns seien ‚Verfahren' für das Handeln nach den Regeln der Kunst, die durchaus wirksam durch die Kenntnis von ‚Techniken' unterstützt werden können. Weil es im ‚realen Sozialarbeiter-Alltag' darauf ankommt – zudem häufig in kürzester Zeit –, wissensbasierte Dienstleistungen zu organisieren und/oder anzubieten, rücken wir weiter das angemessene ‚methodische Handeln' in den Mittelpunkt dieses Buches. Wie kann an den vielen unterschiedlichen Arbeitsplätzen der Sozialen Arbeit fachlich angemessen planvoll gehandelt werden, aufgrund welcher Informationen und wie? Im Allgemeinen Sozialen Dienst etwa, in der Beratung, beim Hausbesuch, im Quartiermanagement, der Planung, Erlebnispädagogik oder der Öffentlichkeitsarbeit usw.

Auf diese zentralen Fragen der Sozialen Arbeit versuchen wir in diesem Buch orientierende Antworten zu geben.

Idealtypisch gibt diese Anlage Lernenden und Lehrenden die Möglichkeit, das so schwierige professionelle Handeln im Einzelfall zu ordnen und inhaltlich zu justieren: über Konzepte/Konzeptionen, über die Wahl der grundsätzlich angemessenen Vorgehensweise (da bieten die drei klassischen Methoden erste und grundsätzliche Orientierungen), durch Rückgriff auf inzwischen erarbeitete, beschriebene und bewährte Verfahren des standardgeleiteten Vorgehens sowie die Nutzung eines breiten Technikrepertoires. Sie umfassen nicht alle zeitgenössischen Beispiele, die häufig in ihrer verwirrenden Vielfalt eher dem Ruf nach marktgängigen Neuigkeiten folgen als tatsächlich einen neuen Zugang zu alten und neuen Problemen und Hilfen zu eröffnen, mit denen die Soziale Arbeit seit eh und je befasst war. Alles zu dem alleinigen Zweck, in der je konkreten Arbeitssituation eines Arbeitsplatzes ‚Arbeitshilfen für die Gestaltung von Situationen' zu entwickeln (nach v. Spiegel 2018 – in ihrem ‚Werkzeugkasten für methodisches Handeln', 139 ff.; vgl. auch Kap. 1.4).

Also kein Streit mehr, was alles ‚Methoden' sind und warum, sondern Lern- und Lehrhilfen für angemessenes, planvolles fachliches Handeln.

Wir hoffen, diese hier vorgestellte ‚Ordnung' hilft dabei.

Die 1. Auflage 2010 hat viel Interesse gefunden, es gab zahlreiche Rezensionen, die überwiegend positiv waren und deren Anregungen wir übernommen haben. Die meisten begrüßten unseren Versuch einer kleinen, gut lesbaren Erstinformation in die so komplexe Methodenlehre der Sozialen Arbeit und stuften ihn als insgesamt gelungen ein.

Deshalb haben wir bereits für die 2. Auflage die Gliederung nur wenig verändert:

In **Kapitel 1 – Grundlagen für methodisches Handeln** – sind jetzt alle Beiträge gebündelt, die einführend oder von grundsätzlicher Bedeutung sind:

- Konzepte, Methoden, Verfahren und Techniken in der Sozialen Arbeit (eine fachliche Einführung von D. Kreft und C. W. Müller);
- Beobachten, Beurteilen, Handeln (eine grundsätzliche Betrachtung sozialarbeiterischen Arbeitens von St. Maykus);
- Handlungskompetenz (ein Versuch von D. Kreft zu klären, was heute darunter subsumiert wird) und
- Methodisches Handeln in der Sozialen Arbeit (neu für die 2. Auflage von H. von Spiegel geschrieben, vor allem mit dem Ziel zu erläutern, wie die operative Handlungsebene der Sozialen Arbeit wirksam gestützt werden kann).

Das **Kapitel 2** behandelt dann die drei klassischen Methoden in ihrer Entwicklung und ihrer aktuellen Bedeutung, in **Kapitel 3** werden in einer exemplarischen Auswahl Verfahren vorgestellt, in **Kapitel 4** ausgewählte Techniken beschrieben.

Für diese 3. Auflage hat es bei dem Beitrag „Von der Einzelfallhilfe zum Case Management“ einen Autorenwechsel gegeben. Wolf Rainer Wendt hat dieses Kapitel (Kap. 2.1) vollständig neu geschrieben.

Im Übrigen sind wieder alle Beiträge von uns sorgfältig durchgesehen, ggf. verändert / erweitert und aktualisiert worden.

Wir hoffen, dass unser ‚Ordnungsversuch‘ weiterhin Studierenden, Lehrenden und ParktikerInnen hilft, sich besser in den ‚Methodendschungel‘ einzuarbeiten und / oder sich darin zurechtzufinden.

Nürnberg und Berlin, im Juli 2019
Dieter Kreft und C. Wolfgang Müller

1 Grundlagen für das methodische Handeln

1.1 Konzepte, Methoden, Verfahren und Techniken in der Sozialen Arbeit: Ein Ordnungsversuch für das Handeln nach den Regeln der Kunst

Von Dieter Kreft und C. Wolfgang Müller

Vorbemerkung

Die Zahl der Veröffentlichungen zu ‚Methoden der Sozialen Arbeit' ist für Studierende und Praktiker kaum noch zu überblicken mit ihrer Vielfalt unterschiedlicher Definitionen, häufig wenig strukturiert, statt hilfreich zu sein eher verwirrend.

Man hat inzwischen den Eindruck, alles, was etwas mit geordnetem, planmäßigem Handeln zu tun hat, werde unter den Oberbegriff ‚Methoden' gestellt (also z. B. auch Öffentlichkeitsarbeit und Jugendhilfeplanung, beides sind aber gewiss keine ‚Methoden', sondern ‚Verfahren'). In den verschiedensten Definitionsversuchen werden neben- und durcheinander die Begriffe Methoden, Konzepte und Verfahren gebraucht, inzwischen wird auch immer wieder von ‚methodischem Handeln' gesprochen – eine fast babylonische Erklärungsverwirrung.

Wir versuchen in diesem Buch, diese Verwirrung in einer begrifflichen Ordnung aufzulösen: Was ist eigentlich ein/eine Konzeption/Konzept, eine Methode, ein Verfahren, was (nur) eine methodisches Handeln unterstützende Technik? Wir möchten dadurch zu einer Klärung beitragen, die sowohl Studierenden und Lehrenden als auch Praktikern der Sozialen Arbeit beim Lehren, Lernen und Handeln hilft.

Dabei lassen wir uns von folgenden zentralen Überlegungen leiten:

Soziale Arbeit findet auf verschiedenen Ebenen unseres gesellschaftlichen Lebens statt: auf der Ebene der Gesamtgesellschaft mit ihren Traditionen, Gesetzen, Regeln, Ordnungsvorstellungen und Innovationen; auf der Ebene der Länder und der Kommunen, in denen wir arbeiten; auf der Ebene der Netzwerke von Menschen, mit denen wir verwandt, befreundet, benachbart sind; auf der Ebene unseres je individuellen Lebens, seiner Herausforderungen, Risiken und Chancen.

Auf jeder dieser Ebenen benötigen wir allgemeine und besondere Kenntnisse, Fähigkeiten und Fertigkeiten, um Soziale Arbeit professionell zu betreiben. Und dieses professionelle Arbeiten bedeutet ein Dreifaches:

(1) Erkenntnisse aus verschiedenen Human- und Sozialwissenschaften helfen uns, anderen zu helfen, sich selbst zu helfen und zu entwickeln;
(2) Kenntnisse von Regeln, Ordnungen und Gesetzen, die unserem Zusammenleben Struktur und Richtung geben, helfen uns bei der Planung und Durchführung von Erziehungs-, Entwicklungs- und Hilfeprozessen;
(3) Vorgehensweisen der Zusammenarbeit mit Klienten, Netzwerken und Zielgruppen helfen uns, diese Arbeit human, wirkungsvoll und auf Dauer gerichtet zu betreiben;
Diese Zusammenarbeit nannten wir früher ‚Hilfe zur Selbsthilfe'. Heute nennen wir sie im Zusammenhang mit einem europaweit erweiterten Begriff von ‚Bildung und Erziehung': ‚Lehren und Lernen'.

Insbesondere die Ebene der direkten Arbeit mit Menschen beruht auf langjährigen handwerklichen Traditionen, die man kennen, anwenden und beherrschen muss, um seine Arbeit ‚nach den Regeln der Kunst' zu verrichten.

Qualität der Arbeit: Seit in den 1990er Jahren die Qualitätsdebatte auch die Soziale Arbeit erreichte, kann immer weniger der Verpflichtung ausgewichen werden, genau(er) Auskunft über das zu geben, ‚was man wie und warum tut': Zuerst erreichte diese Entwicklung die Krankenversicherung (SGB V), dann die Sozialhilfe (zunächst das Bundessozialhilfegesetz, jetzt das SGB XII) und die Soziale Pflegeversicherung (SGB XI), 1999 schließlich auch die Kinder- und Jugendhilfe (SGB VIII): Dort sollen nun bei den teilstationären und stationären Leistungen nur noch Anbieter/Träger in Anspruch genommen werden, mit denen zuvor Vereinbarungen über Inhalt, Umfang und Qualität der angebotenen Leistung, über das zu zahlende Entgelt sowie zur Qualitätsentwicklung und -sicherung abgeschlossen wurden

(§§ 78a ff. SGB VIII). Man muss also jetzt *vorher* sagen können, was genau, für wen und mit welchen Zielen angeboten wird, was diese Leistungen kosten und wie die einmal versprochene Qualität der Leistungen fortentwickelt und geprüft werden kann/soll (dazu aktuell zusammenfassend Merchel 2013 und Kap. 3.12 sowie Schindler/Münder in: Münder et al. 2019 zu 478a).

Verantwortung für ‚Kunstfehler': Verschärft wurde diese Tendenz dadurch, dass aufgrund von Strafverfahren gegen SozialarbeiterInnen für alle Beschäftigten sehr deutlich wurde, dass ‚unsachgemäßes Handeln' auch in der Sozialen Arbeit Folgen für sie haben kann. Diese möglichen Rechtsfolgen bei Verletzung fachlicher Standards können sich gegen den Anstellungsträger und/oder gegen die Beschäftigten richten, sie können zivil- und/oder strafrechtliche Folgen haben (genauer bei Meysen in: Münder et al. 2019, Anhang II, Rz 9 ff., insbes. Rz 11 und 12). Wichtig ist – insbesondere für die möglichen strafrechtlichen Folgen –, dass der/die Beschäftigte im Strafverfahren geltend machen kann, er/sie habe sowohl ‚nach den aktuellen, anerkannten Regeln der Kunst gehandelt' als auch ‚die Besonderheiten des Einzelfalles' angemessen berücksichtigt und sei somit nicht in die Verantwortung zu nehmen. Man denke an die Fälle von Kindesmisshandlung und Kindestötung der letzten Jahre, in denen sich auch MitarbeiterInnen des Allgemeinen Sozialen Dienstes verantworten mussten bzw. müssen (Deutscher Verein 2009, ISS 2012, zuletzt Meysen in: Münder et al. 2019, Anhang II).

Es geht also auch darum, dass sich Beschäftigte mit dem Hinweis, sie hätten nach den Regeln der Kunst gehandelt, u. U. gegenüber zivil- und strafrechtlichen Konsequenzen exkulpieren können (i. S. von rechtfertigen, entschuldigen, von einer Schuld befreien) (dazu fachlich und rechtlich bereits Jordan und Münder jeweils 2001, dazu auch Kreft 2015).

Aber: Diese ‚fachlichen Regeln' müssen entwickelt worden sein, sie müssen den Beschäftigten bekannt sein und diese müssen danach handeln.

Was meint ‚geordnetes fachliches Handeln'?

Die fachlichen Regeln, die ‚Regeln der Kunst' also, werden in der (allgemeinen) Fachliteratur unterschiedlich beschrieben und bewertet. Etwa: „Systematische Handlungsformen für den zielgerichteten beruflichen Umgang mit sozialen Problemen" (Krauß 2017, 651), „(Handlungs-)Methoden (…), die auf eine planvolle, nachvollziehbare, überprüfbare und damit kontrollierbare Gestaltung von Hilfeprozessen abzielen“ (Galuske/Müller 2012, 593).

Bereits diese wenigen, aus aktuellen Texten bzw. Textzusammenfassungen zum Erkenntnisstand der Methoden-Literatur stammenden Zitate zeigen, dass diese Literatur nicht ‚eindeutig‘ ist. So werden immer wieder Begriffe verwendet, ohne dass ihre Trennschärfe deutlich wird: Konzeptionen/Konzepte, Techniken, Strategien, Verfahren, Handlungsmethoden/-formen, die Aufteilung in direkt/indirekt interventionsbezogene, struktur– und organisationsbezogene Konzepte und Methoden (so bei Galuske 2013, 168 unter der Überschrift „Handlungskonzepte und Methoden der Sozialen Arbeit“, ohne dass dann genauer Auskunft darüber gegeben wird, was ein ‚Konzept‘, was eine ‚Methode‘ ist), und schließlich ganz allgemein, methodisches Handeln in der Sozialen Arbeit (bei v. Spiegel 2018 heruntergebrochen bis zu „Arbeitshilfen für die Gestaltung von Situationen“ im Kap. II ab S. 139 ff.; ausführlich dazu auch Wendt, P.-U. 2017, Kap. 2).

Für eine ‚Ordnung', die das Lehren, Lernen und Handeln zu erleichtern vermag, schlagen wir stattdessen vor, nur noch zwischen **Konzepten**, **Methoden**, **Verfahren** und **Techniken** zu unterscheiden, weil nach unserer Auffassung darunter alle Formen methodischen Handelns in der Sozialen Arbeit einigermaßen trennscharf gefasst werden können.

Ohne Erinnerung keine Zukunft: Die Anfänge methodischen Arbeitens in der Berufsausbildung zur Sozialarbeit

Tätigkeiten Sozialer Arbeit haben eine lange Geschichte in Glaubensgemeinschaften und Kommunalverbänden. Aber erst spät wurden sie als Beruf gegen Kontrakteinkommen ausgeübt. Und erst zu Beginn des 20. Jahrhunderts wurden sie als Berufsausbildung auf wissenschaftlicher Grundlage installiert. Beim Übergang von der Tätigkeit zum Beruf und danach zum Lehr- und Ausbildungsberuf spielte die ‚Methodenfrage‘ eine gewichtige Rolle. Denn SozialarbeiterInnen/SozialpädagogInnen sollten nicht nur über ein bestimmtes Wissen verfügen, sie sollten auch eine bestimmte weltanschaulich geprägte Sichtweise auf Menschen und Gesellschaften besitzen, und sie sollten Fertigkeiten erwerben, andere Menschen anzuleiten, zu beeinflussen, zu verändern. Alice Salomon, die Gründerin der ersten Berliner Frauenschule für die Soziale Arbeit, hat in ihrem Lehrbuch „Soziale Diagnose“ die doppelte

Aufgabe von Fürsorgerinnen so beschrieben: Einerseits sollten sie Notleidenden und Hilfesuchenden materielle und ideelle Unterstützung geben und an andere unterstützungsfähige Personen und Institutionen verweisen. Zum anderen aber sei es ihre Aufgabe, die Haltung des Klienten zu beeinflussen, auf seinen Willen einzuwirken, „seine Haltung, seine Einstellung zu verändern. Damit erst entsteht die methodische Frage“ (Salomon 1926, 61).

Salomons methodische Vorschläge lehnten sich an den methodischen Dreischritt an, der schon von Mary Richmond in ihrem Forschungsbericht „Social Diagnosis“ (1917) und in dem Lehrbuch „What is Social Casework?“ (1922) vorgegeben worden war und der sich an den Tätigkeitsprofilen von Krankenhausärzten orientiert hatte: Diagnose und Anamnese, Behandlungs- (hier: Hilfe-)Plan und schrittweise Evaluation der jeweils erzielten Wirkungen.

Diese vergleichsweise entwickelte und differenzierte Sichtweise auf die Methodenfrage in der Sozialen Arbeit (zunächst vor allem: in der Wohlfahrtspflege) wurde von den Nationalsozialisten abgebrochen. Sie ersetzten sozialwissenschaftliche, milieutheoretische und psychoanalytische Sichtweisen durch erbbiologische und rassenhygienische Kampfbegriffe. Sie ersetzten die Leitfigur der Republik von Weimar, das Jugendamt, durch ein Gesundheitsamt, dessen Hauptaufgabe es war, Beiträge zu einem neuen methodischen Dreischritt zu leisten, um ‚Erbkranke‘, ‚Fremdrassige‘ und ‚Asoziale‘ ‚auszusuchen‘, ‚auszusondern‘ und ‚auszumerzen‘.

Nach dem vollständigen militärischen Zusammenbruch des ‚Dritten Reiches‘ sahen die US-amerikanischen Besatzungstruppen und ihre Erziehungsoffiziere eine Hauptaufgabe darin, die deutsche Bevölkerung und vor allem die in der Sozialen Arbeit tätigen Fürsorger, außerschulischen Jugenderzieher und in der Erwachsenenpädagogik Tätigen ‚umzuerziehen‘ (die Briten sagten ‚umzuorientieren‘). Dazu organisierten sie ein internationales Austauschprogramm zwischen deutschen Fachkräften, anglo-amerikanischen Experten und deutschen Antifaschisten, die emigrieren mussten und nun als Fachkräfte besuchsweise in die alte Heimat zurückkehrten (genauer bei C.W. Müller 2013 die Kap. 8 und 9 und bei Wieler/Zeller 1995).

So festigte sich in den 1950er und 1960er Jahren auch in Westdeutschland das Bild von den ‚drei klassischen Methoden der Sozialen Arbeit‘: der *Einzelhilfe*, der *Gruppenpädagogik* und der *Gemeinwesenarbeit*. Sie unterschieden sich durch die soziale Situation, in der Entwicklungshilfe geleistet wurde: Sie geschah einmal im Vier-Augen-

Gespräch mit *einer* Hilfe suchenden Person – später auch mit allen Angehörigen einer Lebensgemeinschaft oder Familie; sie geschah zum anderen mit einer *überschaubaren Gruppe*, die Arbeit, Freundschaft oder gemeinsame Interessen zusammengeführt hatte; und sie geschah in einem größeren *lokalen Wohn- und Lebensbereich* mit Möglichkeiten der interpersonalen Verbesserung der Lebensqualität aller Bewohner. Es mag auf den ersten Blick merkwürdig erscheinen, dass die klassischen Methoden nicht nach dem jeweiligen Anlass für Hilfe und Entwicklung geordnet worden sind, sondern nach der Sozialform der notwendigen Kommunikation. Erst spät entdeckten internationale Kommunikationsforscher, dass es die Sozialformen der zwischenmenschlichen Kommunikation sind, welche einen entscheidenden Einfluss auf den Charakter der Hilfeleistung ausüben. Die sozialen Orte dieser bildenden Kommunikation, die wir heute ‚Lehren und Lernen' nennen, spielen inzwischen eine strukturbestimmende Rolle und sind über die traditionellen Bildungseinrichtungen hinaus neben Orten der ‚formalen Bildung' um Orte und Situationen ‚informeller' und ‚non-formaler' Bildung erweitert worden (BJK 2001, insbes. 22 ff.).

Gemeinsam war den drei Methoden, dass der Prozess des Helfens über drei wiederkehrende Phasen verlief: Er begann mit einer ersten Kontaktphase, in der eine tragfähige zwischenmenschliche Beziehung zwischen Sozialarbeitern/Sozialpädagogen und ihren Klienten aufgebaut und Informationen über den Anlass der notwendig erscheinenden Hilfe gesammelt werden sollten, die zu einer ersten vorsichtigen Diagnose der Situation und ihrer Geschichte (Anamnese) führen würde. In der zweiten Phase sollte gemeinsam ein Hilfeplan entwickelt werden, der in kleinen, erkennbar weiterführenden Schritten zu einem definierten Ziel führen könnte. Für das Erreichen des Zieles wird ein Arbeitsbündnis geschlossen: Das Erreichen einzelner Teilziele markiert kleine Erfolge, das Verfehlen einzelner Teilziele zwingt zu Korrekturen im Vorgehen. Ist die im Arbeitsbündnis vereinbarte Zeitspanne abgelaufen, wird der gesamte Prozess gemeinsam evaluiert und die Verbindung gelöst oder bei Bedarf in ein neues Hilfe-Arrangement mit anderen Personen überführt.

Es hat Kritik an diesem Methodenbegriff gegeben. Diese Kritik an den Methoden scheint uns heute kurzatmig und uninformiert. Diejenigen, die am Methodenbegriff die scheinbar technokratisch-funktionalistische Verengung kritisierten, waren offensichtlich an der alten bildungswissenschaftlichen Trennung in ‚Didaktik' als Lehre von den zu lehrenden Bildungsgehalten und ‚Methodik' als Lehre von den zu wählenden, möglichst effektiven Lehr-Lern-Formen orientiert. Sie wussten nicht oder konnten nicht wissen, dass für den anglo-amerikanischen Pragmatismus nicht die Trennung in ‚Theorie' und ‚Praxis' maßgebend war, sondern der möglichst innige Zusammenhang von Wegen und Zielen, von Werten und Normen. Und sie wussten nicht, konnten es nicht wissen oder hatten es vergessen, dass die klassischen Methoden der Sozialen Arbeit Ergebnis der experimentellen Praxis von Sozialen Bewegungen gewesen waren. Diese Bewegungen zeichneten sich durch je erkennbare und spezifische Gesellschaftsbilder, Menschenbilder und Wertehierarchien aus. Das galt für die Frauenbewegungen und die soziale Einzelfallhilfe, für die Jugendbewegungen und die Gruppenpädagogik sowie für die Bodenreformer, die Lebensreformer und die Sozialreformer im Zusammenhang mit der Gemeinwesenarbeit (Zusammenfassungen bei C. W. Müller 2013).

Eines der wichtigsten Werke zum Verständnis der ‚klassischen Methoden' ist bis heute der Friedländer/Pfaffenberger (deutsch erstmalig 1966, die amerikanische Originalfassung stammt von 1958). Beide Autoren waren aktive Mitglieder der Arbeiterwohlfahrt und Hochschullehrer.

Die von der deutschen Fachliteratur dann später so genannten ‚klassischen Methoden' waren jedoch in dem Jahre, als die Konferenz der (west)deutschen Wohlfahrtsschulen beschloss, sie als verbindliches Vertiefungsfach in ihre Kern-Curricula aufzunehmen (Oktober 1954), alles andere als ‚klassisch'. Lediglich die Soziale Einzelfallhilfe hatte eine damals vierzigjährige Forschungs- und Lehrgeschichte. Die Gruppenpädagogik war gerade erst von der US-Konferenz der Schulen für Soziale Arbeit akzeptiert worden, Gemeinwesenarbeit und Gemeinde-Entwicklung standen noch diesseits akademischer Akzeptanz.

15 Jahre später gerieten diese drei ‚klassischen Methoden' in die massive und fundamentale Kritik der Studenten- und Sozialarbeiterbewegung (dazu C. W. Müller 2013, 236–270). Die Systematisierung der verschiedenen Berufsfelder nach den Sozialformen der Kommunikation zwischen Sozialarbeiter und Klient (also eben die ‚Methoden') wurde durch Fundamentalkritik des Bürgerlichen Staates als ideeller Gesamtkapitalist und durch die Vorbereitung der Studierenden auf die verschiedenen Arbeitssegmente Sozialer Arbeit ersetzt (genauer bei C. W. Müller 2013).

Damit wurde die Weiterentwicklung methodischen Arbeitens in Lehre und Forschung unterbrochen. Neuere Praktiken der Arbeit im internationalen Rahmen wurden nicht als Teil einer methodischen Kontinuität begriffen, sondern als ‚Innovationen'. Und die neuen sozialen Bewegungen erfanden in ihrer Kommunikation mit einzelnen, mit sozialen Gruppen und in Kommune und Stadtteil die klassischen Methoden jeweils neu, also ohne die Vorläufer zu kennen oder ernst zu nehmen. Es fiel ihnen dadurch leichter, neue wissenschaftliche Erkenntnisse und neue praktische Verfahren zu integrieren. Aber sie konnten einige der alten Fehler nicht vermeiden, weil sie sie nicht kannten. Bei dieser Neuentdeckung von ‚Beratung', ‚Gruppenarbeit' und ‚Gemeinwesenarbeit' in den neuen Selbsthilfegruppen der späten 1970er und der 1980er Jahre gelang es manchen in der Generation der ‚neuen Freiwilligen' (die auch zur Entdeckung eines ‚neuen Ehrenamtes' herhalten mussten), wichtige Schritte über die paternale Begrenztheit der alten Methodenlehre hinauszugehen. Ein gutes Beispiel scheint uns die Anleitung zum gruppenpädagogischen Handeln unter neuen Voraussetzungen von Andrea Gerth und Elmar Sing zu sein („Knatsch, Zoff und Keilerei" 1992).

So erklären wir uns, dass der alte ‚Methodenbegriff', der im deutschen Sprachraum ohnehin einen technokratischen Beigeschmack hat, durch eine Reihe von Verlegenheitsbegriffen ersetzt wurde, die in wenig plausiblen Beziehungen zueinander und zur Tradition der ‚alten Methoden' standen. Damit gingen aber sowohl die wissenschaftstheoretischen und philosophisch-weltanschaulichen als auch die forschungspraktischen Kenntnis- und Wissensbestände verloren, die bei der Entwicklung der klassischen Methoden eine Entscheidung gespielt hatten: beispielsweise die Überzeugungen von der Notwendigkeit spiegelbildlicher Kommunikation mit Menschen fremden ethnischen und sozialen Herkommens und anderer kultureller Orientierung, Kenntnisse von der Bedeutung der Rolle von Altersgleichen in jugendlichen Aneignungs- und Sozialisationsprozessen (Sherif/Sherif 1964) und Erkenntnisse der Ökologie (im ursprünglichen Sinne) als der Beziehung zwischen Menschen und ihren Lebensräumen.

Uns liegt daran, den Begriff der ‚Methoden' (und des ‚methodischen Arbeitens') für alle Berufs- und Tätigkeitssegmente Sozialer Arbeit als strukturierendes Element der Ausbildung in der Profession und der Qualifikation für bürgerschaftliches Engagement zu erhalten und dabei die ihnen zugrunde liegenden Gesellschafts- und Menschenbilder stärker zu betonen, als das in den manchmal etwas hastigen Rezeptionen der 1950er Jahre der Fall gewesen sein mag. Wir befinden uns dabei übrigens – zwei Generationen später – in Übereinstimmung mit internationalen Traditionen weltweit. Denn die internationalen Dachorganisationen und die Ausbildungsstätten für Soziale Arbeit haben die drei klassischen Methoden längst als Grundlagen für die Ausbildung zur

Sozialen Arbeit anerkannt. Sie sind die Grundlage aller Lehrpläne der sog. Schools of Social Work, in denen auch die anderen relevanten Grundlagenfächer sozialarbeitsbezogen zusammengefasst werden.

Wir schlagen daher für die ebenso praktische wie systematische Verständigung in der sozialarbeiterischen und sozialpädagogischen Ausbildungs- und Weiterbildungspraxis vor, dem Begriff der ,Methoden' den Begriff der ,Konzepte' vorzuordnen und die Begriffe ,Verfahren' und ,Techniken' nachzuordnen. Also: **Konzepte, Methoden, Verfahren und Techniken**.

Es liegt im Übrigen für uns auf der Hand, dass ‚vor' und dass ‚nach' keine Rangfolge darstellt, sondern eine chronologische Abfolge im Entdeckungs-, Darstellungs- und Lernprozess.

Konzepte, Methoden, Verfahren, Techniken: Wie diese Begriffe verwendet werden könnten

Konzepte/Konzeptionen: Ein **Konzept** meint seinem lateinischen Ursprung nach (‚con scribere': ‚zusammenschreiben'): ‚erster Entwurf', ‚erste Niederschrift'. In einem erweiterten Sinne bereits „von einer bestimmten Idee oder Vorstellung ausgehend, ein Projekt planen, entwerfen, entwickeln" (Duden-Fremdwörterbuch 2015), das Projekt also zu konzipieren. Konzepte sind heute i.d.R. zweckgebundene Absichtserklärungen über die geplanten Funktionsmerkmale und Vorgehensweisen einer Sache, eines Verfahrens, eines Projektes, einer Einrichtung. Sie geben vor allem Auskunft über die ‚Ausrichtung des fachlichen Handelns' (z.B.: ‚Wir stellen uns vor, dass diese Maßnahme eine wirkungsvolle Alternative zur geschlossenen Unterbringung ist' oder: ‚Wir arbeiten nach dem erlebnispädagogischen Konzept von Otto Hahn').

Eine **Konzeption** bezieht sich dann auf den institutionellen Wirkungszusammenhang für die gesamte Arbeit innerhalb einer Einrichtung oder einer Organisation. Sie enthält Aussagen darüber, welcher Zielgruppe welche Leistungen mit welchen Zielen und Leitlinien (Arbeitsprinzipien) sowie Arbeits- und Angebotsformen angeboten werden, und wie und mit welchen Aufgaben welche MitarbeiterInnen zusammenarbeiten. Konzeptionen konkretisieren also die ‚Leistungsversprechen' einer Einrichtung. Und eine Konzeption ist in diesem Verständnis die Basis für das weitere methodische Handeln (nach v. Spiegel 2018, 188 ff.).

So ist beispielsweise in § 45 Abs.3 Nr.1 SGB VIII vorgeschrieben, dass der Träger der Einrichtung bereits mit dem Antrag auf Betriebserlaubnis eine Konzeption seiner Einrichtung vorzulegen hat (genauer Smessaert/Lakies in: Münder et al. 2019, § 45, Rz 44).

Wir schlagen deshalb vor, die Begriffe **Konzept / Konzeption** i. S. einer unverzichtbaren erläuternden, beschreibenden, klärenden Vorarbeit für das nachfolgende methodische Handeln zu verwenden.

Methoden und Verfahren: Der Begriff **Methode** hat einen griechischen und lateinischen Ursprung. Er meint ‚Weg zu etwas hin' und in übertragenem Sinne ‚Weg und Gang einer Untersuchung', „auf einem Regelsystem aufbauendes Verfahren, das zur Erlangung von (wissenschaftlichen) Erkenntnissen oder praktischen Ergebnissen dient" (Duden-Fremdwörterbuch 2015). ‚Methode haben' bedeutet also ‚wohl durchdacht sein, auf einem genauen Plan beruhend'. Das Gegenteil wäre ein zufälliges oder willkürliches Vorgehen oder unüberlegte situative Sprunghaftigkeit. Die wissenschaftliche Reflexion methodischen Vorgehens bezeichnete man früher als Methodik, heute wird dafür häufig der Metabegriff Methodologie gewählt.

Auch hier besteht die Schwierigkeit zunächst wieder darin, dass diese – durchaus bekannten und gebräuchlichen – Begriffe so wenig trennscharf voneinander verwendet werden, dass sie schließlich kaum noch Orientierung bieten. So sprechen Geißler / Hege in ihrem Klassiker der Methodenlehre (Konzepte sozialpädagogischen Handelns 2007) von ‚psychoanalytischen, klientenzentrierten, kommunikationstheoretischen, gruppendynamischen und gruppenpädagogischen Konzepten, Methoden und Verfahren'. Diese begriffliche Diversifizierung hilft jedenfalls nicht (sofort) dabei, jedem Begriff einen eigenen abgrenzbaren Inhalt zuzuordnen (also zu orientieren). Auch bei Galuske wird in seinem – überaus verdienstvollen und lehrreichen – Ordnungsversuch der Methoden in der Sozialen Arbeit (Galuske 2013, 164 ff., insbes. die Übersicht S. 168) nicht klar, was in der Aufzählung eine Methode oder ein Konzept ist. Schaut man sich seine „Steckbriefe" (168 ff.) an, dann sind das alles Versuche, die aktuellen Regeln der Kunst (für ein angemessenes ‚Vorgehen', also **Verfahren**) für die von ihm ausgewählten 19 Fachgebiete zu beschreiben.

Qualitätssicherung durch Verfahren: Bei den weiterhin so heftig diskutierten strafrechtlichen Folgen unsachgemäßen Handelns (Kriseninterventionen bei vermuteter Kindeswohlgefährdung: jetzt v.a. § 8a SGB VIII und die Kinderschutzgesetze des Bundes und der Länder) wird „die Fachlichkeit sozialer Arbeit in erster Linie an der Einhaltung des richtigen und normativ vorgeschriebenen *Verfahrens* (Hervorhebung d.d.V.) bei der Entscheidung über die notwendige Intervention und der anschließenden Leistungsgewährung“ beurteilt.

„In der Kinder- und Jugendhilfe lässt sich die Fachlichkeit nicht an den Ergebnissen messen (da es hier keine linearen Umsetzungen wissenschaftlich-empirischen Regelwissens gibt). Damit verschiebt sich der Fokus in der sozialen Arbeit weg von den Ergebnissen hin zu den Verfahrensabläufen. Wenn schon nicht klar sein kann, ob immer das Richtige getan wird, muss das, was getan wird, richtig und begründet getan werden. Gemessen werden kann die Fachlichkeit sozialer Arbeit (also) in erster Linie an der Einhaltung des richtigen und normativ vorgeschriebenen Verfahrens bei der Entscheidung über die notwendige Intervention und der anschließenden Leistungsgewährung" (Meysen in: Münder et al. 2019, Anhang II, Rz. 12).

Das ist auch durchaus überzeugend. Denn a priori ist es unmöglich, für alle Teilbereiche/Arbeitsfelder der Sozialen Arbeit gleichermaßen festzulegen, was ‚die Regeln der Kunst‘ sind. Das ist eine überaus mühevolle Arbeit und sie muss immer wieder kleinteilig geleistet und zeitgemäß modifiziert werden: also nicht für die Alten- oder Kinder- und Jugendhilfe insgesamt, nicht einmal für die Jugendarbeit oder die Hilfen zur Erziehung, auch nicht nur für die Offene Jugendarbeit (zuletzt der Versuch von Deinet/Sturzenhecker 2013), aber (eben kleinteilig) zur Krisenintervention/zum Schutzauftrag bei Kindeswohlgefährdung (Deutscher Verein 2009 und das ISS 2012, zuletzt zusammenfassend Biesel/Urban-Stahl 2018) sowie exemplarisch zur Jugendhilfeplanung (Kreft/Falten 2003; umfassend Maykus/Schone 2010).

Immer ist inhaltlich angemessenes Handeln strukturiert, d.h. in ein steuerndes Verfahren eingebunden.

Um dieser Entwicklung Rechnung zu tragen, schlagen wir vor, den Begriff **Methode** von seinem inflationären Gebrauch zu lösen (irgendwann wäre sonst schließlich jedes Handeln, das Regeln folgt, eine Methode) und diesen Begriff nur noch für die drei klassischen Methoden zu verwenden. Alle anderen Versuche, die Regeln der Kunst für einen bestimmten Teilbereich der Sozialen Arbeit zu beschreiben, sollten als **Verfahren** bezeichnet werden.

Denn die drei klassischen Methoden – die soziale Einzelhilfe, die soziale Gruppenarbeit und die Gemeinwesenarbeit – entsprechen nach Herkunft und Entwicklung den drei kommunikativen Grundmustern allen sozialpädagogischen/sozialarbeiterischen Handelns: als Face-to-Face-Beziehung, handelnd in Gruppen, agierend im sozialen Nahraum. Auch in ihren jeweiligen aktuellen Ausformungen (z. B. die soziale Einzelhilfe als Casemanagement, die Gemeinwesenarbeit als sozialräumliche Stadtteilarbeit zur Initiierung bürgerschaftlichen Engagements) haben sie ihre grundsätzliche Orientierung für jedwedes methodisches Handeln nicht verloren und sind in dieser Bedeutung nicht ersetzt worden (genauer dazu Kap. 2: die Beschreibungen der klassischen Methoden und Kap. 3: die exemplarischen Beschreibungen ausgewählter Verfahren).

Techniken: Techniken sind gewissermaßen ‚unterhalb' von Methoden und Verfahren angesiedelt. Sie dienen der Operationalisierung methodischen Handelns. Sie bezeichnen „erprobte, standardisierte Verhaltensmuster, deren Wirkung mit hoher Wahrscheinlichkeit voraussagbar ist". Es können „Techniken der Kontaktaufnahme, der Materialerhebung und -sammlung, der Planung, der Rollenklärung (...), der Gesprächsführung und der Moderation von Sitzungen und lokalen Prozessen" sein (Krauß 2017, 651). Bekannte Techniken sind

- die Anamnese (Lukas 2017 a),
- Arbeitsformen der empirischen Sozialforschung (Lukas 2017b),
- die Genealogie oder Genogrammarbeit (Kap. 4.3),
- die Szenariotechnik (Hopmann 2005),
- das Soziogramm (die grafische Darstellung sozialen Verhaltens oder von Beziehungen in einer Gruppe) (Wendt, P.-U. 2017, 4.3.3),
- das narrative Interview (zur Anregung von erzählenden Lebens- und Bildungsgeschichten) (Wendt, P.-U. 2017, 4.3.1),
- die projektive Frage (zum Durchlöchern der Mauer des Faktischen),
- das Rollenspiel (zur Erprobung alternativer Handlungsweisen: Kap. 4.5),
- die Tetralemmaarbeit (zum kreativen Umgang mit Gegensätzen und Vieldeutigkeiten: Kap. 3.4.6),
- das aktivierende Interview (zum Bekanntmachen von Problemen im Stadtteil),
- die (kontrolliert) konfrontative Gesprächshaltung (zur Erinnerung des Gesprächspartners an geäußerte Widersprüche im Gespräch oder zwischen Gespräch und Handeln) sowie
- viele didaktische Spiele (Thiesen 2017 mit weiteren Nachweisen).

Solche Techniken können im Einzelfall wirkungsvoll und zielführend sein. Sie geraten aber zur ‚Ramschware im Sommerschlussverkauf', wenn sie von freischaffenden ‚Coaches' im Eilverfahren angeboten und antrainiert werden, ohne dass der methodenorientierte Hintergrund zur Sprache gebracht wurde, der allein eine professionelle Glaubwürdigkeit verbürgen könnte (dazu Belardi 2018).

(Vgl. die Beschreibungen ausgewählter Techniken in Kap. 4)

Methodisches Handeln in der Sozialen Arbeit

Inzwischen wird immer wieder zwischen Methoden der Sozialen Arbeit und methodischem Handeln unterschieden (dazu Kap. 1.4 und umfassend v. Spiegel 2018). Das vor allem, weil es ‚die Methode', ‚das Verfahren' im sozialarbeiterischen / sozialpädagogischen Handlungsalltag nicht gibt (also eine voll standardisierte Handlungsvorgabe, die in allen Einzelheiten des gemeinsam vorangetriebenen Lehr-Lern-Prozesses zwischen Sozialarbeitern / Sozialpädagogen und Klienten gilt) – nicht geben kann bei der Unterschiedlichkeit der Lebenswelten und Lebenslagen und der damit verbundenen ‚Beziehungen' zwischen denjenigen, die soziale Leistungen ‚nachfragen', und den Professionellen. In diesem vielgestaltigen und vielschichtigen Alltag ist nicht mithilfe einer ‚Ziel-Mittel-Technologie' zu intervenieren, sondern diese Beziehungen sind nach einem modernen Verständnis von Sozialer Arbeit in einer „strukturierten Offenheit" (Thiersch 1993) zu gestalten, zudem als Koproduktion: Idealtypisch bilden sich sozialpädagogische / sozialarbeiterische Angebote sozialräumlich (also in der Lebenswelt der Nachfrager) und in einem Aushandlungsprozess aus, um zu erreichen, dass „Lebensbedingungen so gestaltet werden, dass Menschen dort entsprechend ihren Bedürfnissen zufrieden(er) leben können" (Hinte in: Hinte / Treeß 2014, 34). Und das geht nur durch den Einsatz eines Methoden- und Verfahrensmixes!

„Das berufliche Handeln in der Sozialen Arbeit wird durch den reflexiven Einsatz der eigenen „Person als Werkzeug" verwirklicht. Methodisch zu handeln bedeutet, die spezifischen Aufgaben und Probleme der Sozialen Arbeit zielorientiert, kontextbezogen, kriteriengeleitet sowie strukturiert und gleichzeitig offen zu bearbeiten." (v. Spiegel 2018, 9 und ausführlich Kap. 1.4).

Schlussbemerkung

Unser Strukturierungsvorschlag für den Prozess wissenschaftlich gestützten planmäßigen Arbeitens geht also davon aus, dass die Erkenntnisse und Ergebnisse der Methodenlehre ‚in einer ganz bestimmten Ordnung' für das methodische Handeln im Einzelfall genutzt werden:

Im ‚Fall im Feld' oder ‚in der Gruppe im Feld' soll der/die handelnde Sozialarbeiter/Sozialpädagoge/-in ‚nach den aktuellen, anerkannten Regeln der Kunst' methodisch angemessen handeln.

Er oder sie kann das eigene Handeln nach unserem Vorschlag ‚ordnen' über Konzepte/Konzeptionen, über die Wahl der grundsätzlich angemessenen Vorgehensweise (da bieten die drei klassischen Methoden Orientierung), durch Rückgriff auf inzwischen erarbeitete, beschriebene und bewährte Verfahren des standardgemäßen Vorgehens. Er oder sie kann ein möglichst breites Technikrepertoire nutzen und schließlich in der je konkreten Arbeitssituation seines/ihres Arbeitsplatzes (etwa als Jugendarbeiter, als Mitarbeiterin eines Allgemeinen Sozialen Dienstes, als Planer) ‚Arbeitshilfen für die Gestaltung von Situationen' (v. Spiegel 2018, 139 ff.) entwickeln.

Weiterführende Literatur

Galuske, M. (2013): Methoden der Sozialen Arbeit. Eine Einführung. 10. Aufl. Beltz Juventa, Weinheim/München

Diese Einführung in die ‚Methoden' war lange das Standardwerk, ist aber inzwischen in Teilen veraltet.

Müller, C. W. (2013): Wie Helfen zum Beruf wurde. Eine Methodengeschichte der Sozialen Arbeit. 6. Aufl. Beltz Juventa, Weinheim/München

Der Klassiker zur Entwicklung der ‚Methoden'.

Spiegel, H. v. (2018): Methodisches Handeln in der Sozialen Arbeit. 6. Aufl. Ernst Reinhardt, München/Basel

Die Kenntnis der ‚Methoden' ist das eine, sie im beruflichen Alltag ‚richtig' einzusetzen das andere: Das ‚Wie' wird hier überzeugend dargestellt.

Wendt, P.-U. (2017): Lehrbuch Methoden der Sozialen Arbeit. 2. Aufl. Beltz Juventa, Weinheim/Basel

Ist inzwischen die aktuellste und umfassendste Darstellung der Methodenlehre.

1.2 Beobachten, Beurteilen, Handeln: Handlungsbezogene Reflexion und Wissensanwendung als Merkmale professioneller Sozialer Arbeit

Von Stephan Maykus

Einführung

Was bedeutet professionelles Handeln in der Sozialen Arbeit? Auf diese Frage hat eine Studentin im Bachelor-Studiengang Soziale Arbeit geantwortet: „Für mich bedeutet es, dass ich nicht nur aus dem Bauch heraus handele; dass ich erklären kann, was ich tue, und mich mit Kollegen darüber austausche, mit denen ich eine gemeinsame Sprache spreche, weil wir Theorien und Methoden kennen, sie auch teilen, da wir sie im Studium erlernt haben. Professionell heißt für mich auch, dass ich mein Handeln begründen kann und nicht einfach drauflos agiere." Diese Äußerung, entstanden vor dem Hintergrund erster praktischer Erfahrungen im Feld der Sozialen Arbeit, deutet ein wichtiges Grundverständnis von professionellem Handeln an; es vergegenwärtigt auch, wie dieses Verständnis verinnerlicht werden und professionsbildend wirken kann (kollegiale Prozesse auf der Grundlage gemeinsamer fachlicher Standards) – und dennoch: Es provoziert die Auseinandersetzung mit Widersprüchen. Scheinbar spricht die Studentin einen Balanceakt zwischen professionellem und laienhaftem Handeln an, denn es soll „nicht nur" aus dem Bauch heraus gehandelt werden, was grundsätzlich wohl als zulässig angesehen wird (solange es durch reflektiertes Handeln regelmäßig ausgeglichen wird).

Bedeutet Professionalität nicht vielmehr, dass genau dieses Bauchgefühl als Grundlage des Handelns möglichst abgestellt wird? Oder äußert sie sich in genau diesem erfolgreich realisierten Balanceakt? Der Verweis auf Aspekte wie Erklärungen, Begründungen, Theorien und Methoden untermauert dies aus Sicht der Studentin sicher, aber eine Frage drängt sich auf: Welche Bedeutung nehmen diese Aspekte in einer Praxis der Sozialen Arbeit ein, die sich alltags- und lebensweltorientiert versteht, darin auch alltagsnahe (vermeintlich unprofessionell anmutende) Handlungen vollzieht? Inwiefern haben sie in diesem konzeptionellen Rahmen ihren Ort? Dieser Beitrag wird diesen Fragen nachgehen und vor allem die Relevanz des angedeuteten Grundverständnisses professionellen Handelns im Kontext einer lebensweltorientierten Sozialen Arbeit verdeutlichen und aufzeigen, dass SozialarbeiterInnen stets ihre Handlungsprozesse fachlich fundiert, reflektiert umsetzen müssen, damit eine ‚strukturierte Offenheit' (Thiersch 1993) alltags- und lebensweltorientierter Sozialer Arbeit entsteht und sie letztlich erst bewältigbar macht. Hierbei machen Wissen, Können und Haltung zentrale Bausteine professionellen Handelns aus (v. Spiegel 2018), die grundsätzlich als gleichrangige Konstituenten der Handlungspraxis anzusehen sind. In diesem Beitrag soll das Zusammenspiel der Bausteine jedoch auf einen Blickwinkel hin verdichtet werden: Methodisches Handeln in der Sozialen Arbeit ist Handeln nach den Regeln der Kunst (dazu Kap. 1.1), wie aber gelangen SozialarbeiterInnen zu diesen ‚Regeln'? Anders formuliert: Wie lassen sich Prozesse handlungsbezogener Reflexion und Wissensgenerierung – Beobachten, Beurteilen, Handeln – als Merkmale professionellen Handelns beschreiben und (angehenden) Sozialarbeiterinnen und Sozialarbeitern vermitteln? Ein Versuch dieser Beschreibung und Vermittlung soll anhand von vier Schritten unternommen werden.

Beobachten, Beurteilen, Handeln: Vier Schritte zur Beschreibung

1. Schritt: Das Grundverständnis klären – Was bedeutet methodisches Handeln in der Sozialen Arbeit? Warum ist die Beschäftigung mit dem Handlungsprozess „Beobachten, Beurteilen, Handeln" von Bedeutung?

2. Schritt: Das Können im Zusammenhang mit Wissen und Reflexion erkennen – Was zeichnet typische Handlungssituationen in der Sozialen Arbeit aus? Was sollten SozialarbeiterInnen demnach (methodisch) beherrschen?

3. Schritt: Das Regelhafte in der Offenheit gestalten – Wie generieren SozialarbeiterInnen Wissen und Strategien des Handelns in Praxissituationen?

4. Schritt: Den Blick öffnen – Beobachten, Beurteilen, Handeln ist auf mehreren Praxisebenen (in Kontexten methodischen Handelns) wichtig!

Eine situative Skizze: Sie dient aus der Praxis der Sozialen Arbeit (hier exemplarisch aus dem Bereich des Kinderschutzes) der Veranschaulichung und als begleitendes Bild für die LeserInnen. Gleichzeitig soll dadurch ein gedanklicher Freiraum für Überlegungen zum praktischen Handeln geboten werden, der mit eigenen konkreten Erfahrungen oder konstruierten Situationen sowie Anforderungen (im Sinne von ‚Gedanken-Spielen') gefüllt werden kann. Das Beispiel beschreibt die Erfahrung einer Sozialarbeiterin im Bereich der Familienhilfe, die mit dem Phänomen der Kindeswohlgefährdung konfrontiert ist:

„Die Kinder von Frau E. werden im emotionalen, hygienischen und medizinischen Bereich vernachlässigt. Diese Unterversorgung ist im Kindergarten und der Schule auffällig geworden. Die Kinder haben keine Unterwäsche und die Kleidung wird selten gewaschen. Die Gesichter sind blass, die Milchzähne des jüngsten Kindes sind abgefault, die des größeres Kindes kariös. Die Wohnung wird unzureichend gereinigt, es treten Läuse auf. Untersuchungstermine wurden nicht wahrgenommen, finanzielle Engpässe treten immer wieder auf." (DKSB/ISA 2006, 8)

1. Schritt: Das Grundverständnis klären: Was bedeutet methodisches Handeln in der Sozialen Arbeit?

In der vorstehend beschriebenen Situation ist die Sozialarbeiterin gefordert: Sie muss sich schnell ein Bild von den Ursachen und Folgen der Situation machen und darauf abgestimmte Handlungsstrategien entwickeln, den Kontakt mit dem zuständigen Jugendamt suchen, um die Gefährdung des Kindeswohls einzudämmen und die Lebens- und Versorgungssituation in der Familie durch sozialpädagogische Hilfen, gegebenenfalls auch mittels rechtlicher Regularien, zu verbessern. Als Betrachter erwartet man ein professionelles und situationsadäquates Handeln, ein methodisch strukturiertes Handeln ‚nach den Regeln der Kunst', das die gewählten Interventionen nicht nur begründet, sondern auch legitimiert und einer Rechenschaftslegung zugänglich macht (vgl. Kap. 1.1).

Was kennzeichnet demnach professionelles Handeln, das methodisch gestützt ist? Das berufliche Handeln ist durch einen methodischen Prozess gekennzeichnet, der Situationen und Aufgaben anhand von Wissen und Erfahrung strukturiert, so dass die Auswahl von Methoden und Handlungsschritten nachvollziehbar und orientiert an fachlichen Kriterien erfolgen kann. Dabei soll ein Rückgriff auf verfügbares Fachwissen, auf ein Repertoire an Methoden, Verfahren und Techniken, diesen Prozess ordnen helfen, damit auf der Basis aktuell gültiger fachlicher Standards gehandelt wird (vgl. Kap. 1.1). Dieses Wissen und

Können wird auch der Sozialarbeiterin im genannten Beispiel hilfreich sein, indem sie hier vor allem einen kritisch-reflexiven Umgang mit z. B. Indikatorenlisten zur Erkennung der Kindeswohlgefährdung kultiviert, Techniken der sozialen und lebenslagenbezogenen Diagnose beherrscht sowie Prozesse der Beratung und Begleitung in der Familie gestalten kann. Hinzu kommen wichtige rechtliche Grundkenntnisse, das Wissen um ihren Auftrag und dessen Spielräume wie auch Grenzen, Kooperationskompetenzen mit dem Jugendamt sowie die Austarierung der ständig präsenten Widersprüchlichkeit von Hilfe und Kontrolle. Und zudem verlangt man ihr, den sozialpädagogischen Standards entsprechend, eine berufliche Haltung ab, die Wertschätzung, Orientierung an Selbstbestimmtheit der Klientel sowie an der Prozesshaftigkeit des eigenen Handelns umfasst, ohne dabei die situativen Grenzen dessen zu missachten (z. B. bei Interventionen zur Krisenbearbeitung und zum Schutz der Kinder) (zu den Grundsätzen des methodischen Handelns Krauß 2017 sowie Galuske / Müller 2012). Hiermit sind Merkmale des professionellen Handelns in der Sozialen Arbeit angesprochen, die ebenso plausibel, unhintergehbar, wie auch schwierig in der Umsetzung sind, denn man kann in diesem Feld

> „nicht mit schlichten Wenn-Dann-Technologien operieren. Ihre (die der Sozialen Arbeit; d. V.) Instrumente lassen keine sicheren Prognosen über die Folgen des Änderungshandelns zu. Deshalb folgt das berufliche Handeln häufig Plausibilitäts- und Wahrscheinlichkeitsüberlegungen. Das Handeln hat demzufolge häufig den Charakter des Versuchs" (Krauß 2017, 653).

Der flexible Umgang mit Methoden und Techniken, ihre je situative Anwendung und Modifizierung im komplexen Alltag der Klienten erfordert eine Reflexions- und Handlungskompetenz, die in ihrer tendenziellen Entgrenztheit nicht selten überfordert. Die Sozialarbeiterin kann nicht vollends sicher sein, wie welche Handlungsschritte wirken und ob sie nachhaltig geeignet sind, die Situation der Kinder und der Familie zu verbessern. Sie kann sich auch nicht sicher sein, alle relevanten Ursachen bearbeiten zu können, gar erkannt zu haben, und versucht daher, die sich ihr erschließende Komplexität der Situation zu ordnen, damit sie handeln kann. Dieses Handeln in Krisen, in zugespitzten Problemlagen (wie z. B. im Kontext der Kindeswohlgefährdung), die konsequente Orientierung an der Lebenswelt der Klienten dabei führt zu einer Nichtstandardisierbarkeit des professionellen Handelns, wie Oevermann es formuliert hat (Becker-Lenz / Müller 2009, 26), das in komplexen Situationen trotzdem zu Entscheidungen über Handeln führen muss. In einer empirischen Studie, in der Handlungsanforderungen in der Sozialen Arbeit von Studierenden (im Verlaufe ihres Studiums) bewertet wurden, haben Becker-Lenz/Müller (2009, 31 ff.) typische Handlungsprobleme identifiziert: Schwer fällt den Befragten demnach die

- Klärung des Auftrages (Problem der Definition von Zuständigkeiten),
- Durchführung einer sozialpädagogischen Diagnose (Problem der Fallanalyse mittels der Integration von Fachwissen – Beobachten und Beurteilen als schwierige Anforderung),
- Wahl und der Einsatz von Verfahren (Problem der Interventionsplanung – strukturiertes Handeln als weitere schwierige Anforderung) sowie die
- Klärung des Arbeitsbündnisses mit den Klienten (Problem der Gestaltung von Beziehungsstrukturen).

Die AutorInnen schließen aus den Ergebnissen, dass im Studium der Sozialen Arbeit ein professioneller Habitus geprägt werden sollte, der ein spezifisches Berufsethos sowie Kompetenzen der multiperspektivischen Fallarbeit und der Gestaltung von Arbeitsbündnissen vereint (Becker-Lenz/Müller 2009, 35 und Becker-Lenz/Müller 2009). Diese Idealvorstellung ist schon lange Thema in der Auseinandersetzung mit der sozialpädagogischen Berufsrolle, die Burkhard Müller treffend durch eine „Last der großen Hoffnungen" (B. Müller 1991) herausgefordert sieht und der ebendies bereits forderte: die Klärung des Gegenstandes der Intervention und des Arbeitsbündnisses mit den Klienten. Das doppelte Vermittlungsproblem der SozialarbeiterInnen zwischen Beziehungsarbeit und Kontrolle verlangt gerade bei einer sich als alltags- und lebensweltorientiert verstehenden Sozialen Arbeit den kritischen Blick auf eine technokratische Methodenpraxis, erfordert jedoch gleichzeitig einen methodisch gestützten Umgang mit der Offenheit von Situationen. SozialarbeiterInnen sollten daher ihr Handeln auf ein Fachwissen gründen, das Theorien umfasst, die die Erkenntnis der Handelnden unterstützt und nicht ersetzt. Sie sollen die Reflexivität erhöhen, die Bewertung seitheriger Praxis ermöglichen und zukünftiges Handeln optimieren helfen (B. Müller 1991, 132). B. Müller betont daher eine selbstreflexive und praxiskritische Haltung:

„Sicherheit im pädagogischen Handeln kann sich (…) nicht daraus ergeben, dass es seinen Gegenstand fest im Griff hat und der eigenen Wirkungen gewiss ist. Sicherheit des Handelns kommt hier aus dem Bewusstsein, das Mögliche getan zu haben und die eigenen Grenzen zu kennen" (Müller 1991, 134f.).

Professionelle Handlungskompetenz in der modernen Sozialen Arbeit, das ist hier demnach die zentrale Ausgangsthese (dazu Maykus 2003), bedeutet die Befähigung der MitarbeiterInnen in sozialen Organisationen zur Multiperspektivität und zur eigenen bzw. konzeptionellen Entwicklungsfähigkeit. Es wird zukünftig weniger darum gehen, isolierte Handlungsprogramme bezüglich bestimmter Adressatengruppen zu diskutieren und umzusetzen, vielmehr werden diese integriert in Rahmenkonzepte des Handelns, in Strategien einer gleichermaßen flexiblen und standardisierten Kompetenz, die auf aktuelle Erfordernisse reagieren kann und ihre Gültigkeit nicht in Abhängigkeit von ihnen erlangt. Mit Galuske (2013) lässt sich demnach ein Verständnis vom methodischen Handeln in der Sozialen Arbeit betonen, das jene Aspekte im Rahmen sozialpädagogischer Arbeit hervorhebt, die auf eine planvolle und nachvollziehbare Gestaltung von Praxis zielen. Kern der so verstandenen methodischen Kompetenz ist die Fähigkeit, Praxissituationen in ihrer Komplexität wahrnehmen zu können, sie zu beschreiben und sich (wissensbasiert und theoretisch fundiert) in Zusammenhänge und Bedingungsgefüge einzudenken – als Voraussetzung für die einzelfallorientierte Gestaltung von Lernräumen und Entwicklungsmöglichkeiten. Methodisches Handeln muss sich dabei am Kriterium der Alltagsnähe messen lassen (Soziale Arbeit ist alltagsorientiert) und der generellen situativen Offenheit sozialpädagogischen Handelns eine professionell inszenierte ‚strukturierte Offenheit' (Thiersch 1993) entgegenhalten.

Neben diese Offenheit treten Paradoxien des methodischen Handelns, die Winkler (1999, 1115ff.) wie folgt beschreibt und damit auch die vorstehende Grundannahme unterstreicht:

- Die Einheit der Methode besteht in der Vielperspektivität: Es gibt nicht ‚die eine' gültige Sichtweise und Perspektive, die in Handlungsfeldern oder -situationen zum Einsatz kommen kann, stattdessen verlangt die Offenheit pädagogischer Situationen multiperspektivische Zugänge und die Berücksichtigung von Einsichten durch Analyse und reflexive Fallarbeit.
- Nicht das Erzielen einer bestimmten Wirkung, sondern das Gestalten von Lern- und Erfahrungsräumen steht im Vordergrund: womit die Handlungsfähigkeit aller Beteiligten sichergestellt werden soll, Hand-

lungs- und Lernpotenziale gefördert und aktiviert werden sollen, mithin Bildungs- und Subjektivierungsprozesse in pädagogischen Interaktionen.

- Methodisches Handeln beginnt vor diesem selbst: Denn hierfür ist die Bereitstellung eines pädagogischen Ortes notwendig, in dem den Aktivitäten auch eine Form gegeben werden kann, methodisches Handeln eine Grundlage erhält.
- Alltag und Methode ergänzen sich (auch): Was als gegensätzlich verstanden werden kann, erhält eine Relevanz, wird zur Kompetenz – das Identifizieren von Alltagsstrukturen der Adressaten, das Gestalten eines stabilisierenden Alltags, was immer auch auf einen methodischen Bezug verweisen kann, eine geregelte Abfolge von bewusst und zielorientiert konzipierten Schritten umfasst (Zielklärung, Vorgehen und Regeln festlegen, ihre Revidierbarkeit sichern).

Entsprechend bezeichnet Winkler (1999, 1119) den Umgang mit diesen Paradoxien und Herausforderungen als wichtige Kompetenz, ferner ist ihm das Wissen um die Komplexität sozialer Prozesse sowie möglicher professionell-methodischer Zugänge zu Situationsdeutungen und der Gestaltung von Situationen bedeutsam. Dies muss umso mehr betont werden, wenn man sich vergegenwärtigt, dass sozialpädagogisches Handeln schwierige und spannungsvolle Balancen aushalten muss, in denen sie einerseits Problemanalysen, Deutungen, Konzepte entwickeln soll, andererseits die Einmaligkeit der Adressaten nicht missachten darf; den ganzen Lebenszusammenhang im Blick haben soll, jedoch begrenzte Schritte umsetzen muss; stellvertretend deuten und handeln will, ohne Mündigkeit reduzieren zu dürfen.

Zusammenfassung des 1. Schrittes: Fasst man diesen Abschnitt rückblickend auf das Praxisbeispiel zusammen, so lässt sich sagen, dass die Sozialarbeiterin

- methodisch handelt, wenn sie einen Prozess gestaltet, in dem sie Methoden, Verfahren und Techniken situations- und problemadäquat flexibel einsetzt, Fachwissen einbindet und mit einer spezifischen beruflichen Haltung in Einklang bringt,
- in der Situation mit vielfältigen Herausforderungen konfrontiert ist, da ihr Handeln nicht standardisierbar und in seinen Wirkungen kaum vollends vorhersagbar ist,
- gegebenenfalls Probleme mit der Klärung ihres Auftrages, mit der Einschätzung der Situation (Beobachten, Beurteilen), der Interventi-

onsplanung (Handeln) und der Klärung der Arbeitsbeziehung mit den Klienten haben könnte,
- trotz vielfältiger Herausforderungen handeln muss und wird und dabei eines beherrschen sollte: die Reflexion der Bedingungen ihres Handelns.

2. Schritt: Das Können im Zusammenhang mit Wissen und Reflexion erkennen: Was zeichnet typische Handlungssituationen in der Sozialen Arbeit aus?

Die Reflexion der Bedingungen und Prozesse des eigenen Handelns kann man als eine Schlüsselanforderung und -kompetenz bezeichnen, die einhergehen sollte mit einer soliden Grundlage wissenschaftlichen bzw. Theoriewissens, das diese Reflexion fundiert. Die Fähigkeit zur Reflexion und die Verfügbarkeit von Wissen, mithin ihre Verknüpfung, werden in vielen Darstellungen zum professionellen und methodischen Handeln explizit erörtert. Einige Beispiele seien hier angeführt:

Der ‚wissenschaftliche Habitus‘ soll das Handeln in Balance halten: Im genannten Beispiel muss die Sozialarbeiterin ein Maß an Ungewissheit über die Situation und ihr Handeln darin bewältigen können, indem sie der Komplexität und Ambivalenz der Praxisanforderungen reflexiv und bewusst gegenübertritt (Helsper 2008, 63). Da sozialpädagogisches Handeln nicht direkt steuerbar, sondern immer koproduktiv ist (vom Klienten mit gestaltet wird), sollten SozialarbeiterInnen einen ‚wissenschaftlichen Habitus‘ als eine distanzierte Praxisform entwickeln, wie es Helsper nennt (2008, 164). Dieser Habitus soll im Handeln zu einer Ausbalancierung des Gestaltungsanspruches von Sozialarbeiterinnen und Sozialarbeitern (asymmetrische Beziehung durch Wissens- und Erfahrungsvorsprung) und des Aneignungshandelns der Klienten (selbst gesteuerte Inanspruchnahme von Hilfen) führen. Denn der ‚wissenschaftliche Habitus‘ meint nicht nur, dass SozialarbeiterInnen über Fachwissen verfügen, sondern darauf gründenden Erklärungen und Beurteilungen auch kritisch gegenüberstehen (Helsper 2008, 167). Man könnte sagen: Ohne einen ‚wissenschaftlichen Habitus‘ würden SozialarbeiterInnen nur durch ihr Erfahrungswissen gesteuert werden, es nicht infrage stellen und ihre Gestaltungsmöglichkeiten überschätzen – mit der Konsequenz eines entsprechenden Ungleichgewichtes im (dann einseitigen und gleichförmigen) Handeln.

‚Kontrolliertes Verallgemeinern‘ als Praxis, die ohne Theorie nicht zustande käme: Theorie und wissenschaftliches Wissen sollen zur

Flexibilisierung des Handelns beitragen, laufen aber in dieser Erwartung Gefahr, genau dies zu verhindern. Denn wer Theorien praxisbezogen versteht, sollte nicht ‚Regel-Anwendungen' aus ihr ableiten, was wiederum ein ‚mechanisches' Handeln zur Folge hätte, das ohne Reflexion auskommt (Merten 2000, 402). Stattdessen sollten es Theorien und wissenschaftliches Wissen Sozialarbeiterinnen und Sozialarbeitern ermöglichen, ‚sich einen Begriff von etwas zu machen', Problemdeutungen vorzunehmen und schließlich die Praxissituationen neu und differenzierter zu strukturieren. PraktikerInnen integrieren in ihr Handeln immer auch Prozesse des Erklärens und Verstehens, sie verallgemeinern dabei Situationen, Fälle, Probleme und sollten dies kontrolliert, sprich reflektiert und anhand transparenter Bewertungskriterien tun. Handeln, so Merten (2000, 411), ist demnach immer eine ‚reflexive Erkenntnis', die an praktischen Problemlösungen orientiert ist. Ohne Theorie und wissenschaftliches Wissen wäre Handeln kein Erkennen, Erklären und Strukturieren, sondern eine situative und routinierte Reaktion, könnte man überspitzt sagen. Um dies zu verhindern, ist eine ‚kritische Distanz' zum eigenen Handeln, zu Konzepten, Methoden, Verfahren und Techniken sowie den institutionellen Bedingungen Sozialer Arbeit durch (Selbst-)Reflexion einzunehmen, wie es Hege (Hege 2001, 16) fordert: Reflexion, Wissensüberprüfung, positive Routinen der SozialarbeiterInnen sind zu unterstützen (diese Forderung erhebt auch Thiersch 2009, 250, der Authentizität im lebensweltorientierten Handeln grundsätzlich daran gebunden sehen will).

‚Reflektiertheit' als ein zentraler Bestandteil von Handlungsmodellen: Reflexion und Wissen werden in mehreren Handlungsmodellen der Sozialen Arbeit als zentrale Kategorien benannt und gehören zum grundlegenden Handlungsverständnis der SozialarbeiterInnen. May (2010, 83) führt diese Modelle in ein Rahmenmodell des Handelns zusammen und betont, dass das breite Spektrum von Interventionsformen in der Sozialen Arbeit (von ressourcenorientiert, mehrdimensional, mehrperspektivisch, vernetzend, bis hin zu alltagsorientiert, umfeldbezogen, partizipativ) ohne eine reflektierte und wissensbasierte Haltung gar nicht realisierbar wäre. So verstehen Geißler/Hege (2007, 195 ff.) kompetentes Handeln in der Sozialen Arbeit als eine Verknüpfung von drei Kompetenzformen:

- instrumentelle Kompetenz (gekonnte Anwendung von Diagnose- und Handlungsmethoden bzw. -techniken),

- soziale Kompetenz (sich einlassen auf Klienten, empathische und kommunikative Fähigkeiten) sowie
- eben die reflexive Kompetenz (Rekonstruktion und bewusste Handhabung von beruflichen und persönlichen Haltungen sowie Deutungsmustern).

Man könnte sagen: Reflexion ist Teil eines breit geteilten Professionalitätsverständnisses und unverzichtbarer Bestandteil von (in der Regel entsprechend zirkulär angelegten) Modellen methodischen Handelns.

Wenn man sich diese Ausführungen vor Augen führt, stehen Reflexion und Wissensbasierung im Mittelpunkt der Betrachtung, nicht nur das Handeln selbst, sondern seine Begleitung durch Analysieren, Bewerten, Öffnen von Perspektiven: Ein ‚wissenschaftlicher Habitus' soll Distanz schaffen und Angemessenheit im Handeln ermöglichen, PraktikerInnen sollen kontrolliert Verallgemeinerungen vornehmen und Praxis als reflexive Erkenntnisleistung vollziehen. Dabei wird Reflektiertheit als geradezu allgemeingültiges Merkmal von Professionalität in der Sozialen Arbeit unterstrichen. Trotz allem: SozialarbeiterInnen handeln, sollen Probleme in der Praxis lösen, ihnen gestellten Anforderungen gerecht werden. Die Aufmerksamkeit kann also nicht nur bei der Reflexion liegen, sie muss auch das Handeln betreffen, das der Reflexion vorausgeht und ihr folgt. Die Trennung beider Aspekte, ihre Gegenüberstellung, wäre ein Missverständnis, hier soll vielmehr eine andere Position vertreten werden: Die beiden Seiten der ‚Medaille Reflexion' sind Anwendung und Analyse (s. dazu die Abb. 1). Reflexion ist zu sehen in Beziehung zum Handeln (als Anwendung im Sinne von Können sowie als Merkmal der Anwendung, die bewusst erfolgt) und zur Analyse (als wissensbasierter Prozess, der durch Erkenntnisse aus der Wissenschaft Soziale Arbeit unterstützt wird und Folie für Strukturierungen ist). Reflexion ist das Bindeglied zwischen Anwendung und Analyse, das wesentlich durch Konzepte, Methoden, Verfahren und Techniken unterstützt wird, die der Erschließung, Orientierung, Strukturierung und Umsetzung in unterschiedlichen Kontexten methodischen Handelns dienen, dort wirksam und auch anhand reflexiver Prozesse von den Sozialarbeiterinnen und Sozialarbeitern ausgewählt werden (reziproker Prozess der Interventionsplanung). Die Kontexte methodischen Handelns in der Sozialen Arbeit sind vor allem das Fallmanagement, die Organisationsgestaltung und das berufliche Handeln im Team. In ihnen zeigt sich auf unterschiedliche, aber auch vereinende Art der grundlegende Prozess von Beobachten, Beurteilen, Handeln als Grundlage professioneller Tätigkeit.

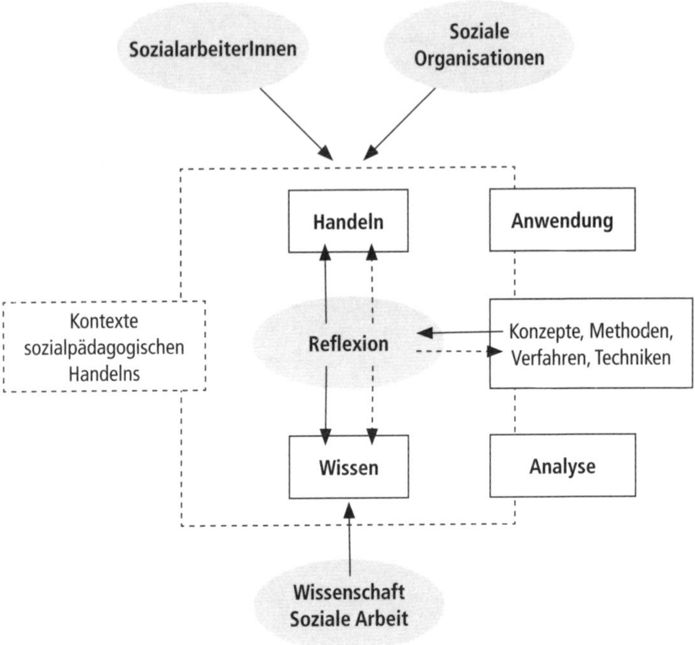

Abb. 1 Reflexion im methodischen Handeln zwischen Analyse und Anwendung

Wissenschaft und Praxis nehmen zwar bestimmte Phänomene (Probleme und Handlungsanforderungen in der Praxis: z.B. Umgang mit Kindeswohlgefährdung) unterschiedlich in den Blick (s. Tab. 1), methodisches Handeln, so v. Spiegel (2018, und Kap. 1.4), sollte als praktisches Handeln jedoch wissenschaftliche Prinzipien integrieren, indem SozialarbeiterInnen

- ihre Vorverständnisse und Hypothesen bezüglich der Handlungssituationen offenlegen, der Diskussion und Überprüfung zugänglich machen,
- sich ihre eigenen Erfahrungen und beruflichen Haltungen vergegenwärtigen und sie dadurch bewusst in ihren Auswirkungen auf den Handlungsprozess beurteilen können,

- mehrperspektivisch vorgehen können, unterschiedliche Sichtweisen, Erklärungen, Lösungsmöglichkeiten analysieren und bewerten können, sprich: Beobachten, Beurteilen und Handeln nicht als ‚Einbahnstraßen-Prinzip' verstehen, sondern als komplexe und durch Rückkoppelungsschleifen gekennzeichnete Anforderung professionellen Handelns,
- das eigene Handeln und dessen Ergebnisse dokumentieren, damit diese Informationen für (Selbst-)Evaluation und Qualitätsmanagement genutzt werden können (vgl. Kap. 3.1.2 und 3.14).

Tab. 1 Methodisches Handeln integriert wissenschaftliche und praktische Prinzipien (v. Spiegel 2018, 59 ff.; eigene Darstellung)

Wissenschaft	**Praxis**
definiert und beschreibt Teilprobleme	legt Vorverständnisse im Beobachten und Beurteilen selten offen
sammelt Daten	ist im Handeln durch Erfahrungen gesteuert
strukturiert ein Problem	nimmt selektiv wahr
definiert Beobachtungskategorien	prägt Problemsicht durch eigenes Handeln und dessen Bedingungen
führt Beobachtungen zu Aussagesystemen zusammen (Theoriebildung)	definiert situative Kausalketten
interpretiert	vergleicht und verallgemeinert
ist misstrauisch gegenüber eigener Erkenntnis	steht in Gefahr, Erfahrung und Routine dominieren zu lassen
Methodisches Handeln ist Handeln in der Praxis, das wissenschaftliche Prinzipien integriert: Reflexion, Transparenz, Strukturiertheit, Mehrperspektivität, Dokumentation und Evaluation	

Fallbezogene Zusammenfassung des 2. Schrittes: In Bezug auf das Beispiel der Sozialarbeiterin in der Familienhilfe würden sich an ihr Handeln einige Fragen stellen (und sie sich im Prozess ebenso): Was ist mein Bild vom gelingenden Aufwachsen eines Kindes? Was weiß ich über Bedürfnisse von Kindern, was über Folgen von deren Missachtung? Welche Emotionen kommen in der Situation auf, mit welchen Konsequenzen (z. B. Schuldzuweisungen an die Mutter, blockierte Hilfeperspektive, einseitige Situationsklärung, unreflektierte Parteinahme)? Was genau ist die Situation und wie ist sie zu erklären? Wie und in welchen Schritten sollte demnach gehandelt werden? Was beeinflusst das Denken und Handeln (z. B. Erfahrungen, Zeitdruck, drohende Gefahr für die Kinder, Befürchtung, falsch zu handeln)? Gab es schon vergleichbare Fälle? Was lässt sich übertragen, was ist anders und stellt eine neue Anforderung dar? Usw. usw. Wenn der Anspruch an methodisches Handeln der Sozialarbeiterin in diesem Beispiel also ist, dass sie in ihrem praktisches Handeln wissenschaftliche Prinzipien integrieren sollte, stellt sich nunmehr die Frage: Wie kann sie diese Integration vornehmen? Oder: Geschieht dies nicht ohnehin in ihrem Handeln, gegebenenfalls ohne es als bewussten Prozess zu gestalten? Wie generiert sie demnach Wissen und Strategien des Handelns in Praxissituationen, die nicht überfordernd, sondern befähigend wirken?

3. Schritt: Das Regelhafte in der Offenheit erkennen und gestalten: Wie gewinnen und ordnen SozialarbeiterInnen Wissen und Strategien des Handelns in Praxissituationen?

Handeln ist alltäglich. Wir beobachten uns und andere Menschen, Situationen und Vorkommnisse, häufig treffen wir dazu Entscheidungen, bewerten, was zu tun oder zu lassen ist. Solch alltägliches Handeln vollzieht sich auch in der Sozialen Arbeit – wird es durch den beruflichen Rahmen, durch den Bezug auf soziale Probleme, ihre Beobachtung und Einschätzung sowie die Planung von Hilfen automatisch zum professionellen Handeln? Nein, denn entscheidend ist nicht der berufliche Rahmen allein, sondern die Bewusstheit und Systematik des Agierens, die das auch alltäglich stattfindende Beobachten, Beurteilen und Handeln zu professionellem Handeln werden lässt. Es zeichnet sich durch eine Trennung, durch ein Aufeinanderaufbauen und durch die gekonnte Gestaltung des Zusammenspiels von Prozessen des Beschreibens durch Beobachtung, der Beurteilung und des Erklärens sowie des darauf gründenden Handelns aus (Nolting/Paulus 1999, 170). Professionelles Handeln in der Sozialen Arbeit soll präzise, begründet und reflektiert erfolgen, im Vergleich zum alltäglichen Handeln, wenn man so will, auf einem ‚gesteigerten Sorgfaltsniveau'. Die Trennung, das Auseinanderhalten dieser einzelnen Prozesselemente des Handlungsvollzuges setzt ihre Kenntnis voraus, auch um sie wieder in ihrem Zusammenspiel sehen und in ihrem Stellenwert bestimmen zu können. Was meint demnach Beobachten, Beurteilen und Handeln als Prozesselemente professionellen Handelns? Und: Wie kann ein Gesamtmodell aussehen, das sie integriert, einen Rahmen bietet und ein grundlegendes Modell professionellen Handelns beschreibt?

(1) Beschreiben durch Beobachten – wer es unterlässt, entzieht dem Handeln die Basis: Beschreibungen sind grundlegend, ohne sie können Tätigkeiten nicht zielgerichtet ausgeführt werden. Wir können sehr konkret oder eher allgemein beschreiben, je nachdem wie strukturiert wir beobachten, denn Beobachtungen liefern die Informationen, die wir zu Beschreibungen verdichten. Beobachtungen sind nicht als objektive Prozesse zu verstehen, vielmehr werden sie vom Beobachter beeinflusst und konstruiert. Man kann zudem nur etwas beobachten, wenn es von anderen Phänomenen (Situationen oder Sachverhalten) unterschieden und benannt werden kann. Beobachten bedeutet also, Situationen zu klassifizieren, indem sie Begriffen, Wissen, Erinnerungen, Erfahrungen zugeordnet werden – Beobachten geschieht auf der Basis subjektiver Denkmuster, die auch auf Fachwissen gründen (was seinerseits durch Beobachtungen wissenschaftlicher Art zustande gekommen ist: Forschung ist kriteriengeleitete Beobachtung). Man könnte sagen, SozialarbeiterInnen wenden situativ etabliertes Wissen an und generieren dabei fallspezifisch neue Wissenskonstellationen (Wechselwirkung von Analyse und Anwendung im je eigenen Fall). Professionelles Handeln ist systematisches Beobachten, das heißt, man legt fest, was oder wen man, wie, mit welchem Ziel in welchen Situationen beobachtet (Martin/Wawrinowski 2003 9 ff.; Nolting/Paulus 1999, 171 ff.).

Komplexe Phänomene, wie z. B. Kindeswohlgefährdung, sind durch Beobachtungen schwer zu beschreiben, daher ist es umso wichtiger, dass SozialarbeiterInnen eine Wissens- und Erfahrungsgrundlage haben, um diese komplexen Situationen zu strukturieren, ohne vorschnellen Kausalitäten zu erliegen: ‚Immer wenn ich dies beobachte, passiert das …'. Solche Denkroutinen können zu unpräzisen Beobachtungen und dann Beurteilungen führen, die letztlich aber das Beobachtete sprachlich beschreiben und eine Einstufung auf einer normativ geprägten, gedachten Skala vornehmen sollen (Nolting/Paulus 1999,

173 ff.). Diese Skalierung wird in Fragen der Sozialarbeiterin deutlich wie z. B.: ‚Welche Qualität hat mein Verhalten (zwischen gut und schlecht)'? ‚Wie ausgeprägt ist die belastende Lebenssituation für die jungen Menschen (zwischen hoch und niedrig)'? ‚Welche Dringlichkeit an Hilfen ist mit der vorfindbaren Situation verbunden (zwischen akuter Gefahrenabwehr und Möglichkeit des Abwartens)'?

(2) Bewerten – öffnet oder schließt die Tür zum Handeln: Bewertungen werden häufig sehr schnell getroffen, sollten sich im Rahmen professionellen Handelns jedoch auf gründlichen Beschreibungen stützen. Während Beschreibungen sich auf die gegenwärtige Situation beziehen (IST-Stand) führen Bewertungen zum SOLL-Stand: Wie sollte eine Situation eigentlich sein? Was kennzeichnet die Diskrepanz zwischen IST und SOLL? Wie ist die Diskrepanz vor dem Hintergrund fachlichen Wissens einzuschätzen? SozialarbeiterInnen müssen sich dabei stets bewusst sein und erkennen können, wann sie Bewertungen auf einer fachlichen Grundlage vornehmen und wann sie von persönlich-subjektiven Denkmustern beeinflusst (vielleicht sogar überformt) werden. Bewertungen sind neben den Erklärungen die Türen zum Handeln: Je nachdem, welche Schlüsse ein Sozialarbeiter oder eine Sozialarbeiterin aus einer beobachteten Situation zieht (zu welchen Beurteilungen und Bewertungen er oder sie kommt), werden Entscheidungen über das Handeln und dessen Planung getroffen: ob und wie gehandelt wird, selbst oder vermittelt an andere, mit welchem Zeithorizont und welchen Erwartungen. Die Risikoeinschätzung, die SozialarbeiterInnen im Falle der Kindeswohlgefährdung vornehmen, ist ein Beispiel für eine solche ‚reflexive Tür', die je nach Ergebnis unterschiedliche Handlungsoptionen nach sich zieht. Die Handlungsplanung wird zudem entscheidend durch Erklärungen einer Situation beeinflusst, die SozialarbeiterInnen haben.

(3) Erklären – geschieht es am Anfang, machen SozialarbeiterInnen einen Fehler: Nicht nur Bewertungen gehen häufig schnell von der Hand, auch (vermeintliche) Erklärungen werden nicht selten (vor-) schnell formuliert. Erklärungen sollten immer differenzierte Beschreibungen vorausgehen, damit sie möglichst präzise und differenziert erfolgen. Erklärungen dienen allgemein dazu, Gründe für eine Situation zu identifizieren (die Frage nach dem ‚Warum'). Erklären bedeutet, dass ein Sachverhalt zu einem Bedingungsgefüge verdichtet und in allgemeine Gesetzmäßigkeiten eingeordnet wird: Bedingungen, Einflüsse, Ursachen und Abhängigkeiten werden beschrieben.

Dabei kann man Erklärungen 1. und 2. Ordnung unterscheiden. Erklärungen 1. Ordnung beschreiben Kausalitätsbeziehungen (also Wenn-dann-Zusammenhänge), Erklärungen 2. Ordnung erklären die Gründe für diese Erklärungen oder ersetzen Kausalitätsbeschreibungen durch interdependente Wechselwirkungen. Wichtig ist dabei, dass Beschreibungen von Zusammenhängen nicht automatisch über Ursachen aufklären. Gerade bei vermeintlich einfachen Konstellationen sollten SozialarbeiterInnen ‚Erklärungsschleifen' absolvieren, indem sie mehrere Erklärungsmöglichkeiten zulassen, abgleichen und in ihren möglichen Auswirkungen auf das Handeln durchdenken (Nolting/Paulus 1999, 173). Denn gerade Soziale Arbeit ist häufig mit sehr komplexen sozialen Situationen konfrontiert, die ein Verstehen, ein Lesen der Situation erfordern: Wenn von Fall-‚Verstehen' der Sozialarbeiterin in unserem Beispiel die Rede ist, meint dies etwa das Erfassen von Zusammenhängen, das Verständnis für Menschen und ihre Situation, im Sinne einer Bildung von Hypothesen und Vermutungen. Diese sind für Erklärungen sehr wichtig, da es sich dabei um einen wechselseitigen Prozess von Hypothesenbildung und Überprüfung handelt (Nolting/Paulus 1999, 187f.). Hypothesen sind plausible Vermutungen, die aber im Verlaufe folgender Prozesserfahrungen widerlegt werden können.

(4) Prognostizieren – die Vorstellung des Zukünftigen kann das gegenwärtige Handeln fördern: An dieser Stelle denkt die Sozialarbeiterin über die gegenwärtig erlebte Situation in der Familie hinaus. Wie entwickelt sich die Situation, wenn bestimmte Faktoren bestehen bleiben oder sich verändern? Was könnte eine bestimmte Hilfe für die Familie bewirken? Was passiert (vor allem mit den Kindern), wenn eine Hilfe nicht erfolgt oder nicht angenommen wird? Allgemein gesprochen: Es wird eine Vorhersage zu den erklärten Zusammenhängen getroffen, indem man sich vor Augen führt, was eine Situation beeinflusst (ein ‚Mittel'), und es auf einen Sachverhalt bezieht, der vorhergesagt werden soll (ein ‚Prädikator'). Wie genau eine Prognose erstellt werden kann, hängt davon ab, welche Faktoren SozialarbeiterInnen beschreiben können, wie verlässlich diese Faktoren sind, ob sie Erfahrungen mit ähnlichen Situationen haben und ob es überhaupt die Möglichkeit gibt, das Eintreffen der Prognose zu erkennen (Nolting/Paulus 1999, 189f.).

(5) Handeln und Evaluieren – am Ende des Reflexionsprozesses und doch der Anfang: Beschreiben, Bewerten, Erklären, Prognostizieren, diese Prozesselemente sind letztlich Vorbereitungen für das professionelle Handeln, und sie beeinflussen es auch in ihren Zielen, Erwartungen und praktischen Schritten. Das Handeln der SozialarbeiterInnen kann je nach Ergebnis des vorgelagerten Reflexionsprozesses eher intervenierend (Korrektur einer als problematisch bewerteten Situation), eher fördernd (Optimieren einer bestehenden, positiv bewerteten Situation) oder präventiv wirken (mögliche negative Entwicklungen vermeiden). Die Evaluation des Handelns ist schließlich motiviert durch die Frage: ‚War die Handlung angemessen und hat sie zum Erfolg geführt? Woran ist dies erkennbar?' Es findet also die erneute Beschreibung einer (veränderten) Situation statt, eine Erklärung (‚Welche Faktoren führten (nicht) zur Änderung, welche Bedingungen konnten (nicht) stabilisiert werden?'), Prognose (‚Wie entwickelt sich demnach die Situation weiter?'), gegebenenfalls (bei einer Diskrepanz zwischen Ist- und Soll-Zustand) setzen wiederum veränderte Handlungsstrategien der Sozialarbeiterin oder des Sozialarbeiters ein. In unserem Beispiel wird Evaluation v. a. durch Hilfeplangespräche, kollegiale Beratungen und die Dokumentation des Hilfeverlaufes gefördert.

Zusammenfassung des 3. Schrittes: Der Prozess von Beobachten, Beurteilen und Handeln ist auf Fertigkeiten und Fachwissen gleichermaßen angewiesen und auf ein berufliches Selbstverständnis, das sich der das Handeln prägenden Vorverständnisse von sozialen Problemen, von Klienten und der helfenden Beziehung sowie Normalitätsvorstellungen bewusst ist (Michel-Schwartze 2009a, 124 ff.) und sie kritisch reflektiert. In der Abb. 2 ist der vorstehend skizzierte Prozess der handlungsbezogenen Reflexion und Wissensgenerierung (Maykus 2001) grafisch veranschaulicht. Der Modus ‚handlungsbezogene Reflexion' ist als Kreislaufmodell zu verstehen. Es soll bei aller Offenheit sozialer und sozialpädagogischer Situationen das Regelhafte in seiner doppelten Bedeutung verdeutlichen, mit dem SozialarbeiterInnen Komplexität strukturieren und ihr Handeln professionalisieren: ‚Strukturierte Offenheit' entsteht einerseits durch den regelgeleiteten Umgang damit (sorgfältiger Prozess handlungsbezogener Reflexion in geregelten Schritten) und durch die Konstruktion situationsspezifischer Regeln im Sinne verallgemeinerter Bedingungsgefüge (Wissensanwendung und situationsspezifische -generierung). Diese doppelte Perspektive macht das ‚Handeln nach den Regeln der Kunst' aus. Der Prozess verläuft dabei von der Beschreibung und Bewertung der Situation (oder eines aktuell auftretenden Problems; erster Schritt) über deren Erklärung und Prognose (zweiter Schritt) hin zum zielorientierten Handeln mit anschließender Überprüfung der Zielerreichung (dritter Schritt, der wiederum aus der Beschreibung einer neuen Situation besteht und bei einer Diskrepanz zwischen Zielsetzung und Ist-Stand zum Neueinsetzen des Reflexionsprozesses führt). Dieser Prozess hat in der Praxis der Sozialen Arbeit eine generalisierte Bedeutung und äußert sich in mehreren Kontexten methodischen Handelns, die über die adressatenorientierte Fallarbeit hinausgehen.

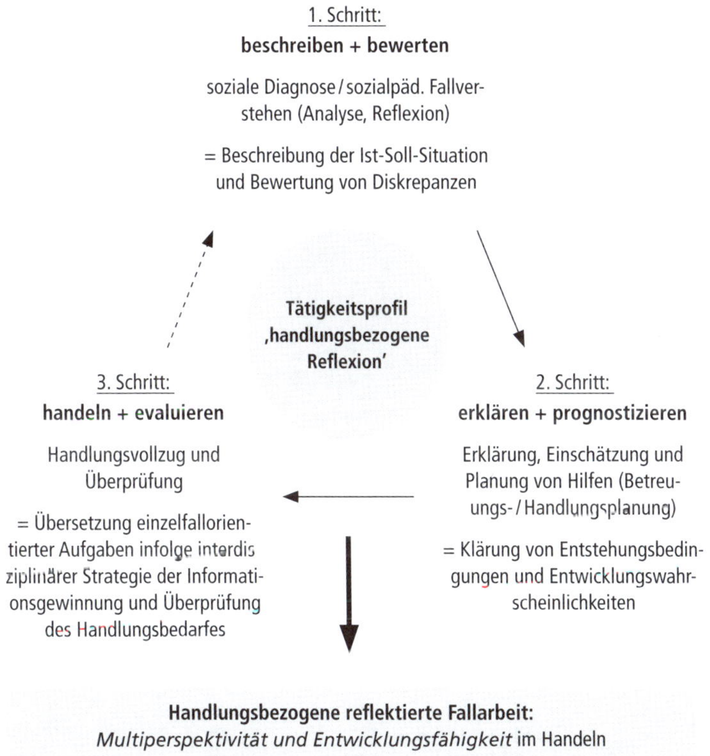

Abb. 2 Der Modus ‚handlungsbezogene Reflexion' am Beispiel der adressatenorientierten Fallarbeit (Quelle: Maykus 2001, 108)

4. Schritt: Den Blick öffnen: Beobachten, Beurteilen, Handeln ist auf mehreren Praxisebenen in Kontexten methodischen Handelns wichtig

Als Hintergrund zu dem hier gewählten Beispiel: SozialarbeiterInnen führen u. a. den Schutzauftrag der Kinder- und Jugendhilfe (nach § 8a SGB VIII) aus: Die Kinder- und Jugendhilfe, allen voran der öffentliche Träger, ist verpflichtet, bei vermuteter Kindeswohlgefährdung Familien zu unterstützen, schwierige Lebens- und Erziehungssituationen mit gezielten Hilfeangeboten zu entschärfen bzw. auch zu intervenieren, wenn Eltern bei akuter Kindeswohlgefährdung Hilfen nicht annehmen. In diesem Fall sind familiengerichtliche Maßnahmen zu vollziehen, was die Kinder- und Jugendhilfe in ein Spannungsfeld zwischen Hilfe und Kontrolle bringt. Dieses Spannungsfeld ist letztlich in allen Arbeitsfeldern der Kinder- und Jugendhilfe auszutarieren und verlangt nach expliziten Konzepten der Einbindung von Verfahren des Erkennens sowie des Handelns bei Kindeswohlgefährdung in die alltägliche sozialpädagogische Praxis. Hier ist im Besonderen der kompetente Handlungsmodus – Beobachten, Beurteilen, Handeln – gefordert, um jungen Menschen positive Lebensbedingungen zu ermöglichen. Der im § 8a SGB VIII geregelte Schutzauftrag präzisiert das Handeln der Kinder- und Jugendhilfe – und damit der SozialarbeiterInnen – im Kontext drohender oder akuter Kindeswohlgefährdung. Mit dieser Präzisierung werden auch notwendige Rahmenstandards für den Schutzauftrag formuliert. Fachliche Grundlagen hierzu sind inzwischen in mehreren Standardwerken differenziert ausgearbeitet worden (u. a. ISS 2012). Dabei wird die Rolle der Kinder- und Jugendhilfe im Kinderschutz stets explizit verhandelt: Schutz wird zu einer leitenden Maxime im Handeln der Kinder- und Jugendhilfe (vor allem im Handeln der ASD-MitarbeiterInnen) und fordert entsprechend den gesetzlichen Vorgaben eine neue Qualität des Zusammenwirkens von öffentlichen und freien Trägern (vgl. auch Kap. 3.8.) Wenn wir uns die zu Beginn dieses Kapitels beschriebene situative Skizze aus der Praxis einer Familienhelferin vergegenwärtigen, welche Kontexte methodischen Handelns wären dabei zu berücksichtigen?

Erster Kontext methodischen Handelns – adressatenorientierte Fallarbeit: Der skizzierte Fall von Kindeswohlgefährdung löst ein notwendiges Handeln der Fachkräfte im ASD in Kooperation mit der sozialpädagogischen Familienhelferin aus. Diesen Einzelfall (die Situation der Familie, v. a. der Mutter und der Kinder) zu bearbeiten, hieße (Michel-

Schwartze 2009b, 130 ff.), eine Informationssammlung vorzunehmen, dabei eine Trennung der Informationen nach Annahmen, Unterstellungen und Bewertungen zu beachten, die gesammelten Informationen in den Kontext, in die vorfindbare Situation einzuordnen, um sich der Frage zu nähern: Wie entstanden die Probleme? Erste Erklärungsversuche auf der Basis von Beobachtungen und Beschreibungen erfolgen, Beurteilungen werden angestellt, auch – soweit möglich und der Situation dienlich – unter Einbeziehung der Betroffenen und deren Urteil über die Situation. Die zu bearbeitenden Probleme werden schließlich definiert, Ziele formuliert und der Auftrag der SozialarbeiterInnen geklärt. Hierbei nehmen sie Sortierungen vor, sie strukturieren die Situation, ‚lesen' sie anhand des regelhaften Handlungsmodus. Letztlich erstellen die beteiligten SozialarbeiterInnen eine Typologie des Falles, kennzeichnen den Sachverhalt in seinen charakteristischen, bekannten, aus anderen Fällen bereits erfahrenen und übertragbaren sowie spezifisch ermittelten Aspekten, gewichten Problembereiche: Sie beobachten, kommunizieren, erkennen, klassifizieren im Rückgriff auf Indikatorenlisten und Fachwissen, beurteilen, entscheiden. Für das einzelfallorientierte Handeln sind hier, dem Beispiel folgend, die Verfahren des Kinderschutzes sowie des Hausbesuches (vgl. Kap. 3.8 und 3.9), der (Sozialpädagogischen) Beratung (Kap. 3.1) sowie des Case-Managements (Kap. 2.1) von Bedeutung. SozialarbeiterInnen sind in solchen und anderen Praxissituationen angewiesen auf die bereits benannte ‚doppelte Regelhaftigkeit' im Handeln, die eine strukturierende Wirkung hat und in entsprechende Arbeitshilfen (bezüglich der Planung, Durchführung, Reflexion und Dokumentation) für die Fallarbeit münden kann (vorbildlich dazu v. Spiegel 2018).

Zweiter Kontext methodischen Handelns – berufliches Handeln im Team: Die Einzelfallarbeit im hier exemplarisch herangezogenen Bereich des Kinderschutzes muss immer wieder in kollegialen Bezügen rückgekoppelt und beraten werden: Von der kollegialen Kurzberatung bis zur Risikoeinschätzung und der Begleitung der Hilfeumsetzung erfolgt eine Reflexion im Team bzw. die Arbeit zu zweit. Kollegiales Fallverstehen (Ader 2001) ist eine strukturierte Form der Reflexion und Beratung im Team, die adressatenbezogene Arbeit optimieren soll: Es wird von einem Fall berichtet, anhand eines bewussten Ablaufes wird dieser vom Team be- und hinterfragt (wobei Rollen und Regeln für diese kollegiale Beratung festgelegt werden), bis hin zur Planung von Arbeitsschritten. Das dabei entstehende Feedback der Kolleginnen und

Kollegen, das Sammeln von Bildern, Eindrücken und Stimmungen ist Medium für die Realisierung des professionellen Handlungsmodus: Beschreibungen erfolgen, Erkanntes wird berichtet, sortiert, gewichtet, eine Trennung von Routinen, (Vor-)Urteilen sowie das Hinterfragen von ggf. vorschnellen Bewertungen und Erklärungen gefördert. Beobachten, Beurteilen und die Entwicklung von Handlungsoptionen prägen auch hier die Praxis, und das nicht nur einer fallführenden Fachkraft, sondern systematisch auch die der Kolleginnen und Kollegen. Es erfolgt eine Potenzierung von Wissen, Erfahrungen und Strukturierungen im Rahmen des Teamhandelns. Hierfür förderliche Techniken sind Fragen, Nachfragen und Zuhören (vgl. Kap. 4.1) sowie das Verfahren der kollegialen Fallanalyse.

Dritter Kontext methodischen Handelns – Organisationsgestaltung: SozialarbeiterInnen handeln stets unter den Bedingungen einer Organisation und werden darin begünstigt oder auch eingeschränkt. Der beschriebene Handlungsmodus ist vorrangig eine individuelle Kompetenz in der direkten Fallarbeit und potenziert in Teamkonstellationen; das Beobachten, Beurteilen und darauf abgestimmte Handeln kennzeichnet aber auch einen Prozess sich entwickelnder Organisationen. Einrichtungen (soziale Dienste, Jugendhäuser, Jugendämter usw.), die die individuellen Kompetenzen der MitarbeiterInnen nutzen, um sich bedarfsgerecht weiterzuentwickeln, vollziehen einen ‚Modus organisationsbezogener Reflexion‘ (als Pendant zum beschriebenen Modus auf der Handlungsebene einzelner SozialarbeiterInnen), um möglichst förderliche Bedingungen für die Erfüllung der Aufgaben Sozialer Arbeit zu realisieren. In unserem Beispiel sind Jugendämter gefragt (bzw. die freien Träger im Rahmen der Hilfepraxis), interne Bedingungen für die Erfüllung des Schutzauftrages zu beschreiben, in ihren Auswirkungen auf das Handeln der SozialarbeiterInnen zu beobachten und zu einer organisationskritischen Beurteilung zu kommen, die dann Maßnahmen der Optimierung und Weiterentwicklung u. a. der Arbeitsprozesse und -strukturen betreffen (Merchel 2015b). Zur Förderung individueller Kompetenzen der MitarbeiterInnen in sozialen Diensten haben sich in diesem Zusammenhang Leitfäden, Verfahrensstandards und kollegiale Beratung durchgesetzt (Optimierung des sozialarbeiterischen Handlungsmodus) sowie zur Förderung der Organisationsbedingungen klare Prozessregeln, Unterstützung durch Leitung sowie vereinbarte Verfahrenskontrollen als Teil eines Qualitätsmanagements des Kinderschutzes (Optimierung des organisationsbezogenen Handlungsmodus). Hier sollte anhand der Verfahren des Qualitäts- sowie Sozialmanagements (vgl. Kap. 3.12 und 3.13) ein ebenfalls regelhafter Prozess des Beobachtens, Beurteilens, Handelns stattfinden, um eine effektive Schutzarbeit zu ermöglichen: die Analyse der Organisation in ihrer Wechselbeziehung zum Handeln der MitarbeiterInnen, die Bestimmung von Veränderungsbedarf sowie die Planung und Umsetzung von Maßnahmen der Organisationsentwicklung (z. B. die Einführung eines standardisierten Kinderschutzbogens oder die Gründung eines internen Qualitätszirkels).

Vierter Kontext methodischen Handelns – Interprofessionelle Kooperation und Netzwerkarbeit: Soziale Arbeit vollzieht sich überwiegend, wie auch im hier angeführten Fallbeispiel, im Zusammenspiel unterschiedlicher Berufsgruppen und -felder (im Kinderschutz etwa Kindertagesstätten, Schulen, Ärzte, Frühförderstellen, Beratungsstellen usw. betreffend). Netzwerke früher Hilfen für Familien symbolisieren diese Netzwerkorientierung vielerorts. Interprofessionalität ist ein wesentliches Merkmal der Sozialen Arbeit und der Handlungskompetenz von SozialarbeiterInnen. Interprofessionalität meint ein In-Beziehung-stehen zwischen zwei oder mehr Professionen bzw. Berufsgruppen und deren VertreterInnen, um gemeinsam Aufgaben zu bearbeiten und zu koordinieren, die von den Beteiligten allein jeweils nicht angemessen bewältigt werden könnten. Informationsaustausch, Ressourcenabstimmung, Synergien und die Verzahnung von Kompetenzen können förderlich auf die Fallarbeit wirken: Dabei kommen eine kognitiven Struktur (Wissenserweiterung und im Handeln aktivierte Potenzialstruktur der Verweisung auf andere Themenfelder, Institutionen etc.), eine soziale Struktur (Beziehungen durch Teamarbeit oder situative Begegnung zwischen den Tätigen unterschiedlichen professionellen Hintergrundes) und eine organisatorische Struktur (verstanden als Bildung einer Form, eines Netzwerkes mit definierten Organisationsmerkmalen) im Handeln zusammen – also alle Kontexte des methodischen Handelns. Interprofessionalität umfasst dabei gleichermaßen die Vernetzung als Prozess der Relationierung zwischen den Akteuren (Abstimmungen, Kontakte, Zielhorizonte) sowie das Netzwerk als gebildete Arbeits- und Kooperationsstruktur (vgl. exemplarisch Maykus 2013).

Fazit: Handeln – ‚Regeln der Kunst' auf einem ‚gesteigerten Sorgfaltsniveau'

Soziale Arbeit ist in der Praxis mit typischen Handlungsproblemen konfrontiert, die mit ihrem offenen, komplexen Gegenstand zu tun haben und von (angehenden) Sozialarbeiterinnen und Sozialarbeitern bewältigt werden müssen. Dabei erweist sich, das hat hier das Beispiel der Kindeswohlgefährdung als Handlungsanlass verdeutlicht, ‚Reflexion' als Schlüsselanforderung und –kompetenz in der Sozialen Arbeit, die nicht in Konkurrenz zum Handeln gesehen werden darf (im Sinne des alten Bildes eines ‚Theorie-Praxis-Dilemmas'), sondern als Bindeglied zwischen Analyse durch und Anwendung von Wissen. Nach den ‚Regeln der Kunst' zu arbeiten heißt, eine doppelte Bedeutung des Regelhaften beim Beobachten, Beurteilen und Handeln zu berücksichtigen: SozialarbeiterInnen strukturieren und professionalisieren ihr Agieren durch den regelgeleiteten Umgang mit Praxisanforderungen (Prozess handlungsbezogener Reflexion auf einem ‚gesteigerten Sorgfaltsniveau') und durch die Wissensanwendung und situationsspezifische -generierung, indem sie Regeln im Sinne kontrollierter Verallgemeinerungen der je erlebten Praxis entwickeln.

Der damit verbundene hohe Anspruch an das professionelle Handeln obliegt in seiner Realisierung nicht allein den Sozialarbeiterinnen und Sozialarbeitern, sondern hängt wesentlich auch von der Gestaltung entsprechender Rahmenbedingungen in den Einrichtungen der Sozialen Arbeit ab. Neben einer explizit auf die Förderung dieser Kompetenzen ausgerichteten Führungskultur und Personalwirtschaft dürften hilfreich sein:

- eine entsprechende Ausbildung in den neuen Bachelor-Studiengängen (Förderung einer reflexiven und multiperspektivischen Fallarbeit),
- Fortbildungen, Supervisionen und Fallbesprechungen (zur Erneuerung, Vertiefung, Erweiterung des Wissens sowie als Praxisbegleitung und Möglichkeit der Selbstvergewisserung) sowie
- die Etablierung von Evaluations- und Konzeptentwicklungsprozessen (Auseinandersetzung mit Inhalten, Methoden, Zielen der Arbeit und ihre fortlaufende Optimierung als Qualitätsentwicklung in Organisationen).

Zur Gestaltung dieser Rahmenbedingungen für ein professionelles, methodisches Handeln in unterschiedlichen Kontexten der Sozialen Arbeit – zwischen Einzelfall, Team und Organisation – liefert der vorliegende Band eine Fülle von Anregungen.

Weiterführende Literatur

Becker-Lenz, R., Busse, S., Ehlert, G., Müller, S. (Hrsg.) (2009): Professionalität in der Sozialen Arbeit. Standpunkte, Kontroversen, Perspektiven. VS-Verlag, Wiesbaden
Eine theoretische Darstellung unterschiedlicher Facetten von Anforderungen an Professionalität in der Sozialen Arbeit. Sie eignet sich vor allem für fortgeschrittene LeserInnen, die an grundlegenden Auseinandersetzungen interessiert sind.

Martin, E., Wawrinowski, U. (2003): Beobachtungslehre: Theorie und Praxis reflektierter Beobachtung und Beurteilung. Juventa, Weinheim / München
Eine sehr praxisorientierte Einführung in Fragen der Beobachtung als alltägliche Anforderung und professionelle Aufgabe gleichermaßen.

Müller, B. (1991): Die Last der großen Hoffnungen. Methodisches Handeln und Selbstkontrolle in sozialen Berufen. 2. Aufl. Juventa, Weinheim / München
Ein immer noch sehr lesenswerter Text, der die unverändert aktuelle Auseinandersetzung mit der Berufsrolle von Sozialarbeiterinnen und Sozialarbeitern zum Thema macht.

Wendt, P.-U. (2016): Lehrbuch Methoden der Sozialen Arbeit. 2. Aufl. Beltz Juventa, Weinheim / Basel
Eine kompakte Darstellung von Grundlegungen zum methodischen Handeln und zu Fragen der Professionalität in der Sozialen Arbeit sowie zentraler methodischer Arbeitszusammenhänge.

1.3 Handlungskompetenz in der Sozialen Arbeit

Von Dieter Kreft

Einführung

Hartmut Dießenbacher hat 1984 in der „neuen praxis“ einen Essay über die „Geburt des modernen Sozialarbeiters aus dem Geist der Heuchelei“ geschrieben. Ein Text, der leider in Vergessenheit geraten ist, aber zu den Pflichttexten angehender Sozialarbeiter / Sozialpädagogen gehören sollte.

Nachdem der Autor vergeblich versucht hatte (H. D. schreibt in der Gestalt eines Sozialarbeiters in Rente), in der Literatur und Forschung befriedigende Antworten auf die Frage nach dem systematischen und historischen Ursprung der ‚Sozialarbeiterexistenz‘ zu erhalten, wendet er sich seinen vielfältigen früheren Arbeitsstellen zu, in denen „verwaltet und beraten, getröstet und gebildet, unterstützt und therapiert, erzogen und geholfen, gestraft und gelobt, kontrolliert und überwiesen“ wird. Diese Vielfalt verwirrte ihn: Wo liegt denn nun „das kleinstmögliche Gemeinsame dieser Tätigkeiten?“ Und er kommt darauf, dass es immer um ‚das Verteilen‘ geht und darum, dass „immer zwei ‚Dinge‘ verteilt werden: Geld und gute Worte“ (das ist zugleich auch die einfachste Antwort auf die Frage, was denn Soziale Arbeit ‚im Kern‘ sei).

Und um sich nicht in frühchristlichen und mittelalterlichen Formen praktizierter Mildtätigkeit zu verlieren, definiert er den ‚modernen‘ Helfer dreifach: Er soll ‚eigens geschult sein, hauptberuflich arbeiten und lohnabhängig sein‘. Und über weitere Archivstudien findet er ihn schließlich, den ‚ersten modernen Sozialarbeiter‘: Im Umfeld der nach den 1848er Unruhen von Johann Heinrich Wichern gegründeten Inneren Mission

„verließ im Jahre 1849 der erste professionelle Armenpfleger das Rauhe Haus zu Horn bei Hamburg. Er trug alle Merkmale der Modernität: Er hatte eine dreijährige Ausbildung im Rauhen Haus hinter sich, war lohnabhängig und bezog seinen Salär vom Hamburger Verein für Innere Mission; er übte seinen Beruf hauptberuflich aus“(Dießenbacher 1984, 374ff., 380).

Soziale Arbeit ‚verdankt' also ihre Existenz den Herausforderungen von Not und Elend, in professionalisierter Form den Armutsherausforderungen Anfang/Mitte des 19. Jh. und dann vor allem den sozialen Folgen der Industrialisierung (Münchmeier/Hering 2014).

An dieser Erklärungssuche des pensionierten Sozialarbeiters ist besonders interessant – und bis heute nachwirkend –, dass Antworten auf existenzielle Fragen der Sozialen Arbeit häufig nicht sogleich in Wissenschaft und Forschung zu finden sind, sondern gegen die Provokationen der Praxis entwickelt werden (müssen).

Soziale Arbeit: Definition, Disziplin, Profession?

Soziale Arbeit: Was ist damit gemeint? Die Soziale Arbeit ist eine ‚Zunft' voller Ungewissheiten. Aber immerhin hat sich in den letzten 30 Jahren ein Einvernehmen dazu herausgebildet, dass Soziale Arbeit der Oberbegriff für Sozialarbeit und Sozialpädagogik ist und dazu mindestens alle Bereiche gehören, die unter den verfassungsrechtlichen Begriff der ‚öffentlichen Fürsorge' (Art. 74 Abs. 1 Nr. 7 GG) subsumiert werden: Alten-, Behinderten-, Gesundheits-, Kinder- und Jugend-, Sozialhilfe und seit 1. Januar 2005 auch die Grundsicherung für Arbeitsuchende (SGB II). Neuere Konzepte Sozialer Arbeit, die Einmischungsstrategie (Mielenz 1981, Münchmeier 2017a) und die Sozialraumorientierung (vgl. Kap. 2.3), aber auch lange praktizierte Handlungsmöglichkeiten (etwa die Gruppenpädagogik und die Beratung im Gespräch: Kap. 2.2 und 3.1) – sind inzwischen auch in andere Bereiche personenbezogener Dienstleistungen eingewandert: in die Schule, die Berufliche Bildung, die Erwachsenenbildung, in die Politikfelder Arbeit, Wohnen und Stadtentwicklung sowie teilweise in die Personalführung und Personalentwicklung profitorientierter Unternehmen. Auch dass es zentrale und verbindende Begriffe für das Handeln in den verschiedenen Arbeitsformen der Sozialen Arbeit gibt (beraten, bilden, erziehen, helfen, pflegen), ist inzwischen unbestritten.

Soziale Arbeit: Eine Disziplin? Ob ‚Soziale Arbeit' eine eigenständige wissenschaftliche Disziplin ist, bleibt dagegen bislang umstritten. Als Disziplinen werden vergleichsweise eigenständige Wissenschaftsbereiche verstanden, welche die traditionellen Fakultäten von Universitäten und Hochschulen bestimmen (Theologie, Philosophie, Medizin, Rechtswissenschaft, Künste …) und die auf eine ‚angemessene Reproduktion' ihres jeweiligen Nachwuchses achten. Für die Soziale Arbeit als Profession und/oder Beruf (s. unten) sind in Deutschland im Laufe der letzten 150 Jahre unterschiedliche Disziplinen zuständig gewesen: so vor allem die Erziehungswissenschaft, die Psychologie, Soziologie sowie die Rechts- und Verwaltungswissenschaft, aber auch immer noch die Theologie und neuerdings verstärkt die Wirtschaftswissenschaft. Dieser Zustand (Soziale Arbeit als ‚Lehnswissenschaft') wird inzwischen häufig als unbefriedigend empfunden. Im Zusammenhang mit der Gründung und dem Ausbau von Fachhochschulen entwickelte sich die Forderung nach einer eigenständigen Sozialarbeitswissenschaft, deren Angehörige auch die Ausbildung des wissenschaftlichen Nachwuchses (durch Promotion und Habilitation) in eigene Hände nehmen sollten. Aber die Kontroverse, ob für die Sozialpädagogik (so wird Soziale Arbeit weiterhin an den Universitäten genannt) die Erziehungswissenschaft die Leitwissenschaft sei (auf deren systematische Generalisierungen, also Theorien, zurückgegriffen werden kann) oder ob Soziale Arbeit in Gestalt einer Sozialarbeitswissenschaft zu einer eigenständigen Disziplin gefunden habe, ist nicht entschieden, beide „Behauptungen werden weiterhin nebeneinander vorgetragen" (eine kritische Zusammenfassung dieser Diskussion bietet bereits K. Maier 2009; zuletzt Merten 2017b).

Soziale Arbeit: Eine Profession? Berufe Sozialer Arbeit sind häufig aus der ehrenamtlichen Tätigkeit engagierter Bürgerinnen und Bürger entwickelt worden. Schrittweise wurden sie auch gegen Kontrakteinkommen ausgeübt (also ‚verberuflicht'), ohne dass dadurch die ehrenamtlichen Tätigkeiten überflüssig geworden wären. Ob diese ‚Verberuflichung' allerdings zu einer ‚Professionalisierung' geführt hat, bleibt bis heute (das ist aber zunehmend kaum nachvollziehbar) strittig (Heiner 2010, 164). Denn werden die ‚klassischen' akademischen Professionen von Philosophen, Ärzten und Rechtsanwälten zugrunde gelegt, so fehlt den Berufen Sozialer Arbeit weitgehend das Merkmal von universitärer Ausbildung, freiberuflicher Tätigkeit und der Ehren-Kodex einer akademischen Standesorganisation. An diesen sehr zugespitzten, standesorientierten (inzwischen auch sehr überholten) Kriterien gemessen, wird Soziale Arbeit gelegentlich immer noch als ‚Semi-Profession' abgetan. Eine derartige Argumentation verkennt im Übrigen aber völlig, dass die Gewährleistungspflicht moderner Sozialstaaten die meisten Berufsfelder Sozialer Arbeit in den ‚Öffentlichen Dienst' eingeordnet hat und demzufolge etwa das Merkmal ‚freiberufliche Tätigkeit' nicht konstitutiv für diese Berufe sein kann. Die Profession ist (daher) nicht in erster Linie ein Wissenssystem, sondern ein Handlungssystem; ihr Verhältnis zum Wissen definiert sich als Anwendung von Wissen unter Handlungszwang (v. Spiegel 2018, 41 ff.) – und demzufolge ist Soziale Arbeit inzwischen selbstverständlich eine Profession (ausführlicher bei B. Müller 2012 und Merten 2017a). Was dieses Handlungswissen inzwischen kennzeichnet (welche Inhalte, Vorgehensweisen, Haltungen), darauf wird anschließend eingegangen.

Soziale Arbeit als Beruf: Umgangssprachlich wird vernünftigerweise unter ‚Beruf' verstanden, dass jemand für eine bestimmte (berufliche) Tätigkeit ausgebildet wurde, regelmäßig aufgrund dieser Befähigung berufstätig ist und dadurch seinen Lebensunterhalt bestreiten kann.

In der Sozialen Arbeit ist das leider nicht so eindeutig. Wenn etwa in § 72 SGB VIII oder in § 6 SGB XII von ‚Fachkräften' gesprochen wird, sind damit Personen gemeint, die in der Regel (!) entweder eine ihren Aufgaben entsprechende Ausbildung erhalten haben oder über vergleichbare Erfahrungen verfügen (so § 6 SGB XII, in diesem Sinne auch § 72 SGB VIII). Schaut man aber auf die dynamische Entwicklung beispielsweise der Kinder- und Jugendhilfe, die gekennzeichnet ist durch Verrechtlichung, Professionalisierung, Herausbildung eines Kanons zeitgemäßer Standards moderner Jugendhilfe und durch eine Dienstleistungsorientierung, ergibt dies Berufsanforderungen, die nur auf der Grundlage entsprechender Ausbildungen erfüllt werden können. Durch das SGB VIII

„werden die Träger der öffentlichen Jugendhilfe unmittelbar verpflichtet… hauptberuflich nur Fachkräfte zu beschäftigen… Die Bestimmung über die Beschäftigung von Personen, die aufgrund von Erfahrungen in der sozialen Arbeit in der Lage sind, die Aufgabe zu erfüllen… ist mittlerweile fast ohne Anwendungsbereich" (Schindler/Smessaert in: Münder et al. 2019, § 72 Rz 1).

‚Fachkräfte' sind heute zunächst „nur Personen, die eine ihrer jeweiligen Aufgabe entsprechende Ausbildung erhalten (und formal abgeschlossen) haben" (Schindler/Smessaert in: Münder et al. 2019, § 72 Rz 3). Fachkräfte müssen also eine formal abgeschlossenen Berufsqualifikation in sozialen/sozialpädagogischen/sozialarbeiterischen Ausbildungsgängen haben – zunächst gleich welcher Qualifikationsebene (Berufsfachschule/Fachschule, Fachhochschule/Berufsakademie oder Universität) –, wenn diese sie für das Handeln in einem oder mehreren Arbeitsbereich(en) befähigt/befähigen" (Schindler/Smessaert in: Münder et al. 2019 § 72 Rz 3–14; übereinstimmend Wiesner 2015 in der Kommentierung zu § 72). Gemeint sind in erster Linie also Erzieherinnen / Erzieher, Sozialarbeiter / Sozialpädagogen (Diplom oder BA) und Diplom-Pädagogen oder Master / Magister der Fachrichtung Sozialpädagogik der Universitäten (genauer bei Rauschenbach 2017: Soziale Berufe und unter www.bundesagentur.de/BERUFENET).

Handlungskompetenz in der Sozialen Arbeit – die europäische Entwicklung: Mit dem sog. Bologna-Prozess (durch Beschluss von 29 europäischen Bildungsministern 1999 in Bologna begonnen) wurde eine europaweite Harmonisierung der Studiengänge eingeleitet, die für die Soziale Arbeit inzwischen abgeschlossen ist. An den Hochschulen (Fachhochschulen und Universitäten) können inzwischen in zwei Stufen berufsqualifizierende Abschlüsse (Bachelor und Master) erworben werden (Rauschenbach 2017). Zur Verbesserung der Wettbewerbsfähigkeit der Mitgliedsländer der Europäischen Union / EU und zum sozialen Zusammenhalt der Gemeinschaft hat sich der Europäische Rat zudem auf eine Vereinheitlichung von Kenntnissen, Fertigkeiten und Kompetenzen der Bürgerinnen und Bürger im Prozess lebenslangen Lernens geeinigt. Nicht mehr die je unterschiedlichen Bildungsabschlüsse in den einzelnen Beitrittsländern stehen im Vordergrund (Input-Orientierung auf der Basis von Bildungs- und Lehrplänen), sondern die im Bildungsprozess erworbenen Kompetenzen (Output-Orientierung). Bildung wird dabei als eine umfassende Aneignung von kognitiven, sozialen, emotionalen und kommunikativen Kompetenzen verstanden. Kompetenz ist im Sprachgebrauch der EU „die nachgewiesene Fähigkeit, Kenntnisse, Fertigkeiten sowie persönliche, soziale und / oder methodische Fähigkeiten in Arbeits- und Lernsituationen und für die berufliche und / oder persönliche Entwicklung zu nutzen. Im Europäischen Qualifikationsrahmen wird Kompetenz im Sinne einer Übernahme von Verantwortung und Selbständigkeit beschrieben" (EU Kommission 2008: Europäischer Qualifikationsrahmen für lebenslanges Lernen / EQR). In Anbindung an den EQR wurde inzwischen ein deutscher Qualifikationsrahmen / DQR beschlossen (Beschluss der KMK und anderer Ministerien vom 1.5.2013).

Handlungskompetenz in der Praxis: Handlungskompetenz meint hier die Fähigkeit hauptberuflich in der Sozialen Arbeit Handelnder (gemeint sind dabei sowohl Voll- als auch Teilzeitbeschäftigte), den jeweiligen zeitgemäßen fachlich-methodischen Standards entsprechend tätig zu sein, in den unterschiedlichen Arbeitsfeldern und Handlungsebenen (mindestens zu unterscheiden als Arbeit mit den Leistungsberechtigten, administrative und planerische Tätigkeiten sowie fachlich-politische Leitungsaufgaben).

Inzwischen wird regelmäßig von ‚professioneller Handlungskompetenz' gesprochen, um den Entwicklungsweg der sozialarbeiterischen/sozialpädagogischen ‚Zunft' angemessen zu erfassen: von der Verberuflichung (Nachweis einer anerkannten Qualifikation) über die Akademisierung zur Professionalisierung (Nachweis eines fachlich einschlägigen Studiums).

Aber was ist genauer damit gemeint? Wir wollen als Antwortmöglichkeiten dazu auf drei Erklärungswege verweisen:

1. Den **Versuch von Hiltrud von Spiegel**, das berufliche Handeln zwischen ‚Kunst' und ‚Können' zu verorten und dafür einen Orientierungsrahmen für Kompetenzen vorzustellen (v. Spiegel 2018, 71 ff., insbes. die Übersicht auf den S. 97 f.; auch Kap 1.4). Zentral für diesen ‚Führungsversuch' ist die Unterscheidung von ‚Wissen', ‚Können' und ‚beruflichen Haltungen':

   Können: „Was sollen Fachkräfte nun können, welche Fähigkeiten brauchen sie, um in der jeweils ‚einmaligen' Handlungssituation tätig zu werden?" Angeführt werden die ‚Fähigkeit zum kommunikativen dialogischen Handeln' (zur Koproduktion), die ‚Fähigkeit zum Einsatz der Person als Werkzeug' (von der Empathie zur Selbstreflexion), die ‚Beherrschung von Grundoperationen methodischen Handelns' (etwa die Fähigkeit, Wissensbestände zusammenzuführen), die ‚Fähigkeit zur effektiven und effizienten Gestaltung der Arbeitsprozesse' und die ‚Fähigkeit zur institutionellen und kommunalpolitischen Arbeit' (v. Spiegel 2018, 3.2.4 Kompetenzen in der Dimension des Könnens).

   Wissen: „Welches Wissen brauchen Fachkräfte, um die umfangreiche Liste der praktischen Fähigkeiten zu realisieren? Was sollte man mindestens beherrschen?" Hierzu wird verwiesen auf das ‚Beobachtungs- und Beschreibungswissen' (diagnostisches Wissen), auf ‚Erklärungs- und Begründungswissen' (etwa arbeitsfeldspezifische Wissensbestände oder die sozialpolitische Einbindung des Arbeitsfeldes), das ‚Wertewissen' (etwa die Kenntnis einer berufsbezogenen Ethik), schließlich das sog. ‚Handlungs- und Interventionswissen' (Konzepte, Methoden, Verfahren des Arbeitsfeldes) (v. Spiegel 2018, 3.2.2 Kompetenzen in der Dimension des Wissens).

Haltungen: „Wenn berufliches Können durch Wissensbestände untermauert ist, welche Funktion übernimmt dann die berufliche Haltung?" Verwiesen wird auf die Fähigkeit ‚reflexiver Arbeit an der beruflichen Haltung' (zunächst der Wille und die Fähigkeit zur biografischen Selbstreflexion), die ‚Orientierung an beruflichen Wertestandards' (etwa Autonomie der Leistungsberechtigten, Wertschätzung), schließlich ‚reflektierter Einsatz beruflicher Haltungen' (etwa geklärte berufliche Identität; reflektierte Identifikation mit der Institution, für die gearbeitet wird) (v. Spiegel 2018, 3.2.3 Kompetenzen in der Dimension der beruflichen Haltung).
Hiltrud von Spiegel bietet dann für das methodische Handeln, das sie als notwendig eklektizistisch-collagenhaft erkennt, einen ‚Werkzeugkasten' an (v. Spiegel 2018, Kap. II).

2. Vergleichbar ‚handwerklich' ausgerichtet, aber knapper, ist der **Versuch von Dieter Kreft**, die Handlungskompetenz in der Sozialen Arbeit zu beschreiben (Kreft 2017). Wie bei Hiltrud von Spiegel wird auch in diesem Erklärungsversuch zwischen ‚Wissen', ‚Können' und ‚Haltungen' unterschieden. ‚Wissen' wird als reflektierte Kenntnis wissenschaftlich begründeten Fachwissens verstanden, mit ‚Können' ist die Anwendung sozialarbeiterischen/sozialpädagogischen Wissens gemeint (also vor allem das, was in diesem Buch beschrieben wird). Daneben werden aber zwei Kompetenzen besonders herausgestellt: Die ‚kommunikative Kompetenz' und die ‚administrative/Management-Kompetenz'.
Dabei meint ‚kommunikative Kompetenz' vor allem die Fähigkeit und Bereitschaft, in den verschiedenen Lebenswelten und mindestens drei Ebenen betroffenenorientiert (koproduzierend also) zu agieren und zu koordinieren (im Verhältnis zu den Leistungsberechtigten, trägerintern und trägerübergreifend). Die ‚administrative/Management-Kompetenz' meint hingegen die Fähigkeit, den in einem kommunikativen Prozess zwischen vielen Beteiligten in einer bestimmten Situation ‚als richtig und notwendig erkannten Inhalt' auch umzusetzen. Wer nicht die politischen/rechtlichen/institutionellen/finanziellen Rahmenbedingungen seines Handelns kennt,

wird regelmäßig mit ‚dieser Umsetzungsarbeit zugunsten der Leistungsberechtigten' scheitern oder frustriert aufgeben.
Bei den ‚Haltungen' wird eine sozialpolitische Grundeinstellung der Akteure erwartet, wie sie etwa in § 1 Abs. 1 SGB I normiert ist (‚soll zur Verwirklichung sozialer Gerechtigkeit und sozialer Sicherheit einschließlich sozialer und erzieherischer Hilfen beitragen') – als allgemeinste geforderte Grundhaltung. Höchstpersönlich sollte es eine Grundhaltung: ‚engagiert zugunsten der Leistungsberechtigten' sein, weil eine gelingende Koproduktion ohne diese Einstellung nur schwer vorstellbar ist.
Als knappe Zusammenfassung dieser Überlegungen ist von Dieter Kreft schließlich ein ‚**hippokratischer Eid in der Sozialen Arbeit**' vorgeschlagen worden (in Anlehnung an die vom Weltärztebund 1948 beschlossene und mehrfach revidierte Neufassung der ärztlichen Berufspflichten, diese ist wiederum orientiert an dem ursprünglichen hippokratischen Eid mit seiner so unerhört wirkungsvollen Schlichtheit):

„1. Ich bin Mitglied der Profession/Disziplin Soziale Arbeit/Sozialpädagogik und werde deren Eigensinn (Eigenart) verteidigen.
2. Innerhalb und außerhalb meiner Berufsarbeit werde ich mich allein und gemeinsam mit anderen dafür einsetzen, dass zur Verwirklichung sozialer Gerechtigkeit geeignete Sozialleistungen im Sinne des § 1 des Sozialgesetzbuches I rechtzeitig und ausreichend zur Verfügung stehen.
3. Ziel meiner Arbeit ist es, Menschen eine – nach ihren individuellen Möglichkeiten – weitestgehende selbst bestimmte soziale Teilhabe am gesellschaftlichen Leben zu ermöglichen: ohne Unterschied des Geschlechtes, der Religion, der Nationalität/ethnischen Zugehörigkeit, ihrer politischen Meinung und ihrer sozialen Stellung.
4. Ich werde allen Menschen im Rahmen meiner Arbeit mit Respekt vor ihrer eigenständigen Persönlichkeit begegnen und mich darum bemühen, mit ihnen gemeinsam die notwendigen Leistungen zu gestalten.
5. Ich werde die mir von ihnen gegebenen Informationen nicht unbefugt weitergeben.
6. Ich werde nach den Regeln der sozialpädagogisch/sozialarbeiterischen Kunst handeln und ich werde über die gesamte Zeit meiner Berufstätigkeit in geeigneter Weise und auch in eigener Verantwortung dafür sorgen, dass ich die jeweils aktuellen fachlichen Handlungsstandards meiner Profession im Allgemeinen und meines Teilarbeitsfeldes im Besonderen kenne und beherzige." (Kreft 2017, 454f.)

(Ausführlicher sind die ‚Berufsethischen Prinzipien' des Deutschen Berufsverbandes für Sozialarbeit, Sozialpädagogik und Heilpädagogik – www.dbsh.de/profession/berufsethik.html; allgemeiner zur Ethik in der Sozialen Arbeit und mit weiteren Literaturhinweisen: Münchmeier 2017b).

3. Die Mitgliederversammlung des **Deutschen Berufsverbandes für Soziale Arbeit** e. V./DBSH hat 2007 eine Vorlage zu den ‚**Schlüsselkompetenzen in der Sozialen Arbeit**' beschlossen und diesen Text (in der Bearbeitung und Verantwortung von Friedrich Maus, Wilfried Nodes und Dieter Röh) 2008 veröffentlicht (inzwischen in 4. Auflage 2013 als Maus et al.). „Als Ergebnis ist ein Leitfaden entstanden, der genau beschreibt, über welche Kompetenzen qualifizierte Sozialarbeiter verfügen sollten" (Internetauftritt des DBSH). Auch hier wird von einer Vielzahl unterschiedlicher Kompetenzanforderungen an Sozialarbeiter/Sozialpädagogen ausgegangen, um dann die erforderliche sozialpädagogische/sozialarbeiterische Gesamtkompetenz in neun einzelne Schlüsselkompetenzen aufzuteilen:

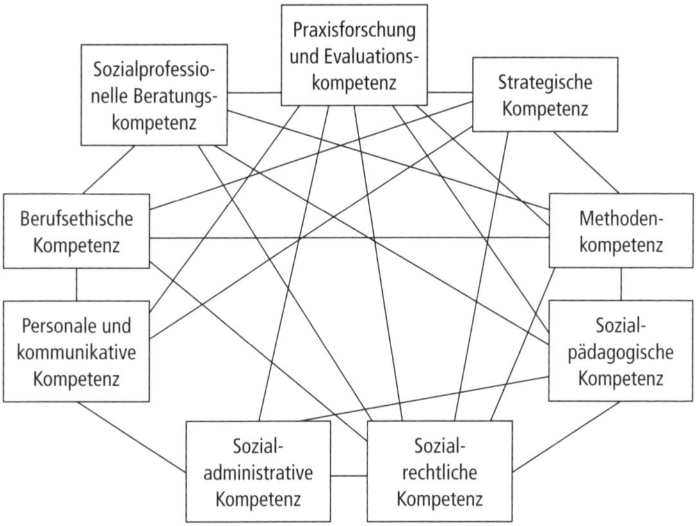

Abb. 3 Kompetenz Sozialarbeit/Sozialpädagogik Sozialpädagogik (Maus et al. 2013, 12)

Die einzelnen Abschnitte des Buches folgen regelmäßig dieser Gliederung: Nach einer Einführung in die je besondere Schlüsselqualifikation folgt dann ein Abschnitt „Kennzeichen“ (wohin sollen die ‚Lernenden‘ geführt werden) und schließlich eine knappe Übersicht zu Ausbildung / Studium / Lerninhalte (gewissermaßen eine modulare Erfassung der Lerngegenstände).

Diese Art der Darstellung hat den großen Vorteil, dass Studierende sich rasch einen ersten Überblick über ‚den Gegenstand Soziale Arbeit‘ und das verschaffen können, was sie sich und zu welchem Zwecke aneignen sollen.

Am Beispiel ‚sozialadministrative Kompetenz‘ (Kap VII) wollen wir das Vorgehen exemplarisch erläutern:

In der Einführung wird darauf verwiesen, dass Sozialarbeiter / Sozialpädagogen in der Regel in einem Arbeits- / Dienstverhältnis bei öffentlichen Trägern (Ämtern), Verbänden und sonstigen privaten Trägern der Sozialen Arbeit stehen und deren Regelwerke / Organisationsformen, Sprach- und Kommunikationsstile kennen müssen, um diesen ‚bürokratischen Dschungel‘ für ihre Klienten erschließen zu können.

Demzufolge wird in der Definition ‚sozialadministrative Kompetenz‘ als die Fähigkeit bezeichnet, mit der öffentlichen Verwaltung zu kommunizieren, den Sprachstil und das Handeln von (Träger-)Verwaltungen zu verstehen und deren rechtliche Grundlagen zu kennen. Nur so sei es möglich, die Rechte der Klienten zu wahren.

Unter Kennzeichen wird u. a. aufgeführt, Sozialarbeiter / Sozialpädagogen müssen wissen, was ein Verwaltungsakt ist, wie Bescheide zu lesen sind und wie ihre Gültigkeit geprüft wird, sie müssen Haushaltspläne lesen und erklären können, sie wissen um die Bedeutung von Akten, können Briefe, Sitzungsprotokolle, Aktenvermerke und Stellungnahmen schreiben, Gespräche protokollieren und ihre Arbeit organisieren.

Diesen Anforderungen folgen dann die Ausführungen zu Ausbildung / Studium / Lerninhalten – Was soll also gelehrt und gelernt werden, um diese Kompetenzen zu erwerben? ‚Öffentliches Verwaltungshandeln‘ (Strukturen, Organisationen, grundlegende Gesetze), ‚Staats- und Verwaltungsrecht‘ (u. a. mit Trägern der Sozialen Arbeit, Rechtsgrundlagen des Verwaltungshandelns, organisationsrechtliche Stellung der Sozialen Arbeit), ‚Soziale Rechte und Pflichten des Bürgers nach dem Sozialgesetzbuch‘ (Datenschutz, Verwaltungsverfahren, Verwaltungsakt, Wächteramt / Garantenstellung / Garantenpflicht, Rechtsschutz) und ‚Organisation der Ämter‘ (Aktenführung, Briefe, Berichte, Geschäftsordnungen, Grundlagen des Zeitmanagements und der Arbeitsplatzorganisation).

Diese sich für alle Schlüsselkompetenzen wiederholende, sehr sinnvolle Gliederung begründet angemessen, definiert hinreichend und erklärt didaktisch ordentlich, was Sozialarbeiter/Sozialpädagogen schließlich wissen und können sollten und welche Haltungen von ihnen erwartet werden (Interessant ist auch der Vergleich mit dem Kerncurriculum der DGSA von 2016 unter www.dgsa.de).

Weiterführende Literatur

Dießenbacher, H. (1984): Nehmen – Verteilen – Geben. Die Geburt des modernen Sozialarbeiters aus dem Geist der Heuchelei. In: neue praxis 4, 374–380

Müller, C. W. (2013): Wie Helfen zum Beruf wurde. Eine Methodengeschichte der Sozialen Arbeit. Neuausgabe. 6. Aufl. Beltz Juventa, Weinheim/München
Ein Standardwerk, grundlegend und gut lesbar.

Maus, F., Nodes, W., Röh, D. (2013): Schlüsselkompetenzen der Sozialen Arbeit für die Tätigkeitsfelder Sozialarbeit und Sozialpädagogik. 4. Aufl. Wochenschau Verlag, Schwabach/Taunus;
Eine gelungene, knappe, aber grundsätzliche Einführung in die Handlungskompetenz.

Darauf aufbauend, also erweiternd und vertiefend, empfehlen wir die folgenden beiden Titel:

Spiegel, H. v. (2018): Methodisches Handeln in der Sozialen Arbeit. 6. Aufl. Ernst Reinhardt, München/Basel
und

Heiner, M. (2010): Soziale Arbeit als Beruf. Fälle – Felder – Fähigkeiten. 2. Aufl. Ernst Reinhardt, München/Basel
Grundlegend, umfassend, vielfältig. Der zweite Titel ist sowohl ein einführendes Lehrbuch, das Grundkenntnisse vermittelt, als auch ein Forschungsbericht mit umfassendem empirischem Material. Man sollte mit den Fällen ab S. 236 beginnen.

1.4 Methodisches Handeln in der Sozialen Arbeit

Von Hiltrud von Spiegel

Methodisches Handeln beschreibt eine besondere Art und Weise der Analyse, der Planung und der Auswertung des beruflichen Handelns, die sich vom laienhaften Alltagshandeln unterscheidet. Er bezieht sich auf den gesamten Prozess des beruflichen Arbeitens und realisiert sich im Einsatz der eigenen ‚Person als Werkzeug'. Methodisch zu handeln heißt, die spezifischen Aufgaben und Probleme der Sozialen Arbeit zielorientiert, kontextbezogen, kriteriengeleitet sowie strukturiert und gleichzeitig offen zu bearbeiten. Dabei sollten sich Fachkräfte an Charakteristika des beruflichen Handlungsfeldes sowie an der wissenschaftlichen Vorgehensweise orientieren, immer zusammen mit den Adressaten. Es wird von ihnen erwartet, dass sie ihre Handlungen transparent und intersubjektiv überprüfbar halten, dass sie diese berufsethisch rechtfertigen und unter Zuhilfenahme wissenschaftlicher und erfahrungsbezogener Wissensbestände erklären und begründen können.

Zum Entstehungskontext des vorliegenden Konzeptes: Beobachtungen zeigen, dass Fachkräfte in der Praxis überwiegend situativ handeln und sich hauptsächlich an ihren Erfahrungen und an institutionellen Routinen orientieren. Sie lösen Methoden, Verfahren und Techniken aus ihren konzeptuellen Kontexten heraus und ‚mixen' sie pragmatisch, nach Kenntnis, Gutdünken, Kompetenz und Erfahrung. Sie transformieren also fachliche Konzepte, kontextuelle Bedingungen und biografisch erworbene Haltungen in situatives Handeln. Die Begründung dieses Handelns entnehmen sie überwiegend dem Reservoir ihres persönlich verfügbaren wissenschaftlichen und erfahrungsabhängigen Erklärungswissens.

Seit Beginn der Hochschulausbildung für die Soziale Arbeit wurde dieses pragmatische Vorgehen als unwissenschaftlich kritisiert. Man versuchte auf verschiedenen Wegen, den Beruf wissenschaftlich zu qualifizieren, um z. B. einen Theorie-Praxis-Transfer über die Konstruktion von Technologien (van Beugen 1972) oder handlungsanleitenden Theorien (z. B. Staub-Bernasconi 1986) zu gewährleisten. Nach einigen Irrläufen wurde deutlich, dass die Konstruktion des systematischen, reflektierten und institutionell gestützten Einsatzes der eigenen „Person als Werkzeug" (Gildemeister 1983), wie sie schon von den

GründerInnen des Berufes (z. B. Alice Salomon) zu Beginn des letzten Jahrhunderts angelegt wurde, die sinnvollste ist. Zusammengefasst besteht die ‚professionelle Kunst' nach dem derzeitigen Diskussionsstand darin, die verschiedenen Wissensbestände, die für die Praxis der Sozialen Arbeit Geltung beanspruchen, fallbezogen und mit Blick auf die Anforderungen der Praxis ‚auszunutzen' bzw. zu kontrastieren und zu ‚relationieren' (Dewe et al. 1992). Fachkräfte sollten also ihre ‚berufliche Persönlichkeit' so qualifizieren, dass sie i. S. der o. g. Definition handlungsfähig sind.

Grundlagen für methodisches Handeln

Das hier vorgestellte Konzept fußt auf Erkenntnissen und Gemeinsamkeiten vergleichbarer Konzepte für methodisches Handeln der letzten 45 Jahre (u. a. van Beugen 1972, Pincus/Minahan 1980, Heiner et al. 1998) und bezieht neuere Einsichten über die Charakteristika des Handlungsfeldes und die Orientierung an der wissenschaftlichen Vorgehensweise ein (v. Spiegel 2018). Charakteristika der beruflichen Handlungsstruktur sind z. B.:

- **Doppeltes Mandat:** Das doppelte Mandat entsteht u. a. aus dem Umstand, dass die Soziale Arbeit eine ‚staatsvermittelte Profession' ist. Der Staat fungiert als Vermittlungsinstanz zwischen der Profession und ihrer Klientel, indem festgelegt wird, welchen Zielgruppen welche Leistungen und welche Ressourcen zuteilwerden. Dabei werden Bedürfnisse und Rechtsansprüche der Adressaten auseinanderdividiert: Bearbeitet wird nicht jede Bedürfnisäußerung, sondern nur, was als Aufgabe der Sozialen Arbeit ausgehandelt und gesetzlich verankert ist. Auf diese Weise werden die Bedürfnisse der Betroffenen in politisch akzeptierten und finanzierten ‚Bedarf' verwandelt. Dabei werden tendenziell strukturelle, gesellschaftliche Problemlagen definitorisch in individuelle Fälle umgewandelt, die von Fachkräften mit den Mitteln der Sozialen Arbeit bearbeitet werden können. Damit ist der implizite Auftrag verbunden, die individuellen Motive und Handlungsorientierungen der Adressaten zu verändern in der Annahme/Hoffnung, dass damit auch die verursachende Gesellschaftsstruktur aus dem Fokus verschwindet (Böllert 2018). Als Strategien gelten sowohl Hilfekonstruktionen als auch kontrollierende Interventionen, wenn Hilfe nicht greift.

- **Subjektorientierung:** Grundlage dieser Orientierung ist die Annahme, dass der Mensch von Geburt an ein eigenständiges Subjekt ist, das sich und seine Identität unter Verwendung der ihm verfügbaren individuellen und gesellschaftlichen Ressourcen selbst entwickelt. Die Grundannahme, dass sich jeder Mensch seine eigene Biografie erschafft, schließt die Entwicklung von ‚Technologien' also der gezielten Formung von Menschen aus. Subjektorientierte Konzepte halten sich mit Zielen eher zurück und konzentrieren sich auf das Erschließen von Ressourcen und das Arrangement förderlicher Bedingungen für das Aufwachsen und die Herausbildung von Eigenaktivität und Eigenverantwortung – wobei davon auszugehen ist, dass die Bedingungen je nach Lebenslage eines Individuums bzw. einer Gruppe sehr verschieden sind. Die methodische Vorgehensweise bezieht sich auf die Unterstützung und Begleitung der subjektgesteuerten Entwicklung.

- **Technologiedefizit:** Der Methodenmarkt wird derzeit von einer Vielzahl spezifischer Erziehungs- und Trainingsprogramme gegen beunruhigende Symptome wie Gewalt, Mobbing und andere abweichende Verhaltensweisen überschwemmt. Sie wurden meist auf der Grundlage verhaltenstheoretischer Erkenntnisse konzipiert, in einer kontrollierten Praxis erprobt und evaluiert und gelten somit als evidenzbasiert (Schmidt 2006). Kausale Zusammenhänge zwischen Ursache und Wirkung oder finale Zusammenhänge zwischen methodischer Vorgehensweise und Ergebnis, die eindeutig und wiederholbar sind (im Sinne von ‚Methode X bewirkt Ereignis Z'), lassen sich jedoch in der Sozialen Arbeit nicht planmäßig herstellen. Die Herausforderung beginnt schon damit, herauszufinden, worin die Aufgabe und/oder das zu bearbeitbare Problem bestehen, wer das Problem ‚hat', welche Faktoren es aufrechterhalten, wo es anzusiedeln ist und welche Bedeutung es im Gesamtzusammenhang der Lebensumstände einer Person hat. Denn davon ist abhängig, mithilfe welcher Theorien es erklärt werden kann und welche methodische Vorgehensweise ggf. entworfen werden könnte. Dies alles ist nur in Kenntnis der genauen Umstände und im Dialog mit den AdressatInnen herauszufinden, denn auch vergleichbares Handeln kann sehr verschiedene Motive und Ursachen haben. Methodisches Handeln beruht gerade auf diesem Phänomen der Einzigartigkeit von Situationen, auf die hin die ‚Person als Werkzeug' ihre Handlungskompetenz einsetzt (s. w. u.)

- **Koproduktion:** Die Soziale Arbeit gilt als ‚personenbezogene Dienstleistung'. Dabei wird eine Leistung gleichzeitig produziert und konsumiert (verbraucht). Fachkräfte der Sozialen Arbeit können ihre Angebote nicht vorproduzieren, sondern müssen ihre Arbeit direkt mit ihren Adressaten erbringen: Beide Seiten müssen zur gleichen Zeit in der „Produktion" zusammenarbeiten und dazu in eine mehr oder weniger persönliche, vertrauensvolle Beziehung zueinander treten. Das gewünschte Ergebnis erfordert also immer die Mitwirkung der Adressatinnen, mehr noch: Es ist ein gemeinsames ‚Produkt', das Ergebnis einer Koproduktion (Ortmann 1996, 63). Aus der o. g. Subjektorientierung ist zu folgern, dass die Tätigkeit der Professionellen der Tätigkeit der Adressaten – als den Produzenten ihres eigenen Lebens – strukturell nachgeordnet sein muss. Aufgrund dessen werden Professionelle zu ‚Ko-Produzenten', während die Nutzer die Profession steuern (Schaarschuch 2001, 272). Es ist also nicht nur eine moralische Frage, ob man die Adressaten als Objekte oder als Subjekte versteht und behandelt.

Wissenschaftlich begründetes und erfahrungsgeleitetes Handeln

Zur Orientierung an der wissenschaftlichen Vorgehensweise ist festzuhalten, dass sich berufliches Handeln nicht nach dem Muster wissenschaftlichen Handelns ordnen lässt. Es ist aber möglich, dessen Prinzipien für das methodische Handeln zu übernehmen. Ein Beispiel ist der Umgang mit individuellen Deutungsmustern und der selektiven Wahrnehmung. Beide dienen der Ökonomie des menschlichen Handelns, denn durch Selektionen reduziert man Komplexität und erhält sich somit seine Handlungsfähigkeit. Wissenschaftlich Arbeitende haben Verfahren zur Kontrolle dieser Mechanismen entwickelt, weil letztere dazu führen können, die eigene Wahrnehmung absolut zu setzen und die Perspektiven und Deutungsmuster der AdressatInnen zu ignorieren. Empfehlenswerte Prinzipien der wissenschaftlichen Vorgehensweise zur Qualifizierung des methodischen Handelns sind u. a.:

- explizite Offenlegung des erfahrungsgeleiteten Vorverständnisses und der Erkenntnisinteressen (z. B. durch Hypothesenbildung zu vermuteten Zusammenhängen)
- Bewusstmachung der eigenen Erfahrungen mit dem Thema und deren systematische Überprüfung

- mehrperspektivische Analyse der zu bearbeitenden Aufgaben und Probleme durch Erfassung der Sichtweisen und Deutungsmuster aller Beteiligten
- Dokumentation der Hypothesen und Interventionen als Grundlage für fachöffentliche Nachprüfbarkeit, Evaluation und ggf. Revision

Kompetenzen für das methodische Handeln

Ein Nachweis für die Professionalisierung der Sozialen Arbeit ist, dass die Zuständigkeiten der Profession für die Bearbeitung bestimmter Inhalte deutlich umrissen, und dass die Kompetenzen für die verantwortliche Bearbeitung dieser Inhalte beschreibbar sind. Dazu gehören u. a. Kenntnisse der berufs- und arbeitsfeldspezifischen Wissensbestände, die Beherrschung anerkannter methodischer Vorgehensweisen, ein berufsethischer Code und die Verwendung einer spezifischen Fachsprache. All das legitimiert professionelle Kompetenz (i. S. von Zuständigkeit und Können) und vermittelt berufliche Identität.

Methodisches Handeln berücksichtigt den Umstand, dass Professionelle mit ihren AdressatInnen hauptsächlich in deren Alltag interagieren und hier im Wesentlichen auf den Einsatz ihrer eigenen ‚Person als Werkzeug' verwiesen sind. Sie verfügen zunächst einmal über das gleiche kommunikative Instrumentarium wie die Menschen, mit denen sie arbeiten. Wenn sie dieses und damit ihre Person als ‚Werkzeug' einsetzen wollen, müssen sie ihre Interventionen zielgerichtet, fachlich begründet und auf eine Weise konstruieren, die mit der Alltagskommunikation der AdressatInnen kompatibel ist.

Fachkräfte müssen hierfür ihre Alltagskompetenzen weiter qualifizieren. Das geschieht, „indem sie diese mit Wissen fundieren, durch Werte konstituieren, sie als Fähigkeiten disponieren, durch Erfahrungen konsolidieren und mithilfe ihres Willens realisieren" (Erpenbeck/Heyse 2007, 162). Professionelle Kompetenz beschreibt somit den reflexiven Einsatz von Alltagskompetenzen.

Man kann diese Kompetenz nach der auch im Alltag geläufigen Unterscheidung zwischen ‚Hand' (praktische Tätigkeiten/Können), ‚Kopf' (Kognition/Wissen) und ‚Herz' (Emotion/berufliche Haltungen) und strukturieren:

- **Können:** Die Dimension des Könnens beschreibt Bündel methodischer Fähigkeiten zur ‚handwerklichen' Umsetzung beruflicher Aufgaben. Die

Kompetenzen dieser Dimension kann man im Wesentlichen erlernen und einüben. Sie satteln auf (mitzubringende) Schlüsselkompetenzen – v. a. Kommunikationsfähigkeit und Flexibilität – auf, ohne die methodisches Handeln und der Einsatz der ‚Person als Werkzeug' nicht denkbar sind. Hierbei geht es neben Grundoperationen des methodischen Handelns auch um Fähigkeiten und Arbeitstechniken zur effektiven und effizienten Gestaltung der Arbeitsprozesse. Zusätzlich benötigen Fachkräfte das entsprechende Wissen und die entsprechenden Haltungen.

- **Wissen:** Sie brauchen einen gewissen Fundus wissenschaftlich gewonnener, arbeitsfeldspezifischer und arbeitsfeldunabhängiger Wissensbestände, um ihre praktische Arbeit und ihre Erfahrungen mit wissenschaftlichem Wissen in Beziehung setzen, konfrontieren, anreichern und/oder auch überprüfen zu können. Man kann diese Wissensbestände differenzieren in: Beschreibungswissen, Erklärungswissen, Wertwissen und Veränderungswissen. (genauer bei v. Spiegel 2018).

- **Haltungen:** Die Dimension der beruflichen Haltungen thematisiert den Umstand, dass berufliches Handeln in der Sozialen Arbeit wertgeleitetes Handeln ist. Sie enthält Hinweise auf reflexive Kompetenzen sowie den Willen, die eigenen Werte und Einstellungen mit dem Fundus des beruflichen Wertwissens abzugleichen und eine reflektierte berufliche Haltung zu entwickeln.

Eine differenzierte Darstellung der diesen Kompetenzdimensionen zugeordneten Einzelkompetenzen findet sich in v. Spiegel 2018.

Arbeitshilfen

Es scheint unmöglich, alle äußeren und die persönlichkeitsbedingten Faktoren des beruflichen Handelns in eine Gesamtschau zu bringen, die orientierende methodische Zugänge zu diesem Beruf vermitteln könnte. Es ist müßig, Meta-Modelle für die Integration von Konzepten und Methoden zu entwickeln, in denen sich mosaikartig Baustein um Baustein zu einem nach den Regeln der professionellen Kunst entworfenen ‚Gesamtkunstwerk' zusammenfügt. Denn eine optimale und verallgemeinerbare methodische Vorgehensweise kann es nicht geben. Die Orientierung an den Aufgaben, Situationen und Problemen der Praxis erfordert, dass Fachkräfte Teilstücke aus Theorien und Konzepten zu

,methodischen Collagen' zusammenstellen. Es muss nicht alles theoretisch zusammen ,passen'; aber es ist notwendig, beliebige oder ,persönliche' in ,professionell gestaltete' Collagen zu wandeln.

Ein Weg, das methodische Handeln zu qualifizieren, sind Arbeitshilfen, denen ,Regeln für das methodische Handeln' schon innewohnen und die als Planungs- und Reflexionswerkzeug für die professionell gestaltete Collage eingesetzt werden können. Es sind arbeitsfeldübergreifend konzipierte ,Analyse- und Planungshilfen' für die Strukturierung der Arbeitsschritte in den verschiedenen Handlungsbereichen, nämlich der Gestaltung von Situationen, der Hilfeplanung der Konzeptionsentwicklung sowie der Projektplanung und der Selbstevaluation (vorgestellt und mit Anwendungsbeispielen versehen in v. Spiegel 2018).

Die Form der Arbeitshilfen als Checklisten soll gewährleisten, dass die skizzierten Anforderungen an methodisches Handeln systematisch berücksichtigt werden. Sie können helfen, die Komplexität einer Aufgabe, einer Situation oder eines Problems zu reduzieren und Theorien und Konzepte der verschiedenen Wissensbestände situations- und problembezogen heranzuziehen und auszunutzen. Die Arbeitshilfen bilden somit kein neues Methodenset, sondern es sind Beobachtungs-, Such- und Reflexionsstrategien. Um mit diesem Werkzeug arbeiten zu können, muss man über Praxiserfahrungen und auch über Wissen aus allen vier Wissensbeständen verfügen, denn die Arbeitshilfen selbst sind Gerüste oder Platzhalter, die ,leer' sind. Sie sollen lediglich gewährleisten, dass die wesentlichen Strukturelemente, die das berufliche Handeln konstituieren, zusammengebracht werden, und dass nichts ,vergessen' wird. Die Inhalte, die jemand mit Blick auf spezielle Aufgaben/Probleme in diese Gerüste einfügt, werden nicht vorgegeben. Hier sind nach wie vor die Kenntnisse und die Verantwortung jeder individuellen Fachkraft für die Güte und Angemessenheit der Auswahl gefragt.

Die Arbeitshilfen sind so konzipiert, dass man sie als ,Bausteine' immer anders zusammensetzen kann: Sie beziehen sich auf alle Schritte des methodischen Handelns. Sie sind untereinander kombinierbar und ergänzen sich. Sie legen Schrittfolgen nahe (ohne darauf festzulegen) und strukturieren auf diese Weise Arbeitsprozesse. Die systematisierte Fassung hilft auch, vergleichbare Daten zu sammeln und so die Vorbedingungen für eine Evaluation zu schaffen. Die Form (Checkfragen, einfaches Tabellenprinzip) ist leicht selbst herstellbar (Word-Tabellen) und zügig zu bearbeiten (keine ,Aufsätze', sondern Stichworte). Der ,Zwang' zur Vollständigkeit der Bearbeitung schränkt die Selektion und die Beliebigkeit im Umgang mit Deutungen, Wissensbeständen und Verfahrensweisen ein.

Die ‚neue' Generation von Konzepten methodischen Handelns besteht aus Arbeitshilfen, die stärker an den Erfordernissen des beruflichen Alltagshandelns orientiert sind und die als eigenständige Module dort einsetzbar sind, wo sie gebraucht werden, ohne dass ihre theoretische Fundierung dadurch verloren ginge. Es bleibt zu hoffen, dass diese Kombination methodischen Handelns die Professionalität der beruflich Handelnden nachhaltig befördert.

Weiterführende Literatur

Heiner, M. (2010): Soziale Arbeit als Beruf. Fälle-Felder-Fähigkeiten. 2. Aufl. Ernst Reinhardt, München/Basel
Ein einführendes Lehrbuch, umfangreich, der Vermittlung von Grundkenntnissen dienend und zugleich ein Forschungsbericht. Wir empfehlen mit den Fällen ab S. 221 zu beginnen.

Spiegel, H. v. (2018): Methodisches Handeln in der Sozialen Arbeit. 6. Aufl. Ernst Reinhardt, München/Basel
Die Kenntnis der ‚Methoden' ist das eine, sie im beruflichen Alltag ‚richtig' einzusetzen das andere. Das ‚Wie' wird hier, sehr handlungsorientiert, vorgestellt.

Wendt, P.-U. (2017): Lehrbuch Methoden der Sozialen Arbeit. 2. Aufl. Beltz Juventa, Weinheim/München
Eine Einführung für Studierende der Sozialen Arbeit, die einen Überblick über die Anwendung methodischer Arrangements aus subjektorientierter Sicht vermittelt.

2 Die drei klassischen Methoden und ihre aktuellen Entwicklungen

2.1 Von der Einzelfallhilfe zum Case-Management

Von Wolf Rainer Wendt

Geschichte: Hilfe im Einzelfall war der Weg, den die private und organisierte Wohltätigkeit im 19. Jh. in der Armenpflege zu beschreiten begann. Im Buch „Der Armenbesucher" als Handreichung für Helfer empfahl Joseph Marie de Gérando bereits 1820 Hausbesuche, die Beobachtung des Verhaltens, Aufforderung zur Selbsthilfe und Kontrolle des Hilfeeinsatzes. Vor der „gebenden Hand" sollte das „forschende Auge" walten, um wahre Bedürftigkeit zu erkennen und von ihrer Vortäuschung zu unterscheiden (Gérando 1831). Ein systematisches Vorgehen entwickelten ab 1870 in England und den USA die „Charity Organisation Societies" (COS) in ihrem Casework mit Registrierung der Hilfesuchenden, „friendly visiting", strenger Prüfung der Bedürftigkeit und einer Fallkonferenz zur Entscheidung über Art und Weise der Hilfe.

In der Reformära ab 1900 in den USA verbreitete sich das Spektrum der Hilfen, die in Sozialer Arbeit geleistet wurden. Mary Richmond stellte 1917 in ihrem Standardwerk „Social Diagnosis" die Verfahrensweise Casework als einheitliche und wissensbasierte Methode professionellen Handelns dar. Sie galt fortan für die amerikanische Sozialarbeiterschaft als die Art und Weise qualifizierter Berufstätigkeit (Wendt, W.R. 2017, 59 ff.).

Zum beruflichen Handeln gab es bereits einen internationalen Austausch. In Deutschland übernahm Alice Salomon nach Besuchen in den USA den methodischen Ansatz in ihrem Buch „Soziale Diagnose" (1926) für die Ausbildung der Wohlfahrtspflegerinnen. Zusammen mit Siddy Wronsky schrieb Salomon 1926 die Publikation „Soziale Therapie", die eine Sammlung von Falldarstellungen zu Lehrzwecken enthielt. Die Texte lassen den Einfluss erkennen, den damals medizinische und psychologische Orientierungen auf die Theorie der Einzelfallarbeit nahmen.

Psychosoziale Ausprägung: Ab dem 1. Weltkrieg hatte sich die Problemlage verändert, in der das Casework gebraucht wurde. An die Stelle der alten Armenpflege rückte eine Wohlfahrtspflege in der Sozialhilfe, Jugendhilfe und Gesundheitshilfe, die nicht nur bei materieller Not beansprucht werden konnte. Die neuen Dienste der Beratung und Behandlung persönlicher Probleme verlangten von SozialarbeiterInnen ein angemessenes Handeln, dem sie im Streben nach Professionalität mit fachlich vertiefter Menschenkenntnis nachkommen wollten. Dafür bot sich die Psychoanalyse an. Hinzu kamen verschiedene diagnostische und therapeutische Techniken, die damals entwickelt wurden. In der Folge wurde die Methode „psychologisiert". Nacheinander traten in den USA vier Richtungen der psychosozialen Arbeit in der Einzelfallhilfe auf:

- Die *diagnostische Schule*, orientiert an Sigmund Freud, verlangte eine ausführliche Anamnese und ordnete das gewonnene Bild persönlicher Problematik in eine (psychoanalytische oder entwicklungspsychologische) Klassifikation von Störungen oder Krankheiten ein. Von der Anamnese über die Diagnose geht es zur Therapie voran, für die ein/e SozialarbeiterIn eine hinreichende Expertise braucht.
- Die *funktionale Richtung* interpretierte professionelles Handeln als eine vom Klienten gewünschte oder ihm zuträgliche Dienstleistung, vertreten u. a. von Ruth Smalley. Zu begleiten und zu fördern sind, orientiert am Werk des Psychoanalytikers Otto Rank, Wandlungs- und Wachstumsprozesse von Personen. Für die Hilfe, die ihnen geleistet wird, ist eine persönliche Beziehung Voraussetzung, welche der oder die Professionelle zum Klienten aufbaut.
- Der *psychosoziale Ansatz*, eingeführt von Florence Hollis, besteht in einer Weiterentwicklung der diagnostischen Richtung. Probleme werden nicht der Person als solcher zugerechnet, sondern der Person-in-der-Situation. Lösungen sind in diesem Kontext zu suchen. Es liegt ein systemisches Vorgehen nahe, beispielsweise in Formen der Familientherapie.
- Der *Problemlösungsansatz*, zuerst vertreten von Helen Perlman, bezieht Gesichtspunkte aus den drei vorherigen Richtungen ein und setzt auf eine Stärkung der Fähigkeit von Personen oder Familien, in ihrem Leben mit Schwierigkeiten und in Krisen zurechtzukommen. Professionelle unterstützen die Klienten darin; sie stützen deren Ich und erreichen eine Ich-Stärkung.

Ab 1950 wurde Social Casework in Deutschland in die Ausbildung zur Sozialen Arbeit aufgenommen.

Gesprächsführung und Beziehungsarbeit: Zur professionellen Ausführung der Einzelfallhilfe, also zur methodischen Kompetenz in ihr, gehören bestimmte fachliche fundierte Vorgehensweisen und Techniken. Insbesondere Verfahren der Gesprächsführung und der Beratung spielen eine zentrale Rolle in der Gestaltung der Hilfe. Für die Gesprächsführung hat maßgeblich Carl Rogers (1902-1987) mit seiner nondirektiven und klientzentrierten Gesprächstherapie darauf hingewirkt, dass Helfende die Grundhaltungen der

- Akzeptanz (einen Menschen positiv und wertschätzend annehmen),
- Empathie (sich einfühlend und verstehend den Klienten zuwenden) und
- Kongruenz (als Person echt und offen den Klienten gegenübertreten)

einnehmen. Von diesen Haltungen wird die persönliche Beziehung bestimmt, die ein/e SozialarbeiterIn zu einem Klienten aufnimmt. Von der guten Beziehung hängt in der psychosozialen Arbeit der Erfolg des Helfens ab. In diesem Sinne hat Ruth Smalley im Rahmen der „funktionellen Arbeitsweise“ definiert:

> „Durch die Methode der Sozialen Einzelhilfe wird ein Klient veranlasst, sich über einen Beziehungsprozess, im wesentlichen mit einer Person, zu seinem eigenen und dem allgemeinen sozialen Wohl einer sozialen Hilfe zu bedienen." (in Roberts/Nee 1974, 93)

Die „helfende Beziehung“ gilt als Basis von Casework in seiner psychosozialen Ausprägung. In ihr gewinnt die helfende Person das Vertrauen des Klienten und Zugang zu seinem Befinden und seinen Beweggründen. Eine tragfähige Beziehung erlaubt es der SozialarbeiterIn, sich an die Seite des Klienten zu stellen und seine Interessen wahrzunehmen – bei Gefahr, die nötige Distanz zu verlieren.

Zur Gestaltung der Beziehung und der Beratung im Einzelfall gehört eine kultursensible und Diversität achtende Verhaltensweise. Es hängt vom Anwendungsgebiet der Methode ab, inwieweit sie sich in der Beratung auf orientierende und informierende oder auf psychotherapeutische und edukative Momente konzentriert. Herangezogen werden fallweise u.a. Techniken der Gesprächsführung (Kähler/Gregusch 2015), der Krisenintervention, der Mediation (Kap. 3.5), des Coaching (Kap. 3.4), des Motivational Interviewing oder eines systemischen Ansatzes. Beratung (in ihren unterschiedlichen Praktiken und Settings: Kap. 3.1)) wird als Kern der Einzelfallhilfe betrachtet, das methodische Handeln erstreckt sich aber in aufsuchender, begleitender und nachgehender Praxis über weitere Aktionen der Intervention und Unterstützung.

Generalistische Kompetenz: Einzelfallhilfe beginnt unspezifisch, wenn nicht von vornherein ein bestimmter Dienst, z.B. die medizinischen Behandlung, die Psychotherapie, die Verbraucher-, Schuldner-, Erziehungs- und Lebensberatung oder die Vermittlung in Ausbildung und Beschäftigung gefragt ist. Soziale Arbeit hat in der Einzelfallhilfe eine generelle Zuständigkeit. Zunächst muss herausgefunden werden, worin ein Problem und der Hilfebedarf besteht, um danach das Problem bearbeiten und dem Bedarf nachkommen zu können. Es gibt bei Einrichtungen im Sozial- und Gesundheitswesen mit einem spezifischen Versorgungsauftrag oft einen Sozialdienst, dem alle die Probleme anvertraut werden, die nicht zur Behandlungsroutine der Institution gehören – z.B. in einem Krankenhaus oder bei einer Reha-Einrichtung. Kommunen haben, zumeist beim Jugendamt angesiedelt, einen Allgemeinen Sozialdienst (ASD), der beim Auftreten von Problemen die Einzelfallhilfe in Erst- und Allzuständigkeit Sozialer Arbeit leistet.

Sie ist für diese Aufgabe mit Arbeitstechniken der (biographischen) Anamnese, der Sammlung von Fakten und ihrer fallbezogenen Beurteilung („Fallverstehen“), der (sozialen) Diagnose, der Hilfeplanung, der Knüpfung von Netzwerken, der Orientierung im Sozialraum und des problemspezifischen Intervenierens ausgerüstet. Methodische Einzelhilfe lässt sich mit all dem und mit kommunikativer Kompetenz der SozialarbeiterInnen für die Lösung von persönlichen Problemen gebrauchen – vorausgesetzt, man kann sich auf sie im eigenen Setting eines Dienstes face-to-face konzentrieren (ausführlich Merchel 2019).

Übergang zum Case Management: Bereits in den 1970er Jahren stand das Casework als Methode in seiner psychosozialen Ausprägung wegen mangelnder Wirksamkeit in der Kritik. Soziale Arbeit sah sich mehr und mehr mit multiplen Problemlagen konfrontiert. Sie ließen sich nicht von einem/einer einzelnen SozialarbeiterIn in intensiver Befassung mit der Person ihr gegenüber bewältigen. Hinzu kam, dass eine sich reformierende Praxis Verfahren der Gruppenarbeit (Kap. 2.2) und die Gemeinwesenarbeit (Kap. 2.3) gegenüber der persönlichen Einzelhilfe bevorzugte. Der Charakter fürsorglicher und bevormundender Intervention bei einer Person oder Familie erschien einer demokratischen, selbstbestimmten und kooperativen Gestaltung Sozialer Arbeit unangemessen.

Zudem wurde es in den USA und dann überall im Zuge der Deinstitutionalisierung (Enthospitalisierung) nach 1970 nötig, sehr vielen aus Anstalten und Heimen entlassenen Menschen ohne Wohnung, ohne Arbeit, ohne sozialen Rückhalt und mit diversen Anpassungsproblemen rundum und mit verschiedenen Dienstleistungen Hilfe zu bieten. Diese Hilfen waren nur organisiert zu erreichen und mussten planmäßig, zielgerichtet koordiniert und kontrollierbar in die Wege geleitet werden. Die Hilfeleistungen sollten in einem fallweisen Management zum Erfolg gelangen. Aus Casework wurde Case Management. Es hat sich seither international in vielen Bereichen des Sozial- und Gesundheitswesens verbreitet.

Zum Begriff sei bemerkt: Der Ausdruck „Management“ bedeutet im englischen und amerikanischen Sprachgebrauch einfach eine geschickte Handhabung von (nicht einfachen) Vorgängen, mit und in denen von einem Ausgangszustand her zielstrebig auf einen Sollzustand hingearbeitet wird (*manus agere* – an der Hand führen). Dazu ist ein Zusammenwirken einzelner Komponenten zu organisieren, es in Gang zu halten und auf seinen Erfolg hin zu kontrollieren. Allgemein werden in managerialer Weise Prozesse gestaltet, die komplex und aufwändig, unsicher in ihrem Verlauf und mit Risiken behaftet sind und die deshalb einer Steuerung bedürfen. In der Sozialarbeit/Sozialpädagogik in Deutschland ist das Case Management verzögert aufgegriffen worden, weil ihm lange ein berufsfremder betriebswirtschaftlicher Charakter unterstellt wurde. Die Zurückhaltung hat dazu geführt, dass andere Fachkräfte, insbesondere aus der Pflege, das genuin aus der Sozialen Arbeit stammende Konzept Case Management übernommen haben.

Begriffsbestimmung: Von der Deutschen Gesellschaft für Care und Case Management (DGCC) als Fachorganisation wird das Case Management wie folgt definiert:

„Case Management ist eine Verfahrensweise in Humandiensten und ihrer Organisation zu dem Zweck, bedarfsentsprechend im Einzelfall eine nötige Unterstützung, Behandlung, Begleitung, Förderung und Versorgung von Menschen angemessen zu bewerkstelligen. Das Handlungskonzept ist zugleich ein Programm, nach dem Leistungsprozesse in einem System der Versorgung und in einzelnen Bereichen des Sozial- und Gesundheitswesens effektiv und effizient gesteuert werden können“ (DGCC 2015, X).

Die Definition bedarf der Erläuterung. Mit dem Einsatz „in Humandiensten“ wird angezeigt, dass die ganze Breite der „Dienste am Menschen“ im Jugend- und Sozialwesen, im Medizinbereich, in der Pflege und Rehabilitation sowie im Versicherungswesen und in Diensten am Arbeitsmarkt ein Case Management implizieren kann. Situations- und personenbezogen „bewerkstelligt" es die Erbringung von Hilfen und anderen Leistungen und mit ihnen die Bewältigung von Problemen. Das heißt, das Case Management besteht nicht in einer bestimmten Intervention, Behandlungsmaßnahme oder Hilfestellung, sondern bringt diese nach Bedarf auf den Weg bzw. lenkt auf ihm zielführend das Handeln der Beteiligten.

Die Verlaufsform, die dem Case Management eigen ist, impliziert seine zeitliche Erstreckung. Es findet keine Anwendung auf akut notwendige Maßnahmen oder auf eine einzelne Hilfestellung statt. Es leistet die bei einer andauernden Problematik erforderliche Begleitung von Menschen. Fortwährende Handlungserfordernisse im „continuum of care", die sich nebeneinander und nacheinander ergeben, verweisen auf eine Komplexität, die schrittweise managerial bewältigt werden soll. Das Case Management steuert Versorgungsprozesse unterschiedlicher Art in Diensten und Einrichtungen personen- bzw. problembezogen. Programmatisch gehört eine Organisationsentwicklung dazu, richtet das Case Management doch den Blick auf eine optimale Zuordnung von Problemstellungen und Fallgruppen auf die Kapazitäten und Kompetenzen einer dienstleistenden Organisation.

Die Anwendung des Case Managements auf eine komplexe und andauernde Problematik bedeutet, dass es in der Sozialen Arbeit die Verfahren der Einzelhilfe mit ihren Praktiken der Beurteilung, Beratung, unterstützenden Begleitung und Therapie nicht ersetzt. Im ASD und in besonderen Sozialdiensten erfolgt methodische Einzelfallhilfe weiterhin ohne oder mit Übergang in eine manageriale Steuerung. Findet sie statt, übergreift sie einzelne notwendige Hilfen und Maßnahmen.

Fallbezug: Im Begriff des Case Managements rückt der Terminus „Case" die Problematik in den Fokus, die lösungsorientiert zu bearbeiten ist. Das Handlungskonzept verweist auf den Einzelfall, der zu bewältigen ist, aber es beinhaltet auf der Organisationsebene auch das Management aller Fälle verschiedener oder einer bestimmten Problematik. Auf der Individualebene ist mit dem Fall nicht die Person gemeint, sondern die zu behandelnde Problematik, an deren Bearbeitung die betroffene Person und ggf. Angehörige und andere helfende Personen beteiligt werden. „Was der Fall ist", bedarf jeweils der Klärung – eine Aufgabe, die sich im individuellen Case Management stellt. Ebenso die Klärung, Planung und Überprüfung, was sich im jeweiligen Fall machen lässt und was die Beteiligten dazu beitragen können. Mit dem Fall im Fokus unterscheidet sich das methodische Case Management von Verfahren, die therapeutisch oder übend (etwa im „Coaching“: Kap. 3.4) auf eine Person einwirken.

Ein Case Management erfolgt personenbezogen, indem mit den Adressaten zusammen und möglichst in einem informierten Konsens Entscheidungen getroffen werden. Die persönliche Selbstbestimmung bleibt in der Fallführung maßgeblich. Das gilt auch, wenn eine Person im Zustand einer Krankheit oder bei Behinderung, Suchtabhängigkeit oder Delinquenz nur begrenzt in der Lage ist, Maßnahmen zu ihrem Wohl angemessen einzuschätzen. Gegebenenfalls ist eine „unterstützte Entscheidungsfindung“ zu besorgen. Zur Mitwirkung der Adressaten verhilft die Transparenz des Verfahrens. Es wird den Betroffenen erläutert; sie sollen jederzeit über das Vorankommen informiert sein, ihrerseits daran nach Vereinbarung verantwortlich mitwirken, das Vorgehen und seinen Erfolg selber bewerten können und in der Beteiligung eine „prozedurale Fairness“ erfahren. Die Verfahrensgerechtigkeit schließt informationelle Selbstbestimmung und Datenschutz ein.

Funktionen in der Fallsteuerung: In der managerialen Bearbeitung ihres Falles sind die Betroffenen *Partner*. Mit ihnen wird Verantwortung in der Erledigung von Aufgaben geteilt. Ein Case Management ist darauf ausgelegt, in der Bearbeitung und Bewältigung von Problemen produktiv voranzukommen. In der Wegbereitung und Steuerung des Vorgehens übernimmt ein/e Case ManagerIn eine

- *selektierende* oder Türöffner-Funktion (als *gate-keeper*), mit der einer Person Zugang zu Versorgungsleistungen oder bestimmten Maßnahmen verschafft wird,
- *vermittelnde* Funktion (als *broker*), in der Case ManagerInnen, die sich im System der sozialen Hilfen und Versorgungsmöglichkeiten auskennen, Klienten darin einer angemessenen Problemlösung zuführen,
- *anwaltschaftliche* Funktion (in *advocacy*), in der die Interessen von Klienten gewahrt und vertreten werden,
- *unterstützende* Funktion (als *supporter*), in der den Klienten mit Rat und Tat zur Seite gestanden, ihre Position und Selbstbestimmung gestärkt und sie zur Einhaltung von Vereinbarungen bewogen werden.

In der Praxis überschneiden sich diese Funktionen in den Rollen von personenbezogen sorgenden Case ManagerInnen in Prozessen sozialer Versorgung.

Die Fallsteuerung schließt eine Systemsteuerung insoweit ein, als humandienstliche Strukturen und Prozesse für das Case Management herangezogen werden und darauf angepasst sein sollten. So muss eine Organisation ihre Abläufe und Zuständigkeiten auf das Verfahren einrichten und fallbezogen und fallübergreifend ist eine Vernetzung von Angeboten für eine kontinuierliche und integrierte Versorgung erforderlich. Andererseits bringt ein Wandel im Leistungssystem ein angepasstes Case Management mit sich, um nach neuen Vorgaben fallbezogen integriert und kontinuierlich handeln zu können. So wird mit dem Bundesteilhabegesetz ein „Teilhabemanagement" und mit Reformen im Gesundheitswesen das „Entlassmanagement" bei stationärer Versorgung ausgeprägt. Die Systemsteuerung auf der institutionellen Ebene wirkt sich überdies in der Art der strukturellen und funktionalen Vorordnung, Nebenordnung oder Nachordnung des Case Managements gegenüber anderen Maßnahmen und in den Weisen der softwaregestützten Information und Kommunikation auf die Fallsteuerung aus.

Kernelemente des Prozesses: Dem Case Management ist eine bestimmte Verlaufsform eigen. Es lässt sich in einzelne Schritte, Stadien oder Dimensionen gliedern. Sie müssen sowohl in der Praxis individueller Fallsteuerung als auch im Programm einer Organisation, die das Case Management anwendet, vorhanden sein. Somit stellen sie sowohl Kernelemente des methodischen Handelns eines/einer Case ManagerIn, als auch Momente der Prozessgestaltung in einem Dienst oder in einer Einrichtung im Prozedere ihrer Behandlungen, Hilfen oder anderen Maßnahmen insgesamt dar.

So wie das Verfahren in der Fachwelt international verstanden wird, sind die Kernelemente im Case Management mit englischen Bezeichnungen belegt. Die entsprechenden deutschen Ausdrücke geben den fachlich diskutierten Bedeutungsgehalt nicht hinreichend wieder. Dimensioniert ist das Case Management in der Abfolge von

1. *Outreach* – dazu gehören die Reichweite, in der das Case Management in Anspruch genommen wird, und die Auslegung des Verfahrens, nach der Personen oder Personengruppen Zugang (*Access*) zu ihm finden. In einer Vorklärungsphase wird die Veranlassung geprüft und ggf. eine sozialrechtliche Zuordnung getroffen. Es werden Fälle ausgewählt (*Screening*) und nach persönlicher Vereinbarung in das (individuelle) Case Management aufgenommen (*Intake*).

2. *Assessment* – das ist ein Klärungsprozess, in dem mit den Betroffenen eine Problematik ausgelotet und der darauf bezogene Handlungsbedarf eingeschätzt wird. Das Assessment erfolgt in einem Dialog, in dem subjektive und objektive Beurteilungen einer Lebenslage zur Sprache kommen. Es erstreckt sich auf die Vorgeschichte einer Problematik, auf den Lebensentwurf einer Person und auf ihre äußere und innere Disposition. In den Klärungsprozess können vorhandene Berichte, Diagnosen oder Gutachten einbezogen werden. Gebietsspezifisch (z.B. zur Klärung von Pflegebedürftigkeit) kommen Tools zum Einsatz, mit denen eine Problemanalyse und Einstufung des Handlungsbedarfs erfolgen kann.
3. *Planning* – wird als Vorgang der Klärung und Vereinbarung von Zielen und der Erschließung und Festlegung des Weges verstanden, der zur Lösung oder Bewältigung von Problemen hinführt. Es wird in der Regel ein Plan für das Handeln der Beteiligten und das schrittweise Vorgehen erstellt. Er kann auf seine Ausführung hin als Erziehungs-, Pflege-, Rehabilitations- oder Versorgungsplan gefertigt werden und die Form einer verbindlichen Leistungsvereinbarung annehmen.
4. *Linking* – bedeutet die Vermittlung passender Hilfeangebote, zu diesem Zweck die Vermittlung zu leistungserbringenden Stellen, die Vernetzung mit ihnen sowie die Koordination der Leistungserbringung mit ihnen. Dazu ist im Case Management ein Netz zu knüpfen, in dem die – dem unterschiedlichen Bedarf im Einzelfall entsprechenden – Ressourcen der Unterstützung verfügbar sind.
5. *Monitoring* – ist die kritische Draufsicht auf das vereinbarte Vorgehen, in der kontrolliert wird, ob und inwieweit zielführend gehandelt und die Qualität der dazu nötigen Beziehungsgestaltung, Maßnahmen und Verrichtungen gesichert wird. Die Prozessbeobachtung schließt die Terminplanung und die Dokumentation des Vorgehens ein.
6. *Evaluation* – in Auswertung des Geschehens in der Fallsteuerung. Unterschieden werden die Prozessevaluation, in der im wesentlichen der Verfahrensverlauf und die Qualität der Interaktion in ihm erfasst und beurteilt wird, und die Ergebnisevaluation, die während und nach Abschluss einer Versorgung die eingetretenen Effekte (*Outcome*) beurteilt und ggf. zu einer Nachsorge überleitet (Kap 3.14).

In Form einer summativen Evaluation kommt die *Accountability* des Verfahrens hinzu. Damit ist die Rechenschaftsfähigkeit und Rechenschaftslegung während und am Ende eines Case Managements gemeint.

Diese Aufgabe wird fallübergreifend wahrgenommen: mit ihr erfüllt eine Organisation bzw. ein Dienst die Anforderung, Effektivität und Effizienz nachzuweisen, auch Veränderungen in der Bedarfslage und Versorgungsmängel. Im Einzelfall erfolgt mit der Darlegung des Erreichten und ggf. der Vereinbarung einer Nachsorge die Entpflichtung der fallführenden Person oder Stelle.

Die genannten Verfahrensschritte oder Stadien greifen wie die Glieder einer Kette ineinander; sie müssen vorhanden sein, um von einem vollständigen Case Management sprechen zu können. Vom *Outreach* bis zur *Accountability* erweist sich im „Management der Fälle" auf der Organisationsebene die Rationalität des Vorgehens und der Erfolg des humandienstlichen Betriebs.

Kompetenzen im Handlungsfeld: Das Case Management begleitet Menschen auf dem Weg zur Bewältigung ihrer gesundheitlichen und sozialen Problematik. Es ist mit seinem strukturierten Verfahren und den Kompetenzen der Fachkräfte, die es ausführen, operativ dazu imstande. In der Regel übernimmt eine (im Case Management ausgebildete) Person die Fallführung. Nach Vorentscheidung über die Aufnahme in das Verfahren wird ein Patient/Klient/Leistungsberechtigter im Prozess seiner individuellen Problemlösung, Versorgung, Unterstützung oder Förderung beraten und begleitet. Es kann aber auch sein, dass von zentraler Stelle in einer Organisation die generelle Fallführung verantwortet wird und sie fallweise mit begrenzter Zuständigkeit dem einen oder anderen Mitarbeitenden übertragen wird. Oder ein Team übernimmt die Fallführung und verteilt Aufgaben auf seine Mitglieder.

Allein oder gemeinsam sind Case ManagerInnen in den Anwendungsgebieten des Verfahrens in unterschiedlichem Maße für Steuerungs- und Fallbearbeitungsaufgaben zuständig und befähigt. Es gibt ein *generalisiertes Case Management*, das für alle Fälle in einer Einrichtung oder einem Dienst herangezogen wird, und ein *spezialisiertes Case Management*, das bestimmten ausgewählten Fällen oder Fallgruppen vorbehalten ist. So kann es z.B. in der Psychiatrie komplementär zur medizinischen Behandlung für Eingliederungsmaßnahmen und Unterstützung bei der alltäglichen Lebensbewältigung zuständig sein.

Das Case Management verhält sich neutral gegenüber Fachkompetenzen z.B. von Ärzten oder Psychotherapeuten, was in der Zusammenarbeit mit ihnen in der Fallsteuerung wichtig ist. Ausgeübt nicht nur in der Sozialen Arbeit, ist dem Verfahren auf der Grundlage der humandienstlichen Qualifikation von Case ManagerInnen mit der Zeit eine eigenständige

Fachlichkeit zugewachsen, die sich u.a. in der Spezifik der fallbezogenen Beratung (als Sorgeberatung, care counselling), in einer umsichtigen Netzwerkarbeit und in der transdisziplinären Behandlung komplexer Problemstellungen zu erkennen gibt.

Resümee: Einzelfallhilfe kommt in der Praxis heute nicht mehr in der Arbeitsform der klassischen Methode Casework daher, sondern erfolgt in vielfältigen Verfahren der Beratung und der spezialisierten Hilfeleistung, wie sie beispielsweise zur Krisenintervention, in einem Krankenhaussozialdienst, in der Migrationsberatung, in der Schulsozialarbeit oder der Sozialpädagogischen Familienhilfe vorgesehen ist. In Verbindung mit einer wirkungsorientierten, integrativen, auf Zusammenarbeit verschiedener Beteiligter ausgerichteten Organisation der Arbeit in Humandiensten wird ein Case Management eingesetzt, mit dem das professionelle Handeln vielfältigen Anforderungen in der Problembewältigung und Versorgung von Menschen nachkommen kann.

Weiterführende Literatur

Roberts, R. W., Nee, R. H. (Hrsg.) (1974): Konzepte der Sozialen Einzelhilfe. Lambertus, Freiburg i.Br.
Es handelt sich um eine kompakte Darstellung der amerikanischen Schulen methodischer Einzelhilfe mit Beiträgen u.a. von C. Germain, F. Hollis, R. Smalley und H. Perlman. Das Buch ist leider vergriffen, dürfte aber in den Fachbibliotheken vorhanden sein.

Wendt, W. R., Löcherbach, P. (Hrsg.) (2017): Case Management in der Entwicklung. Stand und Perspektiven in der Praxis. 3. Aufl. Medhochzwei, Heidelberg
Die Beiträge in dem Buch erörtern die fachliche Entwicklung des Case Managements in den letzten Jahren und Kontroversen im Einsatz des Verfahrens in einzelnen Aufgabengebieten.

Wendt, W. R. (2018): Case Management im Sozial- und Gesundheitswesen. Eine Einführung. 7. Aufl. Lambertus, Freiburg i.Br
Eine Gesamtdarstellung des Case Managements in seinem Herkommen, seinen Grundlagen, seinen Gestaltungsaufgaben in personenbezogenen Diensten, in seinen Dimensionen und in den verschiedenen Anwendungsgebieten.

2.2 Gruppenpädagogik (Social Group Work) und die Folgen

Von C. Wolfgang Müller

Geschichte: Gruppenpädagogik ist international eine der drei klassischen Methoden der Sozialen Arbeit. Sie hatte ihren Ursprung in der deutschen Jugendbewegung, die zu Beginn des 20. Jh. sensible Teile der jungen Generation erfasste. 1901 gründeten Berliner Studenten und Väter aus Berlin-Steglitz den *Wandervogel als Ausschuss für Schülerfahrten*, der bald wie ein Buschbrand Gymnasiasten in allen Teilen Deutschlands erfasste. Die Wandervögel ‚erwanderten' in kleinen, selbst gewählten Gruppen unter Anleitung von Studenten, die nur wenig älter als sie waren und sich ihnen gegenüber ‚kameradschaftlich' verhielten, die nähere Heimat – also das Umland ihrer Großstädte. Bald aber dehnten sie ihre Wanderungen am Wochenende aus und kamen schließlich bis nach Finnland und Lappland. 1904 gründeten dann Arbeiterjugendliche mithilfe der Sozialdemokratischen Partei eine ähnliche, nun aber proletarische Jugendbewegung mit klassenkämpferischem Akzent als „Schutz den jungen Händen gegen Ausbeutung, als Schutz den jungen Köpfen gegen die Verdummung", wie es einer ihrer süddeutschen Führer, Ludwig Frank, formulierte.

Hauptziel der bürgerlichen Jugendbewegung war die Selbst-Erziehung als Antithese zur autoritären Fremderziehung im Elternhaus, der Schule und beim Militär. Hauptziele der proletarischen Jugendbewegung war der Kampf gegen die wirtschaftliche Ausbeutung und für politische Emanzipation, allerdings nicht gegen die ältere Generation, sondern mit ihr gemeinsam. Schlüsselbegriff der bürgerlichen Jugendbewegung war ‚Kameradschaft und gemeinsames Erleben', Schlüsselbegriff der proletarischen Jugendbewegung war ‚internationale Solidarität'.

Ehemals jugendbewegte Studenten ergriffen nach dem Ende des 1. Weltkrieges pädagogische Berufe. Sie arbeiteten in reformpädagogischen Projekten, in reformierten Schulen, in Landeserziehungsheimen, in der Erwachsenenbildung. Viele von ihnen mussten Deutschland verlassen, als Adolf Hitler die Macht im Reich übergeben worden war. Zusammen mit amerikanischen Reform-Demokraten wie John Dewey und William Kilpatrick entwickelten sie die ‚Gruppenpädagogik' (=Social Group Work) als professionelle Methode der Sozialen Arbeit, als Freizeiterziehung und in der Erwachsenenpädagogik. Und als nordamerikanische und englische Erziehungsoffiziere nach dem 2. Weltkrieg über Methoden nachdachten, die deutsche Jugend i. S. v. Demokratie und Humanität neu zu orientieren, setzten die Planungsstäbe in London und Washington auf die (damals auch in den USA noch neue) Gruppenpädagogik und ermöglichten deutschen Emigranten wie Hertha Kraus und Gisela Konopka wiederholte Aufenthalte in der alten Heimat, um deutsche SozialarbeiterInnen mit der neuen Pädagogik (die ein neues Menschenbild transportieren sollte) vertraut zu machen.

Als wissenschaftlich begründete und beruflich anzueignende sozialpädagogische Methode aber wurde die Gruppenpädagogik erst durch ‚Haus Schwalbach' und durch Magda Kelber national und international bekannt. Magda Kelber, eine deutsche England-Emigrantin und aktives Mitglied des Kreises um den deutsch-britischen Verein von German Educational Reconstruction, hatte sich, angeregt durch einen von den Amerikanern organisierten Vierwochenlehrgang mit Gisela Konopka und Ruby Pernell im Wannseeheim für Jugendarbeit in Berlin, intensiv mit Social Group Work (der nordamerikanischen Version von Gruppenpädagogik) beschäftigt und von 1949 bis 1962 das ‚Haus Schwalbach' im Taunus als die wichtigste Pflanzstätte deutscher Gruppenpädagogik übernommen. Sie hatte sich sowohl mit den empirisch-wissenschaftlichen Erkenntnissen auseinandergesetzt, die Gruppenpädagogik als eine nicht nur praktizierte, sondern wissenschaftlich fundierte Methode der Sozialpädagogik plausibilisierten, als auch mit ihren reformpädagogischen Wurzeln in den USA und mit den besonderen deutschen Problemen der ersten Nachkriegsjahrzehnte, die Gruppenpädagogik zu einem willkommenen Instrument der demokratischen Neuorientierung in Sozialer Arbeit, Erwachsenenbildung und Mitarbeiterführung machten. Haus Schwalbach und die von ihm herausgegebene Monatsschrift „Schwalbacher Blätter" erreichten im Laufe der Jahrzehnte Hunderttausende von interessierten Pädagoginnen und Pädagogen und suchten erfolgreich humanistisches, demokratisches und (kommunikationstheoretisch gesprochen) wirkungsorientiertes pädagogische Gedankengut und Handlungspotenzial in einer neuen Generation zu verankern.

Heinrich Schiller war einer der ersten deutschen Austauschstudenten, der bei Giselas Konopka in Minneapolis Social Group Work studierte und ihr Assistent war. Nach seiner Rückkehr lehrte er an der Sozialen Schule in Nürnberg und schrieb das erste historisch und wissenschaftlich fundierte Lehrbuch „Gruppenpädagogik (social group work) als Methode der Sozialarbeit" (Schiller 1963). Er hat überdies die deutsche Rezeption und ihre Folgen in einer sehr persönlichen und kritischen Zusammenfassung beschrieben (Schiller 1997).

So, wie vor ihr Gisela Konopka 1963 die amerikanische Zusammenfassung der Geschichte und des grundlegenden Konzeptes von Gruppenpädagogik als Methode Sozialer Arbeit publiziert hatte, so stellte Magda Kelber zwei Jahre später ihr Konzept dieser Methode in neun pädagogischen Grundsätzen dar und betonte, diese Grundsätze seien nicht prinzipiell neu, aber sie wären eben von der Arbeit mit Gruppen her gesehen und entwickelten von daher eine spezielle pädagogische Wechselwirkung.

Prozess: Der Prozess einer von einem ausgebildeten Gruppenpädagogen/einer Gruppenpädagogin begleiteten Gruppe (die bereits vorher gebildet worden war oder sich gebildet hatte oder die mit dem Beginn der gemeinsamen Arbeit erst gebildet worden ist) verläuft im Prinzip nach dem gleichen Dreischritt, nach dem methodisches Arbeiten in der Sozialen Arbeit immer verläuft: Es beginnt mit einer Anamnese und Diagnose der die Interventionen begründenden Situation und führt dann zur Entwicklung eines längerfristigen Handlungsplans, der in einzelne Teilschritte gegliedert und einer ständigen formativen Evaluation unterzogen wird. Nach einer bestimmten Zeitspanne, die entweder vereinbart worden ist oder die sich nach dem Fortschritt der gemeinsamen Arbeit ergibt, wird der Prozess beendet oder in einen anderen, weiterführenden Handlungstyp mit anderen Personen in einem anderen Kontext überführt.

Den drei Phasen entspricht der Grundsatz des Anfangs: ‚Anfangen, wo die Gruppe steht', wobei ‚die Gruppe' ein für den Gruppenpädagogen zunächst unbekanntes Wesen ist, das sie oder er zunächst einmal in Aktion erleben muss, um Gruppenstruktur, Kommunikationstradition und -stil(e) sowie die expliziten (und möglicherweise impliziten) Handlungsziele erkennen oder vermuten zu können. Dazu soll der zweite Grundsatz dienen: ‚Sich mit der Gruppe in Bewegung setzen', wobei die Richtung dieser Bewegung aus der Gruppe heraus angegeben wird. Es wäre, so Magda Kelber, sinnlos, „diesen zweiten Schritt vor dem ersten zu tun. Das kunstvoll errichtete Gebäude hält keinem Windstoß stand!" (zit. nach C. W. Müller 1987, 135). Dabei wird es wichtig, die Bewegung, welche die Gruppe aus sich heraus nimmt, nicht als naturwüchsige Gesetzmäßigkeit vorzustellen, sondern: Raum für Entscheidungen zu zeigen oder zu geben und dabei immer mit den Stärken der Gruppenmitglieder zu arbeiten und nicht ihre Schwächen zu beleuchten. Diese durchgängige Benefit-Orientierung ist übrigens ein Prinzip, das der häufig zu beobachtenden Defizit-Orientierung der Sozialen

Arbeit widerstrebt, die erst neuerdings durch Ergebnisse der Resilienzforschung relativiert wird.

Bei ihrer Entwicklung wird die Gruppe auf Grenzen ihrer Kräfte, ihrer Möglichkeiten, ihres Entscheidungsspielraums stoßen. Diese Grenzen gilt es zu erkennen, zu thematisieren und – wenn möglich – positiv zu nutzen. „Grenzen zu erfahren gehört zum Wachstumsprozess, und der Gruppenleiter, der stets der Linie des geringsten Widerstandes folgt, tut seiner Gruppe einen Bärendienst“ (zit. nach C. W. Müller 1987, 137).

Zwei weitere Grundsätze beziehen sich auf den persönlichen Bezug der Gruppenleiter zur Gruppe und der Gruppenmitglieder untereinander. Um ein Gegengewicht zur durchgängigen individuellen Konkurrenz von Schülern (mindestens um die besseren Noten) zu schaffen, soll Zusammenarbeit mehr gepflegt werden als Einzelwettbewerb. Dort, wo er geboten erscheint, soll er als Gruppenwettbewerb organisiert werden. Ergebnisse eines solchen Wettbewerbs sollten von Gruppenleiter und Gruppe gemeinsam formuliert werden. Und sie sollten Sachaussagen und nicht auf Personen gerichtetes Lob oder entsprechender Tadel sein.

Zu diesem Prinzip steht der folgende Grundsatz in einem gewissen Widerspruch: ‚Individualisieren‘. „Die Gruppe darf nicht als Kollektiv gesehen werden, dessen Mitglieder auf ein Ziel ausgerichtet und alle gleich behandelt werden“ (zit. nach C. W. Müller 1987, 134). Hier gerät die Gruppenpädagogik in einen deutlichen Gegensatz zu Makarenkos Kollektiverziehung, die in der Sowjetunion gleichzeitig erprobt worden war und an einigen Stellen zu Vergleichen zu ermutigen scheint. Aber während das einzelne Gruppenmitglied bei Makarenko Helfer ist, um wünschenswerte Gruppenziele in der mittleren Perspektive und die sozialistische Gesellschaft in der fernen Perspektive zu erreichen, ist die Gruppe in der Gruppenpädagogik (wie später auch in der Gruppendynamik in Kap. 3.2) eine Folie, die dem einzelnen Gruppenmitglied individuelles Wachstum und soziale Kompetenzen vermitteln soll.

Den gesamten Gruppenprozess soll der Gruppenpädagoge nicht nur durch verbale Stimuli steuern, sondern durch die Eigengesetzlichkeit des Gruppenprogramms. Hier trifft sich die gruppenpädagogische Vorstellung von der Eigengesetzlichkeit des Lehr-Lern-Prozesses in Gruppen mit idealistischen Bildungstheorien, die davon ausgingen, dass die Auswahl und der Zeitpunkt der Vermittlung von ‚Bildungsgütern‘ eigengesetzliche Bildungskräfte freisetzen und transferierbar machen würden.

Da es weder bezahlbar noch wünschenswert ist, die zahllosen vorhandenen Gruppen von professionellen Gruppenpädagogen begleiten und betreuen zu lassen, unterschieden die Vertreter einer professionellen Gruppenpädagogik ihre Gruppenpädagogik von einer naturwüchsigen Gruppenarbeit, die von Gruppenmitgliedern oder Vorgesetzten angeleitet wird. Für professionelle Gruppenpädagogen, die für eine bestimmte, vereinbarte Zeit eine Gruppe begleiten, ist es deshalb notwendig, das Prinzip zu beachten: sich überflüssig machen und den Ablösungsprozess einleiten. Dadurch soll vermieden werden, dass die Gruppe in ihrer Performanz nach der Lösung vom anleitenden Gruppenpädagogen hinter das erreichte Kompetenzniveau zurückfällt und in ‚naturwüchsigem Chaos' versinkt.

Weiterentwicklungen in den letzten fünfzig Jahren: Viele Berufsgruppen hatten die Dienste von Haus Schwalbach und anderen gruppenpädagogischen Aus- und Fortbildungsstätten in Anspruch genommen. Nicht nur Jugendgruppenleiter und Jugendpfleger, sondern auch Krankenschwestern und Lehrer, der Personalchef und die Fürsorgerin, der Major der Bundeswehr, die Ratsherrin, der Ministerialbeamte, der Gewerkschafter, die Pfadfinderin, die Ärztin und der Erwachsenenbildner. Nicht nur eine neue, reformpädagogisch orientierte Schule entdeckte den Gruppenunterricht neu, erfand Binnendifferenzierung und Projektmethoden, die eine Aufteilung der Schulklasse in kleinere Arbeits- und Lerngruppen erforderten. Auch die Erwachsenenbildung wendete sich gruppenpädagogisch und die im Entstehen begriffene Bundeswehr im Ringen um eine neue ‚innere Führung' ebenso.

Auch die Großindustrie suchte nach dem häufig angesagten, aber nie eingetretenen ‚Ende des Fordismus' und seiner standardisierten Fließbandarbeit nach neuen, motivationsstärkenden komplexeren Produktionsweisen in festen, sich selbst verantwortenden und erneuernden Arbeitsgruppen auf der Basis der damals bahnbrechenden Hawthorne-Experimente von Fritz Rothlisberger und William John Dickson in der Elektro-Industrie in Chicago (Rothlisberger/Dickson 1939). Auch Kurt Lewin, ein in die USA emigrierter Gestalt-Psychologe der Berliner Schule, untersuchte auf Veranlassung seines Freundes und Schülers Alfred J. Marrow sowohl die Leistungsvorteile von Gruppenarbeit in Industriebetrieben als auch deren Widerstände gegen Veränderungen und Verschlechterungen der Arbeitsbedingungen und des Arbeitslohns. Um solche Widerstände produktiv zu nutzen und auf diese Weise zu überwinden, regte er eine neue Art industrieller Handlungsforschung an, die inzwischen unter dem Etikett ‚Organisationsentwicklung' weltweit Karriere gemacht hat. Dabei untersucht ein Querschnitt von

Arbeitern und Angestellten seine Arbeitsbedingungen unter Anleitung außenstehender Forscher selbst und kommt schließlich zu einvernehmlichen Verbesserungsvorschlägen, welche im besten Fall die Qualität der geleisteten Arbeit und der gelieferten Produkte verbessern und verstetigen können. Fritz Gairing (2008) hat in einer umfangreichen Dissertation die Grundlagen dieser Tradition der Handlungsforschung umfassend dargestellt und ist dabei auf dieselben amerikanischen Autoren gestoßen, die auch von den Gruppenpädagogen als Grundlagen-Autoren genannt worden sind: John Dewey, Jakob Moreno und Kurt Lewin.

Einwände und Gegenargumentationen: Gegen die Gruppenpädagogik sind von Anfang an verschiedenartige Einwände geltend gemacht worden. Von den Einwänden, es handle sich bei den neuen Prinzipien des Hauses Schwalbach um inhaltsleere Allgemeinplätze einer sich selbst missverstehenden Erziehungslehre (Jürgen Henningsen 1959: „Die Didaktik als die Lehre von den Bildungsinhalten geht der Methodik als der Lehre von den Bildungsformen voran“) wollen wir heute nicht mehr schreiben. Sie wurden in dem Sammelband von C. W. Müller et al. über Schriften und Dokumente der Gruppenpädagogik 1987 festgehalten. Danach gab es aber auch eine Reihe von ernster zu nehmenden Einwänden. Sie bezogen sich im Wesentlichen auf die zeitgeisttypischen Situationen, in denen Gruppenpädagogik als Praxis erfunden, entwickelt und in Deutschland rezipiert worden ist. Sie war in der Tat das pädagogische Produkt von sozialen Bewegungen in Deutschland in der Auseinandersetzung mit einer autokratischen Monarchie und einer autoritären Diktatur und wurde aus deren Negierung antithetisch gespeist. Und sie wurde in der experimentellen Zusammenarbeit mit Jugendlichen in deren frei disponibler Zeit entwickelt. Dabei unterschieden die frühen Jugendbewegungen bereits zwischen verschiedenen Gruppentypen und legten dabei differente Führungsstile nahe: In Freundschafts- und Gesellungsgruppen waren andere Gruppenprozesse möglich und wahrscheinlich als in reinen, produktorientierten Arbeitsgruppen. Und in ideologisch homogenen Gesinnungsgruppen verliefen Inklusions- und Exklusionsprozesse wiederum anders als in den eher ‚unverbindlichen‘ sozialen Kommunikationsgesellungen.

Frauenbewegungen richteten im letzten Drittel des 20. Jahrhunderts ihr Augenmerk auf die Bedeutung von ‚Gender‘ als strukturierendes Element der Gruppenkommunikation, und die gegenwärtigen Auseinandersetzungen über Multikulturalität, Integration (oder Assimilierung) und Diversity Management werfen ein neues Licht auf die Abhängigkeiten von Leitungsstilen, Gruppenverhalten und ihren je klassenspezifischen und ethnisch differenten Bedingungen.

In einer späten Phase meiner eigenen Entwicklung habe ich – als gelernter Gruppenpädagoge – der Sichtweise dieser besonderen Methode ‚Harmonielastigkeit' vorgeworfen. Gruppenpädagogen gingen, so sagte ich, auch in Einzelfällen von positiven, auf Zusammenarbeit gerichteten Handlungsprofilen von Kindern und Jugendlichen (und eigentlich auch von Erwachsenen) aus und betrachteten Konflikte meist als Anlass für das ‚Reifen am Widerstand'. Sie blendeten existenzielle und das Leben der Gruppen bedrohende Konflikte aus und zeigten kein Verständnis für massiven Gruppendruck, der von gut organisierten Gruppen auf etikettierte Außenseiter ausgeübt werden kann.

Jede soziale Bewegung erfindet in gewisser Weise ihre eigene Gruppenpädagogik neu. Denn die Gruppe lebt vom Zusammenschluss gleich oder doch ähnlich Gesinnter und muss versuchen, sie zu einheitlichem Handeln zu veranlassen (oder sich von ihnen zu trennen). Es hat deshalb nicht überrascht, dass die Selbsthilfebewegung der 1980er Jahre, die Friedensbewegungen und die Ökologie-Bewegungen ihre eigenen gruppenpädagogischen Maximen experimentell erarbeiteten und erprobten. In diesen Bewegungen spielte der Umgang mit Widerständen und Konflikten eine entscheidende Rolle. In solchen Situationen waren diese Gruppen meist schutz- und hilflos, weil sie in ihrer Gründungsphase von einer postulierten (oder zumindest stillschweigend vorausgesetzten) Einheit aller Anhänger im Denken, Fühlen und Handeln ausgegangen waren.

Um diesen ‚Gruppen im Konflikt' Orientierungshilfe und Anleitung zu geben, haben Andrea Gerth und Elmar Sing, selbst Mitglieder und später Berater von Selbsthilfe- und Selbstverwaltungsgruppen, eine neue Art von didaktischen Anleitungen zum Umgang mit Konflikten in Gruppen geschrieben, das sich unter Benutzung neuer Literatur – vor allem des hilfreichen Anleitungsbuches von Lutz Schwäbisch und Martin Siems („Anleitung zum sozialen Lernen für Paare, Gruppen und Erzieher" 1997) – mit einem nichtharmonisierenden Konflikt-Management in Gruppen beschäftigt, das grundlegende Konflikte nicht unter den Teppich kehrt, aber Missverständnisse durch verzerrte Selbst- und Fremdwahrnehmung auch nicht zu ideologischen Glaubenskriegen emporstilisiert.

Mischungen aus gruppenpädagogischen und gruppendynamischen Ansätzen (siehe Kap. 3.2: Gruppendynamik) sind inzwischen in die

Erwachsenenbildung und die innerbetriebliche Organisationsentwicklung eingewandert. Gleichzeitig ist in der Sozialen Arbeit allgemein eine Abwendung von der sozialpädagogischen Arbeit mit Jugendlichen und eine Hinwendung zur Kindheit und zur frühen Bildung in Kinderkrippe und Kindergarten zu beobachten. In diesem Erziehungsfeld mehren sich gruppenpädagogische Anregungen in Fachbüchern und Fachzeitschriften (siehe Kap. 4.4). Dabei wird das interaktive Geschehen in Kindergruppen auch für gruppentherapeutische Zwecke, etwa die Arbeit mit traumatisierten, ängstlichen und aggressiven Kindern (Weinberger 2015, Geldard 2003), nutzbar gemacht.

Wirkungen: Gruppenpädagogik hat unser Nachdenken über wirkungsvolle und humane Lehr-Lern-Prozesse gegenüber der herkömmlichen Individual-Pädagogik wie auch gegenüber der Schulpädagogik einen großen Schritt vorangebracht. Im Zentrum der Didaktik steht nicht mehr ein einsamer Lerner in Zwiesprache mit einem Medium (einem Text, einem Lehrer, einem Bild, einer Datei), sondern eine Gruppe von Gleichaltrigen oder Gleichgesinnten (=Peers), mit einer gemeinsamen Vergangenheit, in einer gemeinsam erlebten Situation und mit gemeinsam vereinbarten Zielen. Die Gruppe hat gelernt (oder wird im Prozess lernen), kommunikationsfähig zu werden: Empathie zu entwickeln, also andere zu verstehen und sich selbst verständlich zu machen, andere zu akzeptieren, auch wenn man selbst anders ist oder sein möchte, und dabei doch auch ‚zu sich selbst zu kommen'. Ein solcher sozialer Kultivierungsprozess läuft nicht ‚spontan' oder ‚naturwüchsig' ab, sondern kann angeleitet und gesteuert werden.

In funktionsfähigen Gruppen verläuft ein solcher Steuerungsprozess mit gruppeneigenen Ressourcen, in vielen Fällen sollte er jedoch über eine bestimmte und beschränkte Zeit durch kompetente BeraterInnen (Gruppenpädagoginnen und -pädagogen) begleitet und angeleitet werden. Da wir alle nicht als Einsiedler leben, sondern weil die ‚Gruppe' neben dem ‚Rad' eine der folgenreichsten Erfindungen unserer kulturellen Evolution ist, kann Gruppenpädagogik helfen, uns ‚gesellschaftsfähig' zu machen und dabei unsere eigene Identität nicht zu verlieren, sondern zu profilieren.

Die aktuelle Praxis: Peter-Ulrich Wendt hat im 8. Kapitel seines Lehrbuches Methoden der Sozialen Arbeit (Wendt 2017, 232-270: Mit Gruppen arbeiten: Soziale Gruppenarbeit) sehr ausführlich zur Geschichte und aktuellen Bedeutung, den Anwendungsformen und Verfahren der Sozialen Gruppenarbeit berichtet. Eine sehr gut lesbare Zusammenfassung, wie heute Soziale Gruppenarbeit als Gruppenpädagogik praktiziert wird (werden kann) (vgl. ergänzend auch Freigang et al. 2018 und Simon / Wendt 2019).

Weiterführender Literatur

Konopka, G. (1968; engl. 1963): Soziale Gruppenarbeit. Ein helfender Prozess. Beltz, Weinheim / Basel
Die Geschichte der nordamerikanischen Social Group Work, geschrieben von der wichtigsten deutsch-amerikanischen Gruppenpädagogin. Wahrscheinlich nur noch antiquarisch zu bekommen oder im Bestand gut geführter Hochschulen, die seit Langem zur Sozialen Arbeit ausbilden.

Müller, C. W. (1982; 1988; 2006; 2013): Wie Helfen zum Beruf wurde. Eine Methodengeschichte der Sozialen Arbeit. Beltz Juventa, 6. Aufl. Weinheim / München
Die Geschichte der drei klassischen Methoden der Sozialen Arbeit: international, aber mit deutlichem deutschen Schwerpunkt; in zeitgeschichtlicher Reihenfolge und in teilweise spannenden Geschichten.

Weinberger, S.(2015): Kindern spielend helfen.Eine personenzentrierte Lern- und Praxisanleitung.6.Aufl.Beltz Juventa.Weinheim / München

Wendt, P.-U. (2017): Lehrbuch Methoden der Sozialen Arbeit. 2. Aufl. Beltz Juventa, Weinheim/Basel

Und fast ‚zeitlos' interessant:

Schwäbisch, L., Siems, M. (1978 / 1997): Anleitung zum sozialen Lernen für Paare, Gruppen und Erzieher. 29. Aufl. Rowohlt, Reinbek
Das weit verbreitete Standardbuch der deutschen Selbsthilfebewegung und ihrer vielfältigen Projekte, Initiativen und Arbeitsgruppen.

Gerth, G., Sing, C. (1992): Knatsch, Zoff und Keilerei. Arbeitsgemeinschaft Sozialpolitischer Arbeitskreise (AG SPAK). München
Anschauliche und gut geschriebene Beispiele sozialpädagogischer Konfliktlösungsprozesse in Bürgerinitiativen und Selbsthilfegruppen der 1980er und 1990er Jahre.

2.3 Von der Gemeinwesenarbeit zum sozialräumlichen Handeln

Von Wolfgang Hinte

Geschichte: Es mutet heute seltsam an, wenn man daran zurückdenkt, welche Panik in den 1960er Jahren bei etablierten Institutionen (Kirchen, Kommunen, Wohlfahrtsverbänden usw.) durch zarte Pflänzchen im Bereich der Gemeinwesenarbeit/GWA ausgelöst wurde. Da wurden Jugendliche aus Gemeindehäusern vertrieben, Pfarrer als ‚Kommunisten' gejagt, Sozialarbeiter als ‚Umstürzler' gekennzeichnet und jede Form nichtinstitutionellen Engagements der Nähe zu oder der Steuerung durch sowjetische oder ‚ostdeutsche' Einflüsse verdächtigt. Die Widerständigkeit der urdeutschen ‚Basisstrukturen', damals zumeist repräsentiert durch Jugendamtsleiter, Partei- und Gewerkschaftssekretäre, Pastoren und Bischöfe, Hausmeister und Konzernbosse sowie Pfarrgemeinderatsvorsitzende, Presbyter und Bezirksvorsteher führte zu skurrilen Situationen:

Der verunsicherte Stadtjugendpfleger, der verzweifelt nach einem Zusammenhang zwischen GWA und seinem internationalen Jugendaustausch suchte, der aufgebrachte Pfarrer, der mit sich überschlagender Stimme eine Bürgergruppe aus den geheiligten Räumen des Pfarrheimes vertrieb, der basisnahe Gewerkschaftsfunktionär, der auf Bürgerversammlungen den Leuten versicherte, seine Organisation würde die Dinge schon in die Hand nehmen, und der Sprüche klopfende Presbyter, der unentwegt nach dem ‚eigentlich Christlichen' bei der Arbeit einer Mieterinitiative forschte – Szenen aus einer Zeit, in der das Establishment den Boden unter den Füßen verlor und noch im Fallen die Fahne, das Kreuz oder irgendein Gesetz gen Himmel reckte. Jede noch so kleine Aktion erfreute sich der Aufmerksamkeit der lokalen Presse, die sich zerrieben fühlte zwischen ihrem penetranten Drang zur Hofberichterstattung und dem verkaufsfördernden Interesse an bunten, ungewöhnlichen Ereignissen.

GWA als Ansatz zur Verbesserung von Lebensbedingungen in benachteiligten Wohnquartieren wurde zum Tummelplatz für jedwede Form gesellschaftlichen Engagements. Da fanden sich linke Katholiken, bibelfeste evangelische Christen, Jungsozialisten, gewerkschaftsorientierte CDU-Mitglieder und engagierte Sozialplaner und Architekten in einem Boot mit DKP-Mitgliedern und versprengten Ehemaligen aus dem KBW (Kommunistischer Bund Westdeutschland): ein buntes

Völkchen, das über das Vehikel GWA den etablierten Bürgern Angst und Schrecken einjagte und die professionelle Sozialarbeit aus ihrer Lethargie aufschreckte.

Wie kam es dazu, und nach welchen Konzepten wurde damals GWA betrieben? Nachdem GWA-Konzepte in den USA, in den Niederlanden und in Großbritannien schon seit Jahren im Rahmen professioneller Arbeitsfelder praktiziert wurden (Boer/Utermann 1970), wurde in den 1950er Jahren mit einiger Verspätung auch in deutschsprachigen Veröffentlichungen versucht, insbesondere die amerikanischen Strategien auf deutsche Verhältnisse zu übertragen oder auch eigene Konzepte für GWA zu entwickeln.

Ein Ausgangspunkt für die Beschäftigung mit GWA war die Unzufriedenheit mit den herkömmlichen Methoden der Sozialarbeit, Einzelfallhilfe und Gruppenarbeit, deren zentrale Aufgaben C. Wolfgang Müller (C. W. Müller 1973, 221) darin sah, „die Arbeitsfähigkeit der Arbeitsfähigen zu erhalten oder wiederherzustellen und die Lebensfähigkeit der nicht mehr Arbeitsfähigen minimal zu garantieren". Für die berufliche Sozialarbeit wurde GWA insbesondere in der Rezeption der 1950er- und 1960er Jahre zur ‚dritten Methode der Sozialarbeit', die eine Erweiterung und Verbesserung klassischer Sozialer Arbeit versprach und zudem ein Stück mehr Professionalisierung bringen sollte. Fortschrittliche katholische und evangelische Pfarrer sahen in der GWA eine Möglichkeit zur Verlebendigung des Gemeindelebens und der Parteinahme für Randgruppen; und für die politische Linke, insbesondere in den späten 1960er- und in den 1970er Jahren, bot GWA die Chance, das System individueller Hilfe zu überwinden und über Lern- und Organisationsprozesse Widerstand von unten zu entwickeln, der dazu führen sollte, soziale und ökonomische Bedingungen im Sinne derer zu verändern, die darunter am deutlichsten litten. Die Bezeichnung GWA wurde im deutschsprachigen Bereich als umfassende Übersetzung für die amerikanischen Bezeichnungen ‚Community Organization', ‚Community Development' und ‚Community Work' gewählt (eine ausführliche Analyse der amerikanischen Begriffe findet sich bei Vogel/Oel 1966). Die erste kritische Rezeption der GWA in der Bundesrepublik Deutschland nahm C. W. Müller 1971 vor und läutete damit eine Reihe von Veröffentlichungen ein, die – im ausdrücklichen Gegensatz zur konservativen Tradition – GWA als gesellschaftskritisch-emanzipatorischen Arbeitsansatz konturierten. Diese sowie aggressive und radikaldemokratische Konzepte konkurrierten damals mit wohlfahrtsstaatlichen und integrativen Ansätzen und katalytisch-aktivierenden Varianten (Hinte/Karas 1978).

Der in den 1970er Jahren in der GWA propagierte und gelegentlich auch praktizierte Aufbruch erweiterte das konzeptionelle Spektrum wie auch das Handlungsrepertoire der Sozialen Arbeit um zahlreiche Aspekte, die zwar nicht systematisch entwickelt wurden und erst recht nicht im Rahmen einer konsistenten Theoriebildung entstanden, die aber doch auf nachhaltige Weise zumindest den Bereich der Sozialen Arbeit beeinflussten, der über die unmittelbare Arbeit am Einzelfall hinausging.

Widerstand, Betroffenenbeteiligung, Veränderung von Verhältnissen, Organisation von Gegenmacht, Kampf gegen das Establishment und systematische Suche nach kollektiver Betroffenheit waren Vokabeln, die das etablierte Bürgertum, aber auch die dadurch geprägte bürgerliche Soziale Arbeit (nicht nur damals) nachhaltig irritierten. GemeinwesenarbeiterInnen initiierten Mieterinitiativen, Demonstrationen und Stadtteilfeste, sie skandalisierten unzumutbare Wohnverhältnisse, infrastrukturelle Mängel, unsinnige Prestigeprojekte oder korrupte Funktionsträger, sie organisierten öffentliche Foren und Pressekampagnen und sorgten auf vielfältige Weise dafür, dass unterschiedlichste Bevölkerungsgruppen sich im Wohnquartier artikulierten, engagierten und organisierten.

Doch die Blütezeit der GWA währte nicht lange; heute ist sogar strittig, ob es sie überhaupt jemals gab. Ein wenig ging es der GWA wie der Moral – irgendwie sind alle dafür, aber so richtig hält sich kaum jemand daran. Veränderung von ‚Lebensbedingungen' tauchte in keinem Pflichtkatalog leistungsgesetzlicher Maßnahmen auf; die öffentlichen Kostenträger fühlten sich angesichts knapperer Kassen (damals schon!) ohnehin völlig überlastet mit den gesetzlichen Einzelfall-/Pflichtleistungen. Die Ausbildungsstätten bildeten (mit wenigen Ausnahmen) nicht für GWA aus; erfolgreiche Projekte scheiterten langfristig entweder an eigenen strategischen Dummheiten oder an chronischer Finanzierungsschwäche; und perspektivisch gab es kein tragendes gesellschaftliches Umfeld für einen Arbeitsansatz, der jenseits leistungsgesetzlicher Bestimmungen die Interessen der Wohnbevölkerung eines Quartiers in den Vordergrund stellte und damit erst einmal fast alle gegen sich hatte: parlamentarische Instanzen, die nicht mehr genau wussten, wen sie nun vertreten sollten; die Jugend- und Sozialbürokratie, die das Chaos heraufziehen sah, wenn man dem vermeintlichen Anarchismus benachteiligter Bevölkerungsgruppen Raum ließ; und nicht zuletzt die Konzerne der freien Träger (zwar frei, aber träge), die angesichts ihrer Abhängigkeit von staatlichen Geldern möglichst vermieden, irgendwelche Aktivitäten subversiver Art zu unterstützen. In der öffentlichen Diskussion wurden derlei Ängste in dieser Konkretheit natürlich nicht benannt. Vielmehr lobte man die Betroffenenorientierung der GWA, man beglückwünschte erfolgreiche Bewohnerinitiativen und hörte sich gern auch mal den einen oder anderen Vortrag über das Innovationspotenzial der GWA an. Gleichzeitig verwies man auf die knappen öffentlichen Haushalte, die wachsenden Kosten für die Sozial- und Jugendhilfe sowie die fehlenden gesetzlichen Grundlagen für GWA-Projekte – kurz gesagt: ‚Schön, dass es euch gibt, aber Geld gibt es nicht für euch!' (ausführlich zur Geschichte der GWA: C. W. Müller 2013, 198 ff.).

Da halfen auch die immer mal wieder rezipierten US-amerikanischen Impulse nicht. „1983 beschloss ich, Stadtteilarbeit zu machen" (Obama 2008, 147). Dass der spätere amerikanische Präsident sich nach wenigen Jahren mehr oder weniger erfolgreicher Tätigkeit anderen Dingen zuwandte, hatte auch zu tun mit der Kluft zwischen der mühsamen Realität beim (oft vergeblichen) Aufbau einer Bürgerorganisation und der großmäuligen Art der oft realitätsverkennenden Außendarstellung der PR-Abteilung der amerikanischen Organizer – in Deutschland immer wieder mal engagiert, doch zumeist relativ folgenlos aufgegriffen von US-Importen oder -Touristen (Dorsch 1982; Morlok et al. 1993; Penta 2007).

Prozess: Bezüglich ihrer Arbeitsweise ist GWA in keiner Weise festgelegt. Aktivierende Befragung, Organisation und Unterstützung von Initiativen, offene Kursarbeit, punktuelle Aktionen, Demonstrationen, Öffentlichkeitsarbeit, Haustürgespräche, Kampagnen u. v. m. werden je nach Situation eingesetzt. Zu Beginn eines Prozesses geht es immer um die Kontaktaufnahme zu möglichst vielen Menschen aus dem Quartier; daraus entwickeln sich unter Hilfestellung der Professionellen vielfältige Aktivitäten – oft erst über zahlreiche Versuche und Anläufe, denn in der Regel warten die Leute nicht darauf, dass endlich irgendwelche dafür bezahlten Menschen auftauchen und sie ‚aktivieren'.

In der GWA war und ist die ‚aktivierende Befragung' (Hinte/Karas 1989; Lüttringhaus/Richers 2003) eine Verfahrensweise erster Wahl, wenn man sich in ein Wohnquartier begibt und dort nach Themen sucht, die mit Betroffenheit, Ärger, Neugier oder anderen Emotionen belegt sind. Um solche Themen herum – so die Erfahrung aus der GWA – sind Menschen aktiv: Sie regen sich auf, sie reden darüber, sie beschweren sich oder sie unternehmen etwas. Auf dieser Basis organisieren GemeinwesenarbeiterInnen vorhandene Aktivitätsbereitschaft – der große Organizer S. D. Alinsky (1973) hat für die Schlagkraft solcher Organisationen Maßstäbe gesetzt. GWA hat also immer nach bereits vorhandener Aktivität gesucht – und insofern müsste die ‚aktivierende Befragung' besser ‚aktivitätserkundende Befragung' heißen. Klar war immer, dass es nicht um pädagogische Tricks geht, um Menschen zu irgendetwas zu aktivieren, das möglicherweise gar nicht ‚ihr Ding' ist, sondern dass nach vorhandener Aktivitätsbereitschaft geforscht wird, die dann möglichst durchsetzungsstark organisiert wird. Vereinfacht gesagt: ‚Wir motivieren nicht, sondern suchen nach vorhandenen Motiven'. GWA geht es also nicht darum, Leute zu etwas zu bringen, das sie nicht wollen, sondern der Zugang besteht darin, herauszufinden, was die Menschen wollen, und dann mit ihnen gemeinsam darüber nachzudenken, wie sie selbst möglichst erfolgreich an der Durchsetzung ihrer Interessen arbeiten können. Wenn Menschen mit ihren je unterschiedlichen Fähigkeiten selbst etwas im Sinne ihrer Ziele bewirken, entwickeln sie darüber Würde und Stolz. Deshalb handelt GWA nicht für die Leute und bedient sie nicht wie zahlende Kunden. GWA achtet konsequent die Tatsache, dass Menschen immer schon aktiv sind und es folglich darum geht, vorhandene Aktivität und Potenziale zu verbinden mit dem methodischen und strategischen Repertoire der Fachkräfte, und zwar immer unter intelligenter Nutzung sämtlicher leistungsgesetzlicher Grundlagen.

Heute degeneriert ‚Aktivierung' gelegentlich zu banalen Werbefeldzügen, bei denen um Beteiligung geworben oder Menschen irgendein Engagement schmackhaft gemacht wird. Häufiger noch wird das Prinzip der aktivierenden Arbeit insbesondere im Zuge der Hartz-IV-Reformen auf recht schäbige Art und Weise zurechtgestutzt zu einem Instrument staatlicher Kontrolle. Was einst als Kontrapunkt zu „Inszenierungen der Hilfebedürftigkeit in der Sozialen Arbeit" (Herriger 1997, 65) gesetzt wurde, wird heute kurzerhand zur Ausbeutungsstrategie der ohnehin Benachteiligten umfunktioniert: Das untere Drittel dieser Gesellschaft wird bisweilen unter dem Stichwort ‚Ressourcenorientierung' ausgequetscht wie eine Zitrone. Die landauf landab gepredigten Formeln von ‚fördern und fordern' oder ‚aktivierender Hilfe' werden in einem Kontext missbraucht, der die ursprüngliche Radikalität dieses sozialarbeiterisch begründeten Prinzips nicht nur weich spült, sondern geradezu konterkariert. Die aufmerksame, respektvolle, gelegentlich auch provokante Suche nach Ressourcen, Potenzialen und Ansätzen von Selbsttätigkeit wird ersetzt durch eine geradezu ‚mafiöse' Herangehensweise unter der Überschrift: Gefördert wird nur, wer sich so fordern lässt, wie es institutionell vorgesehen ist. Dass sich die allseits gewünschte Eigenaktivität der Betroffenen auch mal – wie einst in der GWA – gegen eine aktivierende Institution wenden könnte, ist weder im SGB II (Hartz) noch in der politischen Diskussion vorgesehen. Damit wird unter der Hand wieder das Subjekt-Objekt-Verhältnis eingeführt, bei dem es auf der einen Seite die aktive, fordernde Instanz gibt und auf der anderen Seite den Geforderten, (noch) passiven Menschen, der nur als Behandelter auftaucht: Er ‚wird' gefördert, er ‚wird' gefordert. Er ‚soll' aktiv sein – vorausgesetzt, es dient der Suche nach einem (oft schlecht bezahlten) Arbeitsplatz. Dass mancherorts GWA mit ‚Gemeinwohlarbeit' übersetzt wird, ist eine interessante Ironie der Kürzel-Geschichte.

Dass man staatliche Leistungen von bestimmten Voraussetzungen abhängig macht, ist grundsätzlich in Ordnung, und dass es beim Verstoß gegen bestimmte Bedingungen zu Leistungskürzungen kommt, ist nachvollziehbar. Doch beim methodischen Handeln in der GWA geht es um etwas anderes – nämlich aufmerksam danach zu suchen, wo Menschen sich gleichsam selbst fordern, wo sie eigene Kräfte besitzen, aktiv sind und in oft prekären Lebensverhältnissen Ressourcen aufgebaut haben, die sie widerstandsfähig haben werden lassen. Wer in sozialarbeiterischem Sinne fördern will, muss genau diese Aspekte kleinteilig und präzise herausarbeiten und sie als Grundlage für den professionellen Kontakt nutzen. Genau darin liegt die Kunst einer aufgeklärten und aufklärenden Sozialen Arbeit: nämlich vorhandene sozialstaatliche Förderinstrumente und unter bestimmten Voraussetzungen garantierte Leistungen klug zu kombinieren mit den je individuellen Möglichkeiten der leistungsberechtigten Menschen und ihren individuellen Lebensentwürfen. Es geht also nicht um Aktivierung im Sinne wohlfahrtstaatlicher Erpressung (‚Ich mache Ihnen ein Angebot, das Sie nicht ablehnen können'), sondern um die oft mühsame Suche nach dem Willen und den Interessen der Menschen und die Suche nach Möglichkeiten, die Menschen mit staatlichen Leistungen zu unterstützen. Dabei ist klar, dass Leistungen nicht erschlichen werden dürfen, dass die Voraussetzungen für den Leistungsbezug überprüft werden und dass dies in einem fairen Verfahren geschieht – im Rahmen guter Sozialer Arbeit etwa durch Kontrakte in der Hilfeplanung, die kleinschrittige Erarbeitung von Willen und Zielen der Betroffenen sowie präzise Vereinbarungen, die in einer Atmosphäre ‚auf Augenhöhe' geschlossen werden. Konzeptionelle und methodische Grundlagen dafür finden sich in der Tradition der GWA zuhauf.

Weiterentwicklungen – von der GWA zur Sozialraumorientierung: Das von Dieter Oelschlägel et al. (Boulet et al. 1980) propagierte ‚Arbeitsprinzip GWA' war angesichts der praktischen Bedeutungslosigkeit der GWA ein strategisch kluger Schachzug. GWA wurde in dieser Konzeption als Chiffre betrachtet für ein komplexes Bündel theoretischer und methodischer Aussagen für damals ‚fortschrittliche' Sozialarbeit, die als konzeptionelle Grundlage für Soziale Arbeit in allen denkbaren Berufsfeldern dienen sollte.

„Gemeinwesenarbeit muss Beiträge zur tendenziellen Aufhebung und Überwindung von Entfremdung leisten, also die Selbstbestimmung handelnder Subjekte ermöglichen. Damit ist Gemeinwesenarbeit Befreiungsarbeit insofern, als sie die unmittelbaren Wünsche und Probleme der Menschen ernst nimmt, zu Veränderung der politisch-historischen Möglichkeiten motiviert und Einsicht in die strukturellen Bedingungen von Konflikten vermittelt. In diesem Sinne kann Gemeinwesenarbeit als Arbeitsprinzip jede soziale Arbeit strukturieren" (Boulet et al. 1980, 156f.).

Dass dieser Vorschlag weder in der Fachdiskussion breiter rezipiert wurde noch in der Praxis relevanten Niederschlag fand, mag auch damit zusammenhängen, dass die Vokabel GWA zu stark mit anderen Inhalten belegt war bzw. Assoziationen weckte, die sie nicht gerade anschlussfähig an den Mainstream der Fachdiskussion machte. Interessant ist jedenfalls, dass sich wenige Jahre danach ein ähnlicher Versuch unter Nutzung einer anderen Bezeichnung und mit vielleicht etwas mehr praktischer Schärfe erfolgreicher dieser Strategie bediente und bis heute in beachtlichem Umfang Theorie und Praxis der Sozialen Arbeit prägt. Angesichts der zunehmenden terminologischen Unschärfe sowie der uneinheitlichen und eher dahin dümpelnden Praxis in GWA-Projekten wurde in den 1980er Jahren am ‚Institut für Stadtteilbezogene Soziale Arbeit und Beratung' (ISSAB) der (damaligen) Universität Essen (heute: Universität Duisburg-Essen) das Konzept ‚Stadtteilbezogene Soziale Arbeit' entwickelt (Hinte et al. 1982).

Die Entwicklung dieses Fachkonzepts entsprang sowohl dem Wissen um die Schwächen der GWA als auch strategischen Überlegungen, die sich aus jahrelangen Erfahrungen mit kommunalen und freien Trägern der Sozialen Arbeit ableiteten. GWA war vielerorts verrufen als kooperationsunwillige, überhebliche, undurchsichtige und lästige Instanz, die irgendwie immer Geld forderte, aber nicht bereit war, sich in die ‚kommunale Familie' einzuordnen. Mit GWA assoziierte man dogmatische Linke aus der 1968er-Zeit, unbelehrbare Besserwisser aufseiten vermeintlich Sozialhilfe missbrauchender Betroffener oder schlichtweg Gutmenschen ohne Bodenhaftung. ‚Stadtteilorientierung' – später dann: ‚Sozialraumorientierung' – war dagegen ein relativ unverbrauchter Begriff. Darüber konnte man sich wieder mehr auf Inhalte konzentrieren, konnte Berührungspunkte insbesondere zu Innovationsträgern innerhalb der Institutionen ausloten und nach Möglichkeiten der Verankerung gemeinwesenarbeiterischen Gedankenguts im Alltagshandeln der Institutionen suchen. Das Konzept ‚Sozialraumorientierte Soziale Arbeit' nahm folglich einige Diskussionslinien, Erkenntnisse und methodische Prinzipien aus der GWA auf, präzisierte, ergänzte und erweiterte sie, und zwar mit Blick auf die Anschlussfähigkeit zur institutionellen Sozialen Arbeit.

In der Sozialraumorientierung geht es nicht darum, mit großem Methodenarsenal Menschen zu betreuen oder sie mit pädagogischer Absicht zu verändern, sondern darum, Lebenswelten zu gestalten und Arrangements zu kreieren, die dazu beitragen, dass Menschen auch in prekären Lebenssituationen zurecht kommen. Dabei sind folgende Prinzipien von Bedeutung (Hinte/Treeß 2014):

1. Ausgangspunkt jeglicher Arbeit sind der Wille/die Interessen der leistungsberechtigen Menschen (in Abgrenzung zu Wünschen oder naiv definierten Bedarfen).
2. Aktivierende Arbeit hat grundsätzlich Vorrang vor betreuender Tätigkeit.
3. Bei der Gestaltung von Arrangements spielen personale und sozialräumliche Ressourcen eine wesentliche Rolle.
4. Aktivitäten sind immer zielgruppen- und bereichsübergreifend angelegt.
5. Vernetzung und Integration der verschiedenen sozialen Dienste sind Grundlage für nachhaltig wirksame Soziale Arbeit.

Sozialraumorientierung als fachliches Konzept besteht im Kern aus diesen fünf GWA-gespeisten Prinzipien; die Akteure und Akteurinnen lassen sich aber bei deren Realisierung geradezu hemmungslos von allen möglichen herkömmlichen und aktuellen methodischen Ansätzen beeinflussen. Sozialraumorientierung ist folglich keine neue ‚Theorie', kein mit anderen ‚Schulen' konkurrierender Ansatz, sondern eine unter Nutzung und Weiterentwicklung verschiedener theoretischer und methodischer Blickrichtungen – insbesondere aus der GWA und der Erziehungskritik – entwickelte Perspektive, die als konzeptioneller

Hintergrund (Fachkonzept) für das Handeln in zahlreichen Feldern der Sozialen Arbeit dient (zusammengefasst bei Hinte/Kreft 2017).

Um den Kern des Konzepts herum werden ständig Anpassungsleistungen vorgenommen, Stilwechsel und Darstellungsvarianten bis hin zum Austausch von Vokabeln. Das Gebäude ‚Sozialraumorientierung' wird also dauernd renoviert, aber sein Charakter bleibt erhalten – abgebildet insbesondere in den o. g. Prinzipien.

Prononciert gesagt steht Sozialraumorientierung als Chiffre für die im Sinne der GWA fortentwickelte Sozialarbeit weg von der auf den Klienten bezogenen Haltung des ‚Ich weiß, was für dich gut ist, und das tun wir jetzt' über das ‚Eigentlich weiß ich schon, was für dich gut ist, aber ich höre dir erst mal zu' hin zum konsequenten ‚Dein Wille wird ernst genommen' bzw. ‚Deine Interessen zählen als Grundlage für unser Arbeitsbündnis'.

Wir haben es hier einerseits mit einem hochgradig personenbezogenen Ansatz und andererseits mit einem sozialökologischen, auf die Veränderung von Verhältnissen zielenden Ansatz zu tun – mit einer integrierenden Zusammensicht dieser beiden in der Geschichte der Sozialen Arbeit immer wieder auftauchenden Stränge, die u. a. verbunden sind mit Namen aus der (personenorientierten) Humanistischen Psychologie (Carl Rogers 1976 und Ruth Cohn 1975) und aus der (auf die Verbesserung von Lebensbedingungen gerichteten) GWA und Sozialökologie (Brülle/Marschall 1981; Urie Bronfenbrenner 1976; Saul Alinsky 1973; Kurt Lewin 1968 und Richard Hauser 1971).

Fachkonzept und Arbeitsfelder: Wenn ein Begriff wie GWA im Publikationsallerlei und im Praxisdschungel von allen Akteuren je beliebig genutzt wird, ist seine Entwicklung weder kalkulierbar noch zu steuern. Nachdem GWA so einiges durchgemacht hat – von der ‚dritten Methode der Sozialarbeit' bis zum ‚Arbeitsprinzip' – lautet mein Vorschlag zur Herstellung begrifflicher Klarheit: *GWA ist heute (im Jahre 2019) ein bedeutsames (und quantitativ viel zu spärliches) Arbeitsfeld Sozialer Arbeit, und gleichzeitig liegt als wesentliches Ergebnis der praktischen, theoretischen und sprachlichen Suchbewegungen der GWA aus den 1970er und 1980er Jahren das heutige Fachkonzept Sozialraumorientierung vor.* Dieses ist derzeit von Bedeutung insbesondere in der Fallarbeit (Hinte et al. 1999), der offenen Jugendarbeit (Deinet 2009), den Hilfen zur Erziehung (Peters/Koch 2004) und dem Quartiermanagement (Grimm et al. 2004). Zudem haben die damaligen Erfahrungen in der GWA auch die Konzeptentwicklung in anderen Feldern beeinflusst

– beispielhaft sei hier verwiesen auf aktivierende Konzepte der Stadt(teil)entwicklung (Lüttringhaus 2000; Grimm et al. 2004) sowie die zahlreichen Ansätze von bürgerschaftlichem Engagement auf kommunaler Ebene (Fehren 2008), aber auch der Arbeit mit Migrantinnen und Migranten (Bestmann/Straßburger 2008), mit Behinderten (Theunissen 2012) und alten Menschen (Dörner 2007).

Im Arbeitsfeld GWA geht es heute um die Organisation von projekt- und themenunspezifischen Prozessen in Wohnquartieren, und zwar über eine Vielzahl von Aktivierungsaktionen anhand direkt geäußerter (und durchaus häufig wechselnder) Interessen der Wohnbevölkerung mit dem Ziel einer ‚Grundmobilisierung' eines Wohnquartiers, die den ‚Humus' für größere Einzelprojekte darstellt. Dies geschieht häufig im Rahmen eines kommunalen ‚Quartiermanagements' (vgl. Kap. 3.11), bei dem die GWA eng kooperiert mit intermediären Akteuren und Gebietsbeauftragten innerhalb der Verwaltung. GWA ist also nicht gleichzusetzen mit Quartiermanagement, sondern ist ein wesentliches Arbeitsfeld in diesem komplexen Konzept zur Gestaltung von Wohnquartieren, an dem auch andere Akteure (etwa Verwaltung, intermediäre Instanzen, Unternehmen usw.) mit anderen Methoden beteiligt sind (Grimm et al. 2004).

Das Fachkonzept ‚Sozialraumorientierung' kann Impulse geben in jedem Arbeitsfeld Sozialer Arbeit, und somit ähnelt es in seiner Anlage dem damaligen Arbeitsprinzip GWA. Während in den 1980er Jahren das Arbeitsprinzip GWA oft beschrieben, aber selten realisiert wurde, so wird das Fachkonzept Sozialraumorientierung heute in zahlreichen Gebietskörperschaften systematisch praktiziert (in einer Stringenz und Geordnetheit, wie das noch bei keinem Fachkonzept in der Sozialen Arbeit der Fall war (siehe dazu Fürst/Hinte 2019; Haller et al. 2007). Doch das Fachkonzept ist eben (noch) nicht fachlicher Mainstream, es beinhaltet zahlreiche Zumutungen für etablierte Akteure und ist geprägt von pragmatischer Radikalität: Man mag es kaum glauben, dass es realisierbar ist. Auch diesbezüglich steht es in der Tradition guter GWA.

Weiterführende Literatur

Fürst, R.,/Hinte, W. (2019): Sozialraumorientierung. 3. Aufl. facultas, Wien.
Ein Studienbuch zu fachlichen, institutionellen und finanziellen Aspekten.

Hinte, W., Lüttringhaus, M., Oelschlägel, D. (2011): Grundlagen und Standards der Gemeinwesenarbeit. Ein Reader zu Entwicklungslinien und Perspektiven. 3. Aufl. Beltz Juventa, Weinheim/München
In diesem Band sind zentrale Grundlagentexte von Wolfgang Hinte und Dieter Oelschlägel aus den 1980er und 1990er Jahren systematisch geordnet und kommentiert zusammengestellt.

Hinte, W., Treeß, H. (2014): Sozialraumorientierung in der Jugendhilfe. Theoretische Grundlagen, Handlungsprinzipien und Praxisbeispiele einer kooperativ-integrativen Pädagogik. 3. Aufl. Beltz Juventa, Weinheim/München
Dieser Band bietet erstmals eine systematische Aufbereitung des Fachkonzepts Sozialraumorientierung, in dem sich die Weiterentwicklung der Gemeinwesenarbeit zu einem sozialarbeiterischen Handlungskonzept abbildet.

Wendt, P.-U. (2017): Lehrbuch Methoden der Sozialen Arbeit. 2. Aufl. Beltz Juventa, Weinheim/Basel
Ein aktueller Versuch, die Vielfalt der Methoden und des Methodischen Handelns für die Lehre und die Praxis vorzustellen (hier insbes. Kap. 10: Lokal arbeiten: Gemeinwesenarbeit und Quartiersmanagement).

3 Verfahren (eine exemplarische Auswahl)

3.1 Sozialpädagogische Beratung

Von Nando Belardi

Prozess: Beratung ist mehr als nur eine Auskunft, ein technischer Hinweis oder ein einmaliger ‚Ratschlag'; sie ist ein dynamischer und ergebnisoffener Prozess. Ziel des Erstgespräches ist eine gemeinsame Klärung der Frage, *ob* und *wie* eine Zusammenarbeit mit *welchen* Zielen und Mitteln zum Verständnis und zur Behebung der vorhandenen Probleme zustande kommen kann. Aus diesen Gründen ist der Begriff Beratung irreführend. Denn er suggeriert, dass ein Berater vieles besser weiß und kann als sein Klient. In Wirklichkeit kann nur der Klient sein Leben verstehen und ändern. Dabei kann ihm der Berater helfen. Statt Beratung könnte man auch Hilfe zur Selbstreflexion oder reflexive Begleitung sagen. Schon im ersten Gespräch lassen sich Anzeichen von Persönlichkeitsmerkmalen und Lebensthemen erkennen.

Hypothesenbildung: Nach einiger Zeit entwickelt man Vermutungen über mögliche Zusammenhänge, Hintergründe oder Lösungen.

Selbstexploration: Der Ratsuchende beschäftigt sich mit sich selbst, seinen Gefühlen, seiner Vergangenheit, Gegenwart und Zukunft in einer Weise, wie er es bisher noch nicht getan hat. Alleine das verändert seine Gefühlswelt, Einsicht und Handlungsfähigkeit. Selbstdeutungen (Herausfinden, weshalb man sich *wie* verhalten hat) sind besser als Fremddeutungen bzw. Interpretationen des Beraters.

Verantwortung: In der Beratung gilt der Satz: Der Klient ‚besitzt' das Problem. Die Ratsuchenden haben die Verantwortung für ihr gegenwärtiges und zukünftiges Leben. Die BeraterInnen haben die Verantwortung für den Beratungsprozess. Ratsuchende kommen in zeitlicher Hinsicht oft ‚zu spät'. Die Probleme haben sich dann so angehäuft, dass die Ratsuchenden nun mit hohem Problemdruck eine Beratung aufsuchen.

Welche realisierbaren Ziele können erreicht werden? Festgelegt werden sollen Anzahl, Dauer und Termine der Sitzungen. Weitere Absprachen: Vertraulichkeit, Erreichbarkeit bei Abwesenheit oder im Krisenfall. Typische ‚Beratungsfehler' können sein: ‚Rat-Schläge' erteilen, unrealistische Lösungsvorschläge, Bewertungen, ungenügende Einfühlung, Missachtung des Beratungskontextes, Unkenntnis der Beziehungsdynamik, Verletzung des Schutzverhaltens oder Machtkämpfe. Aus ‚Fehlern' kann man, vor allem mithilfe des Teams oder in der Supervision lernen. Ein nicht geringer Teil der beruflichen Kompetenz in der Sozialen Arbeit kommt durch selbstkritische ‚Fehleranalyse' zustande. Man muss sich frei machen von der Vorstellung, alles zu wissen und zu können; man muss bereit sein, aus eigenen ‚Fehlern' und von den Klienten zu ‚lernen' (‚Fehlerkultur'). In der Sozialen Arbeit benötigen wir in gewisser Weise eine eher prozessorientierte und weniger technische Haltung zum Leben. Das gilt auch für Krisen, die oft entwicklungsbedingt zum Leben dazugehören. Häufig werden Krisen durch die Bedrohung des Beziehungssystems und des Selbstwertgefühls verursacht. Viele Krisen sind ‚multidimensional' und haben Mischformen, wie z. B. ‚Pubertät plus Lehrstellenmangel'. Krisen sollten Chancen zum Lernen und Verändern sein.

Beratungsende: Je nach Dauer und Intensität sollte entsprechend früh auf den Abschluss vorbereitet werden. Das nahe Ende der Beratungszeit kann auch zu regressiven Rückfällen führen. Längst verschwundene Symptome und Probleme kehren plötzlich wieder. Es ist, als ob die Betroffenen sagen möchten, ‚wir sind noch nicht so weit'. Da es sich bei vielen Formen der Hilfe in der Sozialen Arbeit um komplexe menschliche Themen mit langjährigen, verfestigten Vorgeschichten handelt, ist es klar, dass es keine ‚perfekte' Beratung geben kann.

Abgrenzung zur Psychotherapie: Leider verkürzt das Psychotherapie-Gesetz von 1999 die Beratung auf ‚Anhören', ‚Befragen', ‚Veranschaulichen' oder ‚Informieren'. Das entspricht nicht der Realität in der Sozialen Arbeit. Allerdings ist die Grenzziehung zwischen Beratung und Psychotherapie standespolitisch geprägt: Wer, wie approbierte Ärzte und Psychologische Psychotherapeuten bzw. Kinder- und Jugendlichenpsychotherapeuten oder Heilpraktiker für Psychotherapie die Erlaubnis zur heilkundlichen Krankenbehandlung hat, therapiert. Wer nicht über diese Zertifikate verfügt, muss seine Hilfe als Beratung und Lebensorientierung definieren. In der täglichen Beratungspraxis lässt sich eine solche idealtypische Trennung kaum durchhalten. Was als ‚normale' Beratung beginnt, führt oft an tiefergehende Lebensprobleme heran. In der Praxis ist Beratung zeitlich eher kürzer und weniger häufig (niedrigfrequent) als die Psychotherapie, die u. U. über mehrere Jahre geht. Manchmal reicht ein Gespräch im Kindergarten, dem Jugendhaus, beim Jugendamt oder bei einem freien Träger, um etwas zu bewegen. Oft wird danach an spezialisierte Beratungsstellen oder in die Psychotherapie verwiesen.

Anwendungen: Die Vielfalt der psychosozialen Probleme erfordert eine interdisziplinäre Sichtweise und methodenübergreifende Anwendung. Professionelle Beratung als personenbezogene, soziale Dienstleistung liegt vor, wenn die Berater ihre Ziele und ihr Handeln mit wissenschaftlichen Ansätzen rational und nachvollziehbar begründen können. Die *funktionale* Beratung ist ein Teil der üblichen Tätigkeit von Sozialer Arbeit. Beratung kommt kaum allein vor; oft ist sie mit anderen Tätigkeiten (wie Helfen, Betreuen, Vermitteln) verknüpft, nicht selten ist sie nur ein Handlungsbereich eines übergeordneten Feldes (Einzelhilfe, Jugendgerichtshilfe, Bewährungshilfe, SPFH u. a.). Teilweise ist Beratung auch längerfristig und planvoll (§§ 36, 36a SGB VIII). Sie findet mehr oder weniger ausschließlich in den sozialen Einrichtungen statt. Von der funktionalen Beratung als ‚Querschnittsfunktion' der Sozialen Arbeit ist die *institutionelle* Beratung zu unterscheiden. In spezialisierten Beratungsstellen mit Leitthemen, wie z. B. Erziehung und Familie (§ 28 SGB VIII) bzw. Sucht oder Schulden, stellt Beratung einen Hauptteil der beruflichen Aktivitäten dar. Oft bewegt sich die Beratung im Spannungsfeld eines doppelten Mandats zwischen Hilfe und Kontrolle – allerdings in je unterschiedlicher Ausprägung. So ist die Kontrolle im juristischen Bereich stark. Zielt Beratung als Interventionsform auf Freiwilligkeit, Motivation, Aufklärung und aktive Mitarbeit des Ratsuchenden, so kennt die Soziale Arbeit aber auch Situationen einer erzwungenen Beratung: Schwangerschaftskonfliktberatung, Jugendgerichtshilfe und Bewährungshilfe. Gleiches gilt für Beratungsarbeit in ‚totalen' Institutionen (z. B. Psychiatrie, Haftanstalt). Auch die Vorstellung, dass Beratung immer persönlich und direkt erfolgen müsste, ist falsch. Sehr verbreitet und erfolgreich ist die anonyme Beratung der Telefonseelsorge bzw. Telefonberatung. Man kann sich sehr wohl auch zeitversetzt (brieflich) oder über Medien (Internet) beraten lassen. Seit den 2000er Jahren bietet die ‚Bundeskonferenz für Erziehungsberatung' eine anonyme und kostenlose Online-Beratung an: den

‚Chat für Jugendliche' (sorgenchat@bke-sorgenchat.de) sowie die ‚Elternberatung' (www.bke.de). Allerdings fehlt hier die direkte emotionale Rückmeldung. Auch kann die Körpersprache über diese Medien nicht gesehen und reflektiert werden.

Barrieren von Beratung: Auf der persönlichen Ebene kann es zu Ängsten und Abwehrverhalten kommen. Wenn beim Ratsuchenden problematische Themen oder unangenehme Gefühle auftauchen, machen sich Ängste breit. Ängste zeigen sich durch Schutzverhalten. Sie ‚stören' den Prozess und weisen aber gleichzeitig darauf hin, wo die tieferen Probleme liegen. Bei den ‚Risikofamilien', die mehrfache ökonomische und psychische Probleme und wenig Zugang zu Hilfestellen haben, kann es zum Themenwechsel kommen: Spricht man über den Konflikt des Elternpaares, so verweisen beide darauf, dass die schlechte wirtschaftliche Situation ‚schuld' sei. Möchte man zu einer Schuldnerberatung motivieren, so werfen sich beide wechselweise vor, dass der jeweils andere ‚Probleme' habe und deshalb für die Schulden verantwortlich sei. In vielen Fällen kommen die Sozialarbeiter / Sozialpädagogen aus einem anderen sozialen, kulturellen, sprachlichen und ethnischen Milieu als ihre Klienten. Verständigungsschwierigkeiten sind dann nicht selten. Oft werden die Helfer auch als Vertreter einer Behörde oder des ‚Staates' angesehen. Vermeintliche oder reale negative Erfahrungen mit Ämtern können störend wirken. Durch die Medien sind Extremsituationen von häuslicher Gewalt, sexuellem Missbrauch, Kindesmisshandlung oder gar Kindestötung bekannt. Nicht selten waren Sozialarbeiter / Sozialpädagogen vorher als Helfer oder Betreuer in diesen Familien tätig. Dadurch ergeben sich auch Grenzentscheidungen. Wenn man zu ‚früh' eingreift, verliert man eventuell das Vertrauen der Familie. Handelt man zu ‚spät', so kann es zu einer Anklage oder gar Verurteilung kommen. Leider existieren keine verbindlichen Regelungen, wie viele ‚schwierige' Klienten ein Sozialarbeiter / Sozialpädagoge haben sollte und wie viele Stunden Betreuung pro Woche notwendig sind. Ein gutes Team, Teambesprechungen und eventuell Supervision können helfen, problematische Situationen in Familien mithilfe anderer Helfer realistisch einzuschätzen. Vor allem aber dienen sie auch der eigenen rechtlichen Absicherung.

Erfolge: Die Evaluierungen von Beratung haben gezeigt, dass es insbesondere bei der Erziehungs- und Familienberatung etwa 70 Prozent der Ratsuchenden nach einer Beratung (oder Therapie) ‚besser' geht als dem

Durchschnitt der Nichtberatenen. Der Erfolg ist umso höher, je mehr die Ratsuchenden folgende Merkmale aufweisen: Mittelschichtherkunft, höhere Schul- und Berufsausbildung, Verbalisierungsfähigkeit, vollständige Familie, Fähigkeit zu psychologischem Denken und die Tatsache, dass man sich selbst um die Beratung bemüht hatte. Im Übrigen zeigen die meisten Untersuchungen kaum deutliche Unterschiede zwischen den verschiedenen Beratungs- bzw. Therapierichtungen.

Professionalisierung: In Deutschland erlernt man Beratung (teilweise wie Psychotherapie) meistens bei psychotherapeutischen Instituten; zunehmend auch im Rahmen von Aufbaustudiengängen an den Universitäten. Durch §§ 37a, 92 SGB V trat 2002 die ‚Soziotherapie-Richtlinie' in Kraft. Damit wurde ein neues Berufsbild für Sozialarbeiter/Sozialpädagogen und Pflegepersonal geschaffen, um Leistungen für Versicherte der Krankenkassen zu erbringen. Durch die Zunahme älterer allein lebender Menschen in unserer Gesellschaft ergibt sich auch hier ein erhöhter Beratungs- und Betreuungsbedarf. Insgesamt sind vermutlich nicht mehr als 5 Prozent aller Sozialarbeiter/Sozialpädagogen im Sektor der institutionellen Beratung beschäftigt.

Die **Psychotherapie** geht über die Beratung hinaus. Darunter versteht man die fachkundige, nichtmedikamentöse Behandlung von psychischen (seelischen) Erkrankungen, wie z. B. Störungen des Denkens, Fühlens, Erlebens, Handelns; ebenso die Behandlung von Ängsten, Depressionen, Zwängen oder Süchten (Alkohol, Medikamente, Spielsucht, Essstörungen u. a.). Psychotherapie wird auch bei psychosomatischen Problemen (körperliche Krankheiten, die psychisch begründet sind) angewendet.

Psychotherapie ist heute i. d. R. ein juristisch und sozialrechtlich genau definiertes und von den Krankenkassen finanziertes Verfahren, welches länger und intensiver ist als sozialpädagogische Hilfen für Einzelne und Familien oder spezialisierte Beratung. Oft sind die Prozesse aber ähnlicher Natur. So kann es manchmal zu Überschneidungen zwischen sozialpädagogischer Arbeit, Beratung und Psychotherapie kommen.

An der psychotherapeutischen Versorgung in Deutschland sind Ärzte, Diplom- und Master-Psychologen sowie in geringem Umfang auch Pädagogen, Sozialpädagogen und Sozialarbeiter Sozialarbeiter – oft nach dem Heilpraktiker-Gesetz – beteiligt. Alle diese Berufsgruppen müssen nach dem Studienabschluss und einer Berufspraxis eine anerkannte Zusatzausbildung nachweisen. Im Gegensatz zu den Ärzten und Psychologen dürfen Pädagogen, Sozialpädagogen und Sozialarbeiter nur die Weiterbildung zum Kinder- und Jugendlichenpsychotherapeuten absolvieren. In Österreich hat man mit dem Psychotherapiegesetz von 1991 einen neuen Gesundheitsberuf geschaffen. Hier können auch Angehörige anderer Berufe nach einer fünfjährigen Weiterbildung Psychotherapie ausüben. Der Personenkreis ist weitaus größer und die Kriterien sind weniger streng als in Deutschland. Allerdings zahlen die Krankenkassen hier nur einen Zuschuss zu den Therapiestunden. In der Schweiz sind vorwiegend Ärzte und Psychologen in der Psychotherapie tätig.

Weiterführende Literatur

Belardi, N., Akgün, L., Gregor, B., Pütz, T., Neef, R., Sonnen, F. R. (2011): Beratung. Eine sozialpädagogische Einführung. 6. Aufl. Beltz Juventa, Weinheim/München

Nach einer Einführung und der Darstellung von Beratungsprozessen werden die wichtigsten Beratungseinrichtungen mit ihren jeweiligen Arbeitsweisen vorgestellt.

Culley, S. (1996): Beratung als Prozess. Lehrbuch kommunikativer Fertigkeiten. Beltz, Weinheim

Gut geschriebenes Lehrbuch zum Erlernen von Beratungstechniken in kleinen Gruppen.

Wendt. P.-U. (2017): Lehrbuch Methoden der Sozialen Arbeit. 2. Aufl. Beltz Juventa, Weinheim/Basel

Insbes. Kap. 6: Beraten: anlassangemessene Beratung

3.2 Gruppendynamik

Von C. Wolfgang Müller

Geschichte: Kurt Lewin (1890–1947) hat den Begriff ‚Group Dynamics' 1939 zum ersten Mal publizistisch verwendet. Zum Studium der Kräfte, die im Gruppenprozess Meinungen, Verhaltensweisen und Gefühle der Gruppenmitglieder dynamisch und ‚kohäsiv' (= auf Bindekraft gerichtet) verändern, hatte er am Massachusetts Institute of Technology (MIT) in Cambridge (USA) das Research Center for Group Dynamics gegründet. Dieses Handlungsforschungsinstitut wurde nach dem Ende des Zweiten Weltkrieges beauftragt, Vorurteile und Verhaltensweisen zu verändern, welche die lokale Geschäftswelt verschiedener Großstädte daran hinderten, afroamerikanische Arbeitskräfte einzustellen, die nach Kriegsende aus der Armee entlassen worden waren.

Das Team von Handlungsforschern um Kurt Lewin arbeitete in gemischten Arbeitsgruppen und traf sich am Ende jedes Seminartages, um über die Fortschritte und die Barrieren der Gruppenarbeit zu berichten. Teilnehmer, die von diesen Teambesprechungen gehört hatten, wollten als Zuhörende beteiligt werden. Das Team stimmte zu und machte dabei zwei grundlegende Erfahrungen: Der Charakter der Berichte über die Gruppensitzungen und den Beitrag einzelner Gruppenmitglieder veränderte sich angesichts der Anwesenheit von ‚Betroffenen'. Der Ton wurde ‚objektiver', ‚vorsichtiger' und war weniger an Vermutungen über persönliche Eigenschaften orientiert als vielmehr an wertneutralen Beschreibungen beobachtbaren Verhaltens und Interagierens. Und die anwesenden ‚Betroffenen' zeigten sich sehr gut in der Lage, angesichts solcher wertneutralem ‚Spiegelungen' ihr eigenes Verhalten realistisch einzuschätzen und Gründe zu benennen, warum sie bisher an bestimmten ‚rassistischen' Vorurteilen festgehalten hatten.

Wissenschaftliche Grundlagen: Die auf der Grundlage dieser Gruppenexperimente entwickelten gruppendynamischen Trainings-Seminare konzentrierten sich zunächst im Osten der USA bei den National Training Laboratories in Bethel/Maine. Das Team war ausgewogen und bestand aus Erziehungswissenschaftlern, Soziologen und Sozialpsychologen. Später dominierten die Psychologen und entwickelten Richtungskämpfe zwischen einer tiefenpsychologischen Freud-Orientierung und Angehörigen der Schule von Carl Rogers, die sich auf die Bearbeitung des ‚Hier und Jetzt' konzentrierten. Um das Übergewicht der psychologischen Orientierung aufzufangen, wurden die ursprünglichen T(Trainings)-gruppen des Vormittags am Nachmittag durch A(Arbeits)-gruppen ergänzt, die sich mit Problemen des beruflichen Alltags der Teilnehmer beschäftigten.

In den 1970er Jahren wurde die weitere Entwicklung stärker vom Westen der USA und von der Nachfrage nach eher lustbetonten Sensitivity Trainings durch Angehörige des mittleren industriellen Managements bestimmt. Ein französischer Beobachter notierte, die zeitgenössische gruppendynamische Kommunikationskultur sei nun gekennzeichnet durch „Umarmen, Liebkosen, Küssen, Berühren, Massieren". Die Teilnehmer wollen einen

„warmen, liebevollen Trainer, sie wollen diese Zuneigung nicht durch die Arbeit an ihren Problemen bewiesen erhalten, sondern sie wollen sie direkt, demonstrativ … Sie wollen emotional bewegt und liebkost werden, sie wollen spezielle Übungen zum Phantasieren, Meditieren oder nichtverbalem Verhalten" (Pagés 1971, 113–115).

Die weitere Entwicklung in den USA ist unterschiedlich verlaufen, modische Varianten wurden schnell wieder vergessen oder im industriellen Management durch Organisationsentwicklung, Mitarbeiterführung und eine kaum noch zu übersehende Folge sich teilweise widersprechender Führungsstil-Profile ersetzt.

Die Entwicklung in der BRD: Gruppendynamik als ein Trainingsverfahren zur Sensibilisierung von Erwachsenen für ein ‚demokratisches' – also ‚kooperatives' – Verhalten in Gruppen und für die Veränderung eigener Verhaltensprofile, die diesem Verhalten entgegenstehen, wurde frühzeitig von Tobias Brocher (1967) rezipiert und vor allem in der Erwachsenenbildung, der Lehrerbildung (Friedrich Minssen 1965 und Dieter Spangenberg 1969), später auch in der universitären Bildung (Harm Prior 1970), der Jugendarbeit (Jürgen Fritz 1973) und der politischen Bildung (Abbau von Vorurteilen) eingesetzt. Die ursprüngliche Vorstellung, man solle nicht mit bereits bestehenden Arbeitsgruppen, sondern mit ad hoc zusammengesetzten Zufallsgruppen arbeiten, wurde sehr bald aus Effektivitätsgründen aufgegeben und durch T-Gruppen-Seminare ersetzt, die aus bestehenden Arbeitsgruppen rekrutiert wurden, deren Zusammenarbeit bisher aus vielerlei Gründen zu unbefriedigenden Ergebnissen geführt hatte. Erfolgreiche T-Gruppenarbeit hängt nämlich unter anderem von einer bereits vorhandenen Arbeitsplatz-Kultur ab, die dazu geführt hat, dass Mitarbeiter unter ihrer unbefriedigenden Zusammenarbeit ebenso leiden wie unter den unbefriedigenden Arbeitsergebnissen und die deshalb von sich aus und freiwillig ein gruppendynamisches Training fordern.

Das methodische Vorgehen: Die T-Gruppe ist gut überschaubar. Jeder kann jeden sehen und ungehindert mit ihm/ihr sprechen. Es gibt eine Trainerin/einen Trainer und einen Co-Trainer. Beide bilden ein ‚Paar' und sollen verhindern, dass eine/r von ihnen von der Gruppe als ‚Gruppenleiter' missverstanden wird. Sie sollen keine ‚Leiter' sein, sondern ‚Spiegel'. Sie müssen konsequent, aber nicht aggressiv jeden Wunsch danach aus der Gruppe ins Leere laufen lassen. Die Gruppe soll aus sich heraus ihre Themen finden und nach eigenem Gusto bearbeiten. Der Trainer/die Trainerin beobachtet mit möglichst ausdruckslosem Gesicht, der Co-Trainer protokolliert und/oder benutzt ein Aufzeichnungsgerät.

Es gibt drei Regeln: 1. Jedes Gruppenmitglied darf über sich und die Gruppe sprechen. Hörensagen über Dritte gibt es nicht. 2. Die vorgegebenen Zeitrhythmen werden punktgenau eingehalten. 3. Die Trainer sprechen außerhalb der Sitzungen nicht mit Gruppenmitgliedern über das Geschehen. Meist sitzen sie auch bei den Mahlzeiten für sich und nehmen bei Übernachtungsbetrieb nicht an den informellen abendlichen Gesprächsrunden teil.

Nach jedem Sitzungsblock tauschen sich Trainer und Co-Trainer über ihre Beobachtungen und Aufzeichnungen aus und legen Schwerpunkte im Hinblick auf die Beobachtungen in der nächsten Runde fest. Sie korrigieren sich auch im Hinblick auf das strikte Nicht-Einmischungs-Gebot, das sowohl für verbale wie auch für nichtverbale, körpersprachliche Äußerungen gilt. Die Gruppe soll immer wieder auf sich selbst verwiesen werden. Lediglich in bestimmten Schlüsselsituationen (bei aggressiven Höhepunkten oder bei hilflosem Schweigen) kann der Trainer vorsichtig Interpretationen der Situation aus der Gruppe heraus erbitten oder (dies aber wirklich nur im gebotenen Einzelfall) selbst eine Interpretation des Gruppengeschehens anbieten – anbieten, aber nicht durchsetzen.

Zum Schluss der Sitzungsperiode über einen mehrtätigen Zeitraum, geben Trainer und Co-Trainer eine zusammengefasste, realistische, aber im Ton nicht verletzende Einschätzung des Gruppenstils, der Gruppenkultur und ihrer Kommunikations- und Interaktionsprofile und verbinden sie mit möglichen Schlussfolgerungen für weitere Maßnahmen, welche die Gruppe ergreifen könnte, um eine ‚bessere' Gruppe zu werden. Denn es ist Aufgabe der Gruppe, aus dem Sitzungsgeschehen Konsequenzen zu ziehen. Oder auch nicht.

Wirkungen: Wie bei allen Kommunikationsprozessen hängt auch bei der Gruppendynamik das Outcome von diesen vier Faktoren ab: Trainer und Co-Trainer; Gruppenmitglieder und Gruppe; Gesamtsituation am Arbeitsplatz (auch Lehr-Lern-Platz, Studienplatz) und gesamtes ‚Setting', in das die T-Gruppen-Sitzungen eingebettet sind. Nach Kenntnis der Fachliteratur und nach langjährigen eigenen Erfahrungen als Co-Trainer von Wilfried Gottschalch (Berlin, Bremen, Amsterdam) glaube ich drei mögliche Wirkungen nennen zu können: (1) Einzelne Gruppenmitglieder können ein besseres, weil realistisches Verständnis für ihre Wirkungen auf andere Gruppenmitglieder gewinnen. (2) Sie können ein besseres Verständnis dafür gewinnen, wie einzelne Gruppenmitglieder auf sie wirken (und warum). (3) Sie können ein stärkeres und gezielteres Interesse dafür gewinnen, wie ihre Arbeitsgruppe ihr (explizites und implizites) Gesamtverhalten und ihr Regelwerk verändern und entwickeln sollte, um subjektiv befriedigende und objektiv qualifizierte Arbeit dauerhaft und zuverlässig leisten zu können.

Professionalisierung: Die Deutsche Gesellschaft für Gruppendynamik und Organisationsdynamik / DGGO ist 2007 aus der Sektion Gruppendynamik des AK für Gruppenpsychotherapie und Gruppendynamik / DAGG (2011 aufgelöst) hervorgegangen. Als Nachfolgeorganisation der schon 1968 gegründeten Sektion Gruppendynamik kann die DGGO auf eine lange fachliche Tradition verweisen (vgl. dazu die Broschüre 40 Jahre Sektion GD / DAGG von 2008 und www.dggo.de/index.php/en/dggo/wer-wir sind).

Anmerkung

Kurt Lewin, der ‚Gruppendynamik' eingeführt, entwickelt und wissenschaftlich begleitet hat, war ein bedeutender ‚Gestalt-Psychologe der Berliner Schule. Sein Einfluss war im angloamerikanischen Sprachraum größer als in Deutschland, das er 1933 aus politischen Gründen verließ. Er gilt auch als Begründer der ‚Handlungsforschung' und der ‚Organisationsentwicklung'. Durch seine langjährige Zusammenarbeit mit einem seiner Schüler, der die Geschäfte eines mittelständigen nordamerikanischen Industrieunternehmens führte, verlegt Kurt Lewin sein

Forschungsinteresse später von der Sozialpädagogik und der Erwachsenenbildung mehr und mehr auf Kommunikationsprozesse innerhalb industrieller Unternehmungen. Deshalb spielt heute die Gruppendynamik in der ‚Organisationsentwicklung' noch eine größere Rolle als in schul- und sozialpädagogischen Arbeitsfeldern. Fritz Gairing hat die Geschichte der Organisationsentwicklung in einer ausführlichen wissenschaftlichen Arbeit rekonstruiert (Gairing 2008). Wer heute die Ankündigungen von Veranstaltungen des weiterhin boomenden Marktes der Führungskräfte-Weiterbildung durchblättert (etwa das monatlich erscheinende Weiterbildungsmagazin ‚managerSeminare'), der wird eine verwirrende Fülle von je spezifischen Angeboten finden, mit denen kleine Institute, Fachverlage und freischaffende Coaches ihr Auskommen sichern.

Weiterführende Literatur

Zum Verständnis des sehr sensiblen Verfahrens, das wir auch heute noch mit Kurt Lewin ‚Gruppendynamik' nennen, wird vor allem die Basisliteratur empfohlen, welche die Geschichte der Rezeption in Deutschland anschaulich widerspiegelt.

Brocher, T. (1967): Gruppendynamik und Erwachsenenbildung. Westermann, Braunschweig

Deutsche Gesellschaft für Gruppendynamik und Organisationsdynamik / DGGO (www.dggo.de)

Fritz, J. (1973): Gruppendynamik und Jugendarbeit. Juventa, München

Müller, C. W., Oelschlägel, D. (1975): Gruppendynamik und Emanzipation. In: Günter Hartfiel (Hrsg.): Emanzipation – Ideologischer Fetisch oder reale Chance? Opladen, 301–324

Spangenberg, D. (1969): Chancen der Gruppendynamik. Gruppendynamische Modelle in Erziehung und Unterricht. Beltz, Weinheim / Basel

Aktuelle Literatur:

Wellhöfer, P. R. (2018): Gruppendynamik und Soziale Arbeit. Theorie und Praxis der Arbeit mit Gruppen. 5. Aufl. UVK, Tübingen

Wendt, P.-U. (2017): Lehrbuch Methoden der Sozialen Arbeit. 2. Aufl. Beltz Juventa, Weinheim/Basel

Letzterer liefert insbes. im Kap. 8 (Mit Gruppen arbeiten: Soziale Gruppenarbeit) interessante aktuelle Informationen.

3.3 Supervision

Von Nando Belardi

Definition: Unter Supervision (Praxisberatung) versteht man die berufsbezogene Beratung und Weiterbildung von Fachkräften, vor allem im Sozial- und Gesundheitswesen und in der Pädagogik. Dabei geht es um Reflexionsprozesse, die ihre Schwerpunkte im kommunikativ-beziehungsmäßigen Bereich haben. Manchmal gibt es ein breiteres Verständnis von Supervision. Darunter werden dann auch Maßnahmen der Personal- und Organisationsentwicklung verstanden. Supervision erhöht die Qualität und Wirtschaftlichkeit sozialpädagogischer Arbeit. Schon im 8. Jugendbericht der Bundesregierung (1990) gilt Supervision als ein anerkanntes Verfahren für die Weiterbildung in der Kinder- und Jugendhilfe. Die Spitzenverbände der Freien Wohlfahrtspflege haben eigene Regeln zur Verwendung von Supervision in ihren Mitgliederorganisationen entworfen.

Entwicklung: Vorläufer entstanden seit 1878 im amerikanischen Sozialwesen als Hilfe und Kontrolle von damals ehrenamtlichen Armenbesucherinnen durch wenige hauptamtliche Sozialarbeiter. Um junge Kräfte bei ihrer Slum-Arbeit in London zu unterstützen, bot etwa zur gleichen Zeit Pfarrer Barnett in London ein wöchentliches Beratungsgespräch an. An der School of Social Work der Columbia University/New York kam es bereits 1900 zu ersten Kursen über Supervision, welches das Casework unterstützen sollten. Schon 1920 hat man an der Sozialen Frauenschule in München eine ‚Besprechung der sozialen Praxis' eingeführt. An der Schule für Wohlfahrt in Jena fand diese Praxisauswertung in einer vierstündigen Gesprächsgruppe statt. Aber erst seit dem Jahre 1950 ist Supervision als Begriff im deutschen Sprachraum gebräuchlich. Von 1955 bis 1975 wurde sie als Lernsupervision (Praxisanleitung) für Studenten an den Wohlfahrtsschulen und als Weiterbildungssupervision (Praxisberatung) für Berufstätige angeboten. Um einheitliche Standards zu schaffen, haben sich Ende 1989 Ausbildungsstätten zur ‚Deutschen Gesellschaft für Supervision' (DGSv) vereinigt. Dieser Verband hatte 2016 etwa 4.000 Mitglieder. Daneben existieren weitere Supervisionsvereinigungen, die teilweise aus psychotherapeutischen Fachverbänden entstanden sind.

Abgrenzungen: Bei der Supervision handelt es sich nicht um eine technisch zu verstehende Fachberatung. Deswegen werden auch selten Tipps oder Ratschläge erteilt. Dagegen sind Selbstreflexion und emotionales Lernen wichtig. Auf der anderen Seite ist die Supervision auch keine reine Selbsterfahrung oder gar Psychotherapie. Denn das Ziel ist vor allem die Verbesserung der beruflichen Kompetenzen, insbesondere hinsichtlich der Klientenarbeit. Sie ist ‚Beratung der Berater' bzw. ‚Hilfe für Helfer'. Ziel ist die Erfüllung des Arbeitsauftrags des Sozialpädagogen, die Verbesserung von Klientenarbeit sowie deren institutionelle Bedingungen.

Theoretische Grundlagen: Ähnlich wie in der Arbeit mit Klienten helfen einseitige Sichtweisen oder eine Theorie alleine nicht weiter. Nur interdisziplinäre Ansätze, welche Person, Gruppe, Team, Organisation und vor allem unterschiedliche Problemlagen von Klientelgruppen in psychologischer, sozialwissenschaftlicher und fachlicher Hinsicht erfassen, sind von Nutzen. Dabei werden Erkenntnisse aus Psychoanalyse, systemische Beratung, Gruppendynamik (vgl. 3.2), personenzentrierte Psychotherapie (Gesprächstherapie) und Gestalttherapie verwendet. Neben dem Wissen und Können im Hinblick auf Beratung (Beratungskompetenz) benötigen Supervisoren auch Kenntnisse des jeweiligen Arbeitsfeldes (Feldkompetenz). Diese erwirbt man in der Regel in diesen Berufsfeldern selbst.

Anwendungen: Auch Supervision Sozialer Arbeit kann sehr unterschiedlich sein. Supervision im Jugendhaus ist nicht gleichzusetzen mit Supervision im Altenheim oder im Jugendamt. Sinnvoll sind deshalb auch feldspezifische Spezialisierungen. Die meisten Supervisoren verrichten ihre Beratungsarbeit nebenberuflich. Viele sind im Hauptberuf klientennah in Feldern des Sozialwesens tätig. Die Abnehmer von Supervision sollten die beruflichen Hintergründe der sich für einen Beratungsauftrag bewerbenden Supervisoren erfragen.

Settings: Die älteste Supervisionsform ist die Einzelsupervision, etwa in der Ausbildung von Sozialpädagogen oder in der Weiterbildung von Praktikern. Varianten davon sind Rollenberatung, Leitungsberatung oder das Coaching (vgl. Kap. 3.4). Die Gruppensupervision findet vor allem in der Ausbildung für soziale und gesundheitliche Berufe statt, aber auch bei Praktikern, die in verschiedenen Einrichtungen tätig sind. Eine Variante der Gruppensupervision ist die Balintgruppe. Das ist eine psychoanalytisch orientierte Gruppenarbeit zur Fallreflexion. Sie wird v. a. im medizinischen und psychotherapeutischen Bereich angeboten. Bei der Kollegialen Supervision – auch Peer Group Supervision, Intervisionsgruppe oder Kollegen-Supervision genannt – handelt es sich um eine Supervision ohne formelle Leitungsperson. Sie eignet sich eher für Teilnehmer mit vorheriger Erfahrung in Supervision. Bei allen diesen Varianten der Gruppensupervision wird nach Möglichkeit das Wissen und Können der Gruppenarbeit (vgl. Kap. 2.2) angewendet. Das ist auch beim häufigsten Supervisionssetting, der Teamsupervision, der Fall. Zu den vorgenannten Fallbesprechungen kommen bei der Teamsupervision auch noch Team- und Organisationskonflikte zur Sprache. Oft entwickeln Teams ihre eigene ‚Kultur' innerhalb einer Gesamtorganisation (Organisationskultur): Diese bezieht sich auf Umgangsformen, Gemeinschaftsideologie, Tabus, Mythen, Erfolgs- und Kränkungsgeschichten. Eine Teamsupervision ist nicht sinnvoll, wenn die Probleme des Teams eigentlich von anderen Instanzen (z. B. durch Leitungsfehler) verursacht sind. Die meisten Probleme in Organisationen werden nicht durch Fehlverhalten einzelner Personen, sondern durch strukturelle Mängel in Kommunikation, Organisation und Leitung herbeigeführt. Hier wäre als Erweiterung der Supervision eine Organisationsberatung (Gespräche mit allen) oder Organisationsentwicklung (interne Umstrukturierung) notwendig.

Fallbearbeitung: Am häufigsten werden in der Gruppen- oder Teamsupervision schwierige oder unklare Klientenkontakte besprochen. Häufig beginnt man mit einer Aushandlungsphase, also der Entscheidung für einen ‚Fall'. Dann kommt es zur Falldarstellung durch den ‚Falleinbringer'. Die übrigen Gruppenmitglieder sollten dabei nur kurze Verständnisfragen stellen, damit sie diesen Prozess nicht mit ihren ‚Geschichten' stören. Auf diese Regel achtet vor allem der Supervisor. Deshalb hält er sich mit Stellungnahmen und eigenen Fallschilderungen zurück. Seine Rolle ist neutral, eher am Prozess und weniger an den Inhalten orientiert. Die Fallbearbeitung durch die Gruppe wird umso erfolgreicher, je weniger strukturierend oder bewertend diskutiert wird und je mehr die Teilnehmer ihre spontanen Einfälle und Gefühle zum ‚Fall' äußern können. Danach kommt es zur Rückmeldung des ‚Falleinbringers' darüber, was ihm die Kommentare gebracht haben. Dann kann die nächste Fallbeschreibung beginnen. Durch die Förderung spontaner Einfälle kommt es in der Mittelphase der Supervisionssitzung zur Freisetzung unbewussten Materials. Dabei wird der Resonanz- oder Spiegelungseffekt genutzt. Bei der Schilderung des Ursprungsgeschehens ‚spiegeln' sich Situation, Dynamik, Prozesse oder Handlungsfehler des ursprünglichen Berufsfeldes wider, die man nach einer gemeinsamen Reflexion für konstruktive Strategien nutzen kann. Am Ende einer Fallschilderung sollten die rationale Betrachtung des Falles stehen sowie Gedanken zum ‚nächsten Schritt'.

Varianten: Der Begriff ‚Organisationsinterne Supervision' meint, dass ein Mitarbeiter die Supervision für Kollegen anbietet. Der Supervisor kann als Angehöriger des Teams oder an anderer Stelle in der Organisation tätig sein. Oft leiten Vorgesetzte die Fallbesprechungen (Vorgesetztensupervision). Bei dieser Variante kommen persönliche Dinge selten zur Sprache, auch Auseinandersetzungen zwischen Kollegen, Kritik an Vorgesetzten oder der Institution werden weniger geäußert. Demgegenüber nutzt die ‚Organisationsexterne Supervision' die Chancen eines weitgehend sanktionsfreien Raumes. Dabei wird ein außenstehender Sozialpädagoge als Supervisor auf Honorarbasis für die Fallbesprechungen engagiert. Da er nicht in den Alltag der Institution eingebunden ist, können die Supervisanden ihm gegenüber und untereinander häufig ein besseres Vertrauensverhältnis entwickeln.

Barrieren: Dort wo Supervision erstmals stattfindet, ist es wichtig, vor Beginn zu untersuchen, weshalb gerade jetzt eine derartige Beratung gewünscht wird. Denn es muss etwas passiert sein, dass zumindest eine Person die Supervision wollte. Es kann sich um ein Problem mit Klienten, im Team oder in der Organisation handeln. Haben die teaminternen Auseinandersetzungen zugenommen oder sind es Einflüsse von außen (z.B. Reorganisation, Mittelkürzungen)? Eventuell war ein Teil des Teams sogar für die Supervision, während ein anderer Teil Supervision ablehnte. Schwierig ist es, wenn Supervision als Strafaktion von ‚oben' empfunden wird. Nicht selten wird einem Team eine Supervision ‚verordnet', um die Folgen von Leitungs- und Organisationsfehlern auszubessern. In jedem Fall sollte man sich Informationen über die noch unbekannte Team- und Organisationsgeschichte verschaffen. Denn diese enthält Hinweise über die jeweilige Einrichtung und das mögliche Problem. Daraus erschließen sich dann die angemessenen Handlungsstrategien. Die Fachleute nennen diese Sammlung und Auswertung von Informationen die ‚Analyse der Nachfrage'. Wenn der Supervisor das nicht berücksichtigt, kann die Supervision scheitern. Weitere ‚Fehler' können sein: Parteilichkeit für eine Person; oder der Supervisor ‚verwechselt'

Aspekte im zu beratenden Team mit seiner eigenen privaten oder beruflichen Situation. Auf Seiten der Supervisionsteilnehmer kann es zu Vorbehalten gegen die Supervision kommen, weil man Geschichten und Gerüchte von misslungenen Supervisionen gehört hat.

Evaluation: Die wissenschaftlichen Untersuchungsergebnisse über die Supervision sind positiv: Praktiker können durch sie ihre methodische und theoretische Orientierung verbessern. Die Teilnehmer scheinen am meisten für sich persönlich, dann auf der kollegialen Ebene und zuletzt im Verhältnis zur Klientel zu gewinnen. Supervision wirkt somit in erster Linie positiv auf die Sozialarbeiter/Sozialpädagogen; weniger stark auf die Klientenarbeit und kaum bezüglich des Organisationsgefüges.

Resümee: ‚Supervision' ist kein rechtlich geschützter Titel, sie ist ein seit vielen Jahrzehnten erprobtes und in Entwicklung begriffenes Reflexionssystem der Sozialen Arbeit. Der geringe Zeit- und Kostenaufwand für die Supervision im Vergleich zur Qualitätssteigerung rechtfertigt eine fachlich durchgeführte Supervision. Supervisoren sollten sorgfältig ausgesucht werden und über Feldkompetenz verfügen. Allerdings ist Supervision kein Allheilmittel; sie kompensiert weder Personalmangel, Leitungsfehler, verkrustete Verwaltungsstrukturen noch den Rückbau des Sozialstaates.

Weiterführende Literatur

Belardi, N. (2015): Supervision für helfende Berufe. 3. Aufl. Lambertus, Freiburg i. Br.

Seit Jahrzehnten mit allen Aktualisierungen das Supervisionsbuch für die Soziale Arbeit.

Belardi, N. (2018): Supervision und Coaching. Grundlagen, Techniken, Perspektiven. 5. Aufl. C.H. Beck Wissen, München

Deutsche Gesellschaft für Supervision und Coaching e.V.: www.dgsv.de

3.4 Coaching

Von Nando Belardi

Definition: Coach ist das englische Wort für Kutsche. Im übertragenen Sinne meint das ein Transportmittel, um es einem Menschen zu ermöglichen, von einem Ort zum anderen zu kommen. Im Sport ist ein Coach der Trainer, Motivator und psychologisch Vertraute für oft einsame Spitzensportler. Später hat man diesen Begriff auch auf Leitungsberatung in Wirtschaft, Verwaltung, Politik und im Sozial- und Gesundheitswesen angewendet. Coaching ist eine spezielle Supervision (Kap. 3.3) für Führungskräfte, eine berufliche Reflexion bzw. eine Dialogform über alle Themen rund um den Beruf. Im Grunde genommen ist das heutige Verständnis von Coaching zweigeteilt. Denn neuerdings wird Coaching auch verwendet als Allerweltsbegriff für Beratung, Betreuung, Unterstützung oder Ähnliches. Dieses in die klassischen Handlungsfelder der Sozialen Arbeit hineinragende und unsere Profession verwirrende Coaching-Verständnis (wie auch die teilweise unseriöse Inflation von Zertifikaten vom freien Markt) wird hier nicht weiter behandelt (Belardi 2015, 105 ff., 150 ff.). Vielmehr geht es in diesem Artikel nur um das Coaching bzw. die Leistungsberatung oder Leitungssupervision von Führungskräften – auch im Sozial- und Gesundheitswesen. Im Wirtschaftsbereich nennt man dieses Coaching auch ‚Business-Coaching‘.

Abgrenzungen: Coaching gilt als ‚Spezialfall‘ von Einzel-Supervision für Leitungskräfte. Deshalb gibt es fließende Grenzen zwischen Einzelsupervision und Coaching. Diese konzeptionelle Nähe sollte jedoch nicht über die praktischen Unterschiede zwischen Supervision und Coaching hinwegtäuschen. Supervision kommt aus der Sozialen Arbeit und hatte sich lange Jahre wenig mit wirtschaftlichen Fragen, institutioneller Macht oder Hierarchie in Organisationen beschäftigt. Leitungspersonen haben es aber kaum mit Klienten der Sozialen Arbeit zu tun. Sie beschäftigen sich mit Personalentwicklung (Menschen einstellen fördern und entlassen), der Leistungssteigerung und im Profit-Bereich mit Gewinnmaximierung sowie der globalen Marktentwicklung. Deshalb ist Coaching im Vergleich zur Supervision auch eher handlungs-, entscheidungs- und zukunftsbezogen. („Leitungs-Kultur“, „Helfer-Kultur“).

Theoretische Grundlagen: Für Coaching können alle Theorien und Praktiken Verwendung finden, die man aus der Beratung und speziell aus der Supervision kennt. Diese wiederum kommen vorwiegend aus verschiedenen psychologischen, psychotherapeutischen und organisationsbezogenen Richtungen. Eine klare theoretische und methodische Orientierung existiert nicht. Vielmehr werden in der Praxis pragmatische Mischformen verwendet.

Anwendungen: Auch Leiter von sozialen Einrichtungen sind einsam und ‚leiden' oft unter dem Widerspruch zwischen ihrem sozialem Engagement und notwendigen Management-Aufgaben. Sie haben Entscheidungen über Untergebene zu treffen und stehen selbst in der Hierarchie der Organisation auf einsamen Positionen. Aus diesem Grunde kommen Beratungsformen wie Teamsupervision oder Kollegiale Beratung nicht in Frage. Coaching hat zwei Ziele: (1) Unterstützung, Begleitung und berufliche Reflexion von Menschen in Leitungs- und Spitzenpositionen sowie (2) persönlicher Kontakt gepaart mit kritischer Solidarität.

Coaching ist vor allem dann sinnvoll, wenn eine Führungskraft eine neutrale und unparteiische Reflexion von außen benötigt. Oft geht es dabei um ‚einsame' Entscheidungen über Menschen, Geld und Macht, aber auch um persönliche Karrierevorstellungen der Leitungsperson selbst. Beim Coaching können auch spezielle Schwerpunkte wie Karriere-Coaching oder Konflikt-Coaching gesetzt werden. Man nimmt an, dass der Coach (Berater) nur effektiv sein kann, wenn er nicht in einem Abhängigkeitsverhältnis zu seinem Klienten steht. Deshalb sollte der Coach nicht in den Betrieb des Auftraggebers eingebunden sein. Er ist eher ein ‚Ratgeber auf Abruf'. Gleichzeitig wird vom Coach jedoch auch ein Mindestmaß an Loyalität der Leitungsperson gegenüber erwartet. Coaching ist dann erfolgreich, wenn Leiter sich ihre Berater selbst aussuchen können und wenn konkret über die Arbeitssituation gesprochen wird. Wichtig ist es, dass klare Ziele und eine überschaubare Zeitdauer der Beratung vereinbart werden.

Barrieren: Wie bei der Supervision darf der Wunsch nach Coaching nicht mit Unfähigkeit oder Schwäche der Führungsperson verwechselt werden. Einige große Unternehmen umgehen dieses Problem, indem sie ihren Leitungspersonen automatisch ein bestimmtes Quantum an Coachingstunden finanzieren und nicht nachprüfen, wo und ob diese wahrgenommen worden sind. Für die Berater ergeben sich beim Coaching Gefahrenmomente: Der Berater kann so sehr von Status, Macht und Geld des Auftraggebers fasziniert sein, dass er sich unkritisch verhält oder zu unethischem Verhalten verführen lässt.

Inzwischen ist „Coaching“ leider auch zum nichtssagenden Allerweltsbegriff und zur Gefahr für die Profession Soziale Arbeit geworden. Nahezu jede Beratung, Begleitung, Unterstützung wird auch „Coaching“ genannt. Es hat sich ein teilweise unseriöser Markt, ähnlich wie der „Psycho-Markt“ und der „Esoterik-Markt“ vergangener Zeiten, entwickelt. Einigen Anbietern geht es eher um den Verkauf von kurzfristigen und zweifelhaften Ausbildungen als um seriöse Hilfen. Bedauerlicherweise sind auch Institutionen der Sozialen Arbeiten diesem Trend gefolgt und sprechen beispielsweise nicht mehr von Suchtkrankenhilfe, sondern von „Coaching mit Abhängigkeitskranken“, Berufsberatung heißt jetzt „Berufsfindungs-Coaching mit Schulabgängern“ (Belardi 2018).

Weiterführende Literatur

Belardi, N. (2018): Supervision und Coaching. Grundlagen, Techniken, Perspektiven. 5. Aufl. C.H.Beck Wissen, München
Kurze Einführung, auch mit Hinweisen zu problematischen Seiten und Ergebnissen zur wissenschaftlich erforschten Wirksamkeit beider Beratungsformate.

Rauen, C. (Hrsg.) (2005): Handbuch Coaching. 3. Aufl. Hogrefe Verlag, Göttingen
Guter Überblick mit Beiträgen namhafter Autoren.

Schreyögg, A. (2012): Coaching. 7. Aufl. Campus Verlag, Frankfurt/M.
Seit vielen Jahren – wie andere Bücher der Autorin – ein Standardwerk.

Coaching Magazin: www.coaching-magazin.de und (kostenloser) Coaching Newsletter: www.coaching-newsletter.de

3.5 Mediation

Von Nando Belardi

Definition: Mediation (lat.: Vermittlung) ist ein freiwilliges Beratungs- und Vermittlungsverfahren zur Vermeidung eines sich anbahnenden, Minderung eines bestehenden oder eventuell eskalierenden Konfliktes. Beteiligt sind die Konfliktparteien (Medianten) sowie ein neutraler Vermittler bzw. Berater (Mediator) bzw. ein Mediations-Team.

Entwicklung: 1990 wurde Mediation im deutschen Sprachraum bekannt. Entwickelt hat sie sich aus früher schon bekannten Praktiken außergerichtlicher Konfliktregulierungen, sowohl in der Psychologie, Psychotherapie, Familienberatung, Familientherapie, aber auch bei der rechtlichen Konfliktregulierung durch Schiedsmänner bzw. Schiedsfrauen oder Juristen, um langwierige und teure Gerichtsverfahren zu vermeiden. Seit 2012 gibt es in Deutschland ein an EU-Richtlinien orientiertes Mediationsgesetz. Auch in der Schweiz und Österreich kennt man ähnliche Regelungen.

Abgrenzungen: Mediation ist keine feste Einrichtung im Gerichtsverfahren. In der Regel macht der freiberufliche Mediator keine Vorschläge, sondern überlässt, anders als bei einer Schlichtung zwischen Arbeitgebern und Arbeitnehmern, die Entscheidung über einen möglichen Kompromiss den Konfliktparteien. Mediation ist auch keine Beratung oder Psychotherapie. Denn bei diesen Hilfeformen geht es eher um Selbstreflexion und Selbstveränderung.

Theoretische Grundlagen: Mediatoren benötigen nicht nur theoretische Kenntnisse, sondern auch praktische Erfahrungen im Umgang mit Menschen, Gruppen, Familien, dem Recht und den Institutionen. In der Regel erwirbt man die Zusatzqualifikation zum Mediator auf der Grundlage eines Berufs und einer langjährigen Berufserfahrung: beispielsweise als Sozialarbeiter/Sozialpädagoge für ‚Täter-Opfer-Ausgleich' oder als Anwalt für Scheidungsverfahren bzw. als Ökonom für wirtschaftliche Streitigkeiten.

Anwendungen: Im Bereich der Sozialen Arbeit kennen wir eine Form der Mediation unter dem Begriff ‚Täter-Opfer-Ausgleich'. Bei bestimmten Straftaten (z.B. Körperverletzung, Eigentumsdelikt, Sach-

3.6 Jugendhilfeplanung

Von Dieter Kreft

Zur Entwicklung: Bereits im 3. Jugendbericht von 1972 (BT-Drs. VI/3170,118 f.) wurde festgestellt, dass Planung im Jugendhilfebereich unerlässlich ist und Kriterien dafür zu entwickeln sind, welche Aufgaben in welcher Reihenfolge angegangen werden sollten. § 7 des Gesetzes für Jugendwohlfahrt/JWG wurde zwar in der Kommentarliteratur schon als ‚Pflicht zur Planung' verstanden (Münder et al. 1988, § 7, 132 f.), aber eine flächendeckende Planung hat sich lange nicht entwickeln können. So hatten noch 1988/1989 rd. 65 Prozent aller Jugendämter keine Planungsaktivitäten entwickelt (Kreft/Lukas et al. 1993, Bd. I, 5.12).

Erst mit Inkrafttreten des SGB VIII – Kinder- und Jugendhilfe – (1990/1991) wird JHP schließlich eindeutig zu einer ‚Pflichtaufgabe' (objektiven Rechtsverpflichtung) der Träger der öffentlichen Jugendhilfe (über § 80 SGB VIII).

Jugendhilfeplanung heute: Inzwischen haben sich Verfahren für standardgemäße JHP entwickelt. Danach muss jede JHP die folgenden Grundelemente bearbeiten:

- *Sozialraumbeschreibung* (§ 80 Abs. 2 Nr. 3 SGB VIII),
- *Beteiligung* der Anbieter/Träger, sonstiger Dritter, der Leistungsberechtigten (§ 80 Abs. 1 Nr. 2 und Abs. 3 SGB VIII),
- eine *Dokumentation und Bewertung der Bestände*, d. h. aller Leistungen, Angebote und Dienste im Planungsbezirk (§ 80 Abs. 1 Nr. 1 SGB VIII),
- eine *Ermittlung des Bedarfs* an Leistungen (Angebote und Dienste) (§ 80 Abs. 1 Nr. 2 SGB VIII),
- die *Entwicklung von Handlungsempfehlungen* zur Anpassung des Bestandes an den ermittelten Bedarf und ggf. mit *Prioritätensetzungen* (§ 80 Abs. 1 Nr. 3 SGB VIII) (‚was soll überhaupt und in welcher Reihenfolge angegangen werden'),
- *Evaluation* und *Fortschreibung*.

JHP ist also kein beliebiger Prozess mehr, sondern rechtlich und fachlich gebunden und bestimmten Vorgehensweisen verpflichtet. Ein kommunikatives „prozesshaftes Verfahren der fachlichen und fachpolitischen Willensbildung und Entscheidungsvorbereitung“ (Merchel 2012, 743). Eine ständige Aufgabe also, die stets aufs Neue zu überprüfen hat, ob die gegenwärtigen Angebote, Dienste und Veranstaltungen der Kinder- und Jugendhilfe im Planungsbezirk weiterhin angemessen sind oder aufgegeben, verändert oder fortgeschrieben werden müssen. Außerdem gilt:

1. JHP nach dem SGB VIII verpflichtet zur Gesamtplanung. Alle Aufgaben der Kinder- und Jugendhilfe nach § 2 SGB VIII (also Leistungen und Andere Aufgaben) müssen planerisch einbezogen und beobachtet werden.
2. Der Jugendhilfeausschuss / JHA hat eine besondere Position im Planungsprozess. Nach § 71 Abs. 2 Nr. 3 SGB VIII ist die JHP als eine besondere Aufgabe des JHA hervorgehoben. So bestimmt der JHA die JHP in allen Phasen, er entscheidet bereits über das der Planung zugrunde gelegte Konzept und die Planungsorganisation und berät / beschließt die Ergebnisse der Planung. Weil tatsächlich aber vielerorts die Verwaltung des Jugendamtes diesen Prozess dominiert, ist wichtig, dass der JHA (als der ‚politische Teil‘ des zweigliedrigen Jugendamtes) darauf besteht, wenigstens den Planungsprozess über regelmäßige Beratungen zu steuern und die Durchführung der beschlossenen Maßnahmen zu überprüfen.

Nur wenn sich die örtliche JHP nach diesem Verfahren ausrichtet, kann von einer standardgemäßen Planung gesprochen werden. Werden hingegen nur Teilbereiche aus aktuellen Gründen planerisch betrachtet (z. B. Angebote für Kinder und Entwicklungen der Zahl der Kinder für den Kindertagesstättenbereich), ist das natürlich auch ‚Planung‘, aber nicht ‚Jugendhilfeplanung, die nach den entwickelten Regeln der Kunst im Sinne des SGB VIII‘ gestaltet ist.

Für eine JHP, die dem hier vorgestellten Verfahren folgt, wird regelmäßig diese Vorgehensweise gewählt:

- **Klärung der Planungsvoraussetzungen** (u. a.: Gibt es bereits ein System kommunaler Planungen, welche fachlichen Vorgaben / Berichte sind vorhanden, was regelt das Landesrecht?)
  1. **Konzeptentwicklung** (Planungskonzept oder Planungsdesign)
     Planungsansatz (mit den Alternativen zielorientierte, bereichsorientierte, zielgruppenorientierte, sozialraumorientierte Planung; heute

wird regelmäßig ein Ansatzmix gewählt: zunächst bereichsorientiert, immer auf Sozialräume ausgerichtet, im Verlaufe auf bestimmte Zielgruppen bezogen)
Planungsfachkräfte/Rahmenbedingungen der Planung (Personen, Räume, Ausstattung, Mittel)
Beteiligung (Träger/Anbieter, Leistungsberechtigte, Dritte u. a.)
Zeitperspektive
ggf. Schwerpunktsetzung der Planung
ggf. externe Beratung (z. B. Beratungsinstitute)
öffentliche Präsentation und Diskussion des Planungskonzeptes (intern in der Verwaltung, extern mit allen an der Planung interessierten Personen und Gruppen)
Beschluss des Jugendhilfeausschusses

2. **Gremienbildung**
   (evtl.) Unterausschuss JHP des Jugendhilfeausschusses
   Einrichtung von Planungsgruppen (regelmäßig zu den Themen ‚Förderung der Jugend' (Jugendarbeit und Jugendsozialarbeit) ‚Kindertageseinrichtungen/Kindertagespflege' und ‚Hilfe zur Erziehung', ggf. auch regionale Arbeitsgruppen/Stadtteilarbeitsgruppen)
3. **Arbeitsphase – Berichterstattung**
   Sozialraumbeschreibung (Konzeptentwicklung: Indikatoren, Datenquellen, Darstellungsweise: z. B. Ortsprofile, Rangziffern u. a.)
   Beteiligung (wer ist wozu und wie zu beteiligen?)
   Bestandserhebung/Bestandsdokumentation (Materialsicherung, Datenerhebung und -aufbereitung)
   Bewertung der vorhandenen Praxis (etwa in folgender Reihenfolge: notwendig, geeignet, ausreichend, rechtzeitig?)
   Bedarfsermittlung mit Formulierung von Handlungsbedarfen und Handlungsempfehlungen
4. **Beschlussphase** (Behandlung der Ergebnisse/Berichte im Jugendhilfeausschuss und danach Veröffentlichung)
5. **Umsetzungsphase** (Umsetzung der Planungsempfehlungen in Handlungsschritten, sog. operative Planung)
6. **Konzeptentwicklung für die Evaluation und die Fortschreibung der Planung** (z. B. Festlegung von Zeiträumen und Schwerpunkten)
7. **Evaluation/Wirkungskontrolle** (Auswertung und Dokumentation von Umsetzungsergebnissen)

Wie der konkrete Planungsprozess gestaltet werden kann, dazu wird auf die weiterführende Literatur und vor allem auf das folgende Praxisbeispiel des Landkreises Stade in Niedersachsen verwiesen.

Professionalisierung: Inzwischen gilt auch, dass diese anspruchsvollen Arbeiten nur von Personen ausgeübt werden sollen, die vollzeitbeschäftigt und entsprechend aus- und weitergebildet sind (Sozialarbeiter/Sozialpädagogen/Sozialwissenschaftler mit entsprechender Planungserfahrung und/oder mit Zusatzausbildung in JHP). Das Institut für Sozialarbeit und Sozialpädagogik/ISS in Frankfurt am Main und das Institut für soziale Arbeit/ISA in Münster führen dazu seit 1999 gemeinsam ‚Intensivseminare Jugendhilfeplanung' durch (aktuell der Zertifikatskurs des ISA 2018/19), die dem hier vorgestellten Verfahren folgen.

Ein besonders gelungenes Praxisbeispiel ist die seit 2000 praktizierte JHP des Landkreises Stade/Niedersachsen. Sie hat dort die Gestalt einer fortlaufenden Gesamtplanung, in der der JHA eine hervorgehobene Rolle spielt bei der Steuerung des gesamten Planungsprozesses und bei der Überwachung seiner Beschlüsse zur JHP – und über Wahlperioden hinweg (www.landkreis-stade.de – Suchbegriff Jugendhilfeplanung oder Anfragen unter sozialplanung@landkreis-stade.de).

Neuere Entwicklungen: Die JHP muss sich bereits seit Jahren mit Anforderungen der Organisationsentwicklung/Verwaltungsmodernisierung sowie der Qualitätsentwicklung/Qualitätssicherung befassen oder diese Veränderungsprozesse mitgestalten. Nachdem die Verwaltungsmodernisierung (Stichwort: Neue Steuerung) ihre neu gestaltende Kraft in vielen Jugendamts-Bezirken verloren hat (dazu Merchel 2008, Kapitel 2.5, insbes. 2.5.2: Zum Stand der Bestrebungen der Verwaltungsmodernisierung), bleiben von diesen ersten großen Anspruchsveränderungen an die JHP die Beteiligung an der Qualitätsentwicklung (dazu auch Kap. 3.12) und das Controlling.

Neu hinzugekommen sind die Forderungen nach Beteiligung an den Kommunalen Bildungsplanungen (Schulentwicklungsplanung), an der Familienberichterstattung als spezielle Form der Sozialplanung, an Themen wie ‚Demografischer Wandel und JHP' sowie ‚Controlling, Berichtswesen und Wirkungsorientierung'. Jugendhilfeplanung geht also zunehmend über den engeren Rahmen des SGB VIII hinaus.

Bedenklich ist hingegen eine Entwicklung, die für ein ‚weg von Teilplänen' ‚hin zu einem offeneren Planungsmodell' plädiert. Damit sind ‚situativ begründete Projekte' gemeint, die nur noch in übergeordnete Leitbilder und Leitlinien eingebunden werden. Kommunikation tritt demgemäß an die Stelle von formalisierten Abstimmungsverfahren (nach Landesjugendamt Rheinland 2004, 33 f.). Ganz offensichtlich wird hier ‚Projektentwicklung mit Planung' verwechselt und davor ist dringend zu warnen, denn ‚viele Projekte ergeben noch keine systematische Planung‘.

Genau zu dem Zeitpunkt, zu dem die JHP nach langen Entwicklungszeiten ein rechtlich begründetes und fachlich belegtes Verfahren vorstellen kann, das die örtlichen Träger der Jugendhilfe zu einem zwar offenen (immer noch ist keine Planung einer Gebietskörperschaft mit der einer anderen ‚identisch‘), aber doch regelgeleiteten Handeln verpflichtet, sollen diese mühsam entwickelten ‚Regeln der Kunst‘ wieder aufgelöst werden. Das ist ein Irrweg. Wir plädieren stattdessen für einen rechtlich, fachlich und organisatorisch klaren sowie umfassenden Jugendhilfeplanungsprozess vor Ort.

Weiterführende Literatur

Kreft, D., Falten, P. (2003): Jugendhilfeplanung: Handeln nach den Regeln der Kunst. In: neue praxis 2, 243–252 (eine überarbeitete und erweiterte Fassung findet sich unter Falten/Kreft in: Maykus 2006, 11–29)
Dieser Text setzte sich erstmalig grundlegend mit allen Fragen einer modernen Jugendhilfeplanung auseinander.

Maykus, S., Schone, R. (Hrsg.) (2010): Handbuch Jugendhilfeplanung. 3. Aufl. Springer VS, Wiesbaden
Dieses Handbuch ist nach wie vor die wichtigste Quelle für das Handeln nach den Regeln der Kunst in der Jugendhilfeplanung.

Merchel, J. (2016): Jugendhilfeplanung. Ernst Reinhardt, München/Basel
Eine aktuelle, komprimierte Einführung von einem sehr erfahrenen Theoretiker und ausgewiesenen Praktiker der JHP.

3.7 Erlebnispädagogik

Von Werner Michl

Die Erlebnispädagogik hat sich in den letzten 20 Jahren von einer umstrittenen Methode zu einem gängigen Verfahren entwickelt, das aus dem Spektrum der Praxisfelder der Sozialen Arbeit nicht mehr wegzudenken ist. Auch an Hochschulen gibt es dazu vereinzelte Angebote, Basisqualifikationen (z.B. Univ. Augsburg, Technische Hochschule Nürnberg), Weiterbildungen (Ostfalia HAW, HS Landshut) und Masterstudiengänge (Univ. Marburg), Sommer- und Winteruniversitäten (www.erlebnistage.de), viele Bachelor- und Masterarbeiten und zahlreiche Dissertationen. Lerntheorien wie Konstruktivismus und Gehirnforschung bestätigen den Ansatz des erlebnis- und handlungsorientierten Lernens (Heckmair/Michl 2013).

Rückblick – Rezepte gegen Verfallserscheinungen: Kurt Hahn gilt als der Begründer der Erlebnispädagogik. Erlebnisse sind, so Kurt Hahn, ansteckende Gesundheiten (Hahn 1998, 283). Der Romantiker Kurt Hahn sieht die Gesellschaft im Verfall, der Pragmatiker entwirft ein kurzes, klares, einfaches Gegenkonzept. Folgende Verfallserscheinungen der Gesellschaft sieht Kurt Hahn, die er therapieren will (Hahn 1998, 301 ff.):

1. Den „Verfall der körperlichen Tauglichkeit“ will er durch das „körperliche Training“ aufhalten.
2. Der „Mangel an Initiative und Spontaneität“ soll durch die „Expedition“ kompensiert werden.
3. „Das Projekt“ soll den „Mangel an Sorgsamkeit“ ausgleichen.
4. Dem „Mangel an menschlicher Anteilnahme“ setzt er den „Dienst am Nächsten“ entgegen.

Einblick – Annäherungen an einen schwierigen Begriff: Es wäre ein Leichtes gewesen, vor zwanzig Jahren Erlebnispädagogik zu definieren: Erlebnispädagogik will durch Natursport etwas zur Persönlichkeitsbildung beitragen. Heute kann diese Definition die Bandbreite der Praxis nicht mehr abdecken. Heckmair/Michl haben folgende Definition formuliert (2018, 108):

„Das Konzept der Erlebnispädagogik will als Teildisziplin der Pädagogik junge Menschen durch exemplarische Lernprozesse und durch bewegtes Lernen vor physische, psychische und soziale Herausforderungen – vornehmlich in der Natur – stellen, um sie in ihrer Persönlichkeitsentwicklung zu fördern und sie zu befähigen, ihre Lebenswelt verantwortlich zu gestalten."

Natürlich kann man Erlebnispädagogik auch einfach beschreiben (Schad/Michl 2004, 23): Sie findet in der Regel unter freiem Himmel statt, hat eine hohe physische Handlungskomponente und verwendet häufig die Natur als Lernfeld. Sie setzt auf direkte Handlungskonsequenzen der verwendeten Aktivitäten, arbeitet mit Herausforderungen und subjektiven Grenzerfahrungen. Die Medien sind eine Mixtur von klassischen Natursportarten, speziellen künstlichen Anlagen sowie einer Palette von Vertrauensübungen und Problemlösungsaufgaben. Die Gruppe ist ein wichtiger Katalysator der Veränderung. Immer geht es um Reflexion und Transfer: Was wurde gelernt, wie wirkt es sich auf den persönlichen und beruflichen Alltag aus?

Rundblick – von Aberdovey bis Zimbabwe: 1934 gründete Kurt Hahn in Aberdovey (Wales) die British Salem School. Die Idee ‚Outward Bound' wurde 1941 eingeführt, verbreitete sich in den Ländern des Commonwealth und dann auf allen Kontinenten. Den 1956 zusammen mit Prinz Philipp gegründeten ‚Duke of Edinburgh Award' gibt es inzwischen in über 100 Ländern. Nimmt man die schulpädagogischen Variationen von Outward Bound dazu, wie Expeditionary Learning Outward Bound (Udall/Mednick 2000), Project Adventure (Boeger/Schut 2006) und die United World Colleges (Fischer/Ziegenspeck 2008, 259 ff.), dann ist Kurt Hahn Begründer eines der größten internationalen pädagogischen Netzwerke.

Überblick – Trends, Daten, Thesen: Wer die Entwicklung aufmerksam beobachtet, bemerkt neben der Vernetzung auch eine Ausdifferenzierung des Themas. Die internationalen Kongresse ‚erleben und lernen' in Augsburg fassen seit mehr als zehn Jahren in zweijährigem Abstand den aktuellen Forschungsstand zusammen. Inzwischen geht die Entwicklung rasant voran, die internationalen Kontakte wachsen und der wissenschaftliche Austausch wird gefördert. In Deutschland und Österreich gibt es Internetadressen mit neuesten Informationen (www.erlebnispaedagogik.de, www.erlebnispaedagogik.at).

Inzwischen haben auch Therapeuten und Psychologen das Erlebnis als Therapeutikum wieder entdeckt. Zwei große Tagungen an der Psychosomatischen Klinik in Motzen bei Berlin (1998, 2004) und in der Nervenklinik für Kinder und Jugendliche in Saarlouis haben gezeigt, dass das Thema ‚Erlebnistherapie' auch in Deutschland hoffähig geworden ist. So kann man prognostizieren, dass schon in kurzer Zeit eine gängige Erlebnistherapie das Spektrum der therapeutischen Behandlungen erweitern wird. Die Dissertation von Rüdiger Gilsdorf (2004) könnte zur wichtigsten Säule für die Erlebnistherapie werden. Auch bei der Suche nach Sinn, dem Streben nach Spiritualität, der Hoffnung auf Transzendenz, der Entwicklung von Ritualen nehmen die erlebnisorientierten Angebote zu (vgl. dazu www.planoalto.ch und Muff/Engelhardt 2013). ‚Vision Quest' (Visionssuche) ist die neueste Entwicklung zwischen Esoterik, Therapie und Selbsterfahrung, die uns ins Niemandsland zwischen Ratio und Religion (vgl. dazu Koch-Weser/von Lüpke 2009; Schödlbauer 2004) entführt.

In den Seilen hängt man buchstäblich in niederen und hohen Seilgärten. Die Sicherheitsstandards sind hoch entwickelt, die pädagogischen Möglichkeiten offensichtlich, die subjektiven Herausforderungen hoch (vgl. dazu Praxisfeld 2002, www.erca.cc). Beim hohen Seilgarten – oder sagen wir besser Seilanlage? – ist es ein bedeutender Unterschied, ob man oben oder unten steht. Ob man oben mit zitternden Knien die Herausforderung annimmt und sich ganz auf die sichernden Schulkameraden verlässt, oder ob man unten spürt, welche riesige Verantwortung man nun übernimmt.

Erlebnispädagogik ist inzwischen zu einem Wirtschaftsfaktor geworden, und nicht wenige Institutionen bemühen sich, erlebnispädagogische Fort- und Weiterbildungen anzupreisen. Die längste Erfahrung hat Outward Bound mit der Zusatzausbildung. Wer größeren Wert auf die Ausbildung von alpinen Fertigkeiten legt, der kann sich für die Zusatzqualifikation entscheiden (Institut f. Jugendarbeit, Bayerischer Jugendring). Das KAP-Institut hat sich auf Weiterbildung im Bereich Heimerziehung und Erlebnispädagogik spezialisiert (www.kap-outdoor.de). Das sind nur einige wenige Beispiele aus der beträchtlichen Zahl der Anbieter. Noch vor 20 Jahren wurde die Erlebnispädagogik an Hochschulen für Angewandte Wissenschaften und Universitäten missachtet, sie schien irrational zu sein und politisch verdächtig. Inzwischen gibt es in Deutschland kaum eine Hochschule für angewandte Wissenschaften, an der sie nicht an der Fakultät Sozialwesen gelehrt wird.

Ausblick – Wiederentdeckungen pädagogischer Fragen: Die Erlebnispädagogik hat auch die praktische Pädagogik mit neuen Themen versorgt bzw. zur Wiederentdeckung wichtiger Leitfragen beigetragen, z.B. Prinzipien des handlungsorientierten Lernens; Leitung, Führung und Verantwortung; kooperative Abenteuerspiele (Gilsdorf/Kistner 2009) und Problemlösungsaufgaben (Heckmair 2008), Lernen mit allen Sinnen, durch Anschaulichkeit, mit und über den Körper, Reflexion und Transfer: Nirgendwo in der Bildungsarbeit hat man so viele Strategien entwickelt zum Transfer des Gelernten in den Alltag.

Weiterführende Literatur

Heckmair, B., Michl, W. (2018): Erleben und Lernen. Einstieg in die Erlebnispädagogik. 8. Aufl. Ernst Reinhardt, München/Basel
Das Standardwerk zur Erlebnispädagogik bietet eine breit angelegte Einführung und ist gleichzeitig wichtiges Nachschlagewerk: von Rousseau bis Kurt Hahn, von Erlebnisprojekten in der Schule bis zur Arbeit mit behinderten Menschen, von Outdoor-Trainings für Manager bis zu Vision Quest und City Bound.

Heckmair, B., Michl, W. (2013): Von der Hand zum Hirn und zurück. Bewegtes Lernen im Fokus der Hirnforschung. ZIEL Verlag, Augsburg
Ergebnisse aus der Hirnforschung und des Konstruktivismus werden als die Grundlage des erlebnis- und handlungsorientierten Lernens dargestellt. Ausgehend von der Theorie wird die Umsetzung in die Jugend- und Erwachsenenbildung, in die schulische und berufliche Bildung aufgezeigt. Zudem werden mehrere Konzepte und Methoden beschrieben, die das Spektrum des Lernens und der Bildung in den letzten Jahrzehnten bereicherten.

Michl, W. (2015): Erlebnispädagogik. 3. Aufl. Ernst Reinhardt, München/Basel
In einem kurzen und kompakten Einstieg werden die wichtigsten Fragen zur Erlebnispädagogik geklärt, z. B. zu Herkunft, Wirkung, Lernmodellen, Aktionsfeldern, Trägern und Zielgruppen.

Michl, W., Seidel, H. (Hrsg.) (2018): Handbuch Erlebnispädagogik. Ernst Reinhardt, München/Basel
Dieses Handbuch bündelt mit der Unterstützung von 60 namhaften ExpertInnen Erfahrungen, Wissen und Forschungsergebnisse systematisch. Es werden sowohl theoretische Grundlagen als auch konkrete Handlungsfelder wie z.B. City Bound, Zirkuspädagogik und schulische Erlebnispädagogik beschrieben.

3.8 Kinderschutz und Kinderschutzauftrag

Von Dieter Maly

Zur Entwicklung: Die Sicherstellung des Kindeswohls – der Kinderschutzauftrag der Jugendhilfe – ist zweifellos die verantwortungsvollste und damit auch die am meisten risikobehaftete Aufgabe in der Sozialen Arbeit. Spektakuläre Fälle von Kindern, die zu Tode gekommen sind, obwohl die Familien unter Betreuung des Jugendamtes standen, sorgten bundesweit für Aufregung in den Medien, aber auch bei den zuständigen Behörden und Ministerien (für viele andere steht exemplarisch „der Fall Kevin aus Bremen“, dokumentiert von Hoppensack 2012, 144 ff.).

„Plötzlich wurde allerorten über Begriffe wie staatliches Wächteramt, Garantenstellung, Garantenpflicht und über die Rechtsfolgen bei Verletzung fachlicher Standards (...) gesprochen. Es zeigte sich dabei häufig eine z.T. grobe Unkenntnis in der sozialpädagogischen Zunft in Bezug auf wichtige rechtliche Rahmenbedingungen fachlichen Handelns und die Folgen ihrer Verletzung“ (ISS 2012, 11; dort auch Meysen zum Recht zum Schutz von Kindern, 17 ff. ; zuletzt wieder Meysen in: Münder et al. 2019, Anhang II).

Diese Diskussionen führten zu Änderungen im SGB VIII, konkret zur Einfügung des § 8a SGB VIII (Schutzauftrag bei Kindeswohlgefährdung), zu neuen Gesetzesinitiativen (Kinderschutzgesetze bzw. -initiativen der Länder) und schließlich trat zum 1. Januar 2012 das Bundeskinderschutzgesetz in Kraft. In der Praxis führte diese Entwicklung zu einem inzwischen hoch entwickelten Qualitätsrahmen für das fachliche Handeln in diesem schwierigen Arbeitsfeld (vgl. dazu die fortgeschriebenen Empfehlungen des Deutschen Vereins zur Festlegung fachlicher Standards in den Jugendämtern bei Gefährdung des Kindeswohls 2009 sowie zur Weiterentwicklung und Steuerung der Hilfen zur Erziehung 2015).

KomDat (ein Beitrag von Kaufhold/Pothmann 2018) hat zuletzt (Heft 1/2018, 22-26) datenbasiert und sehr sorgfältig über die Jahre seit 1998 unter dem Titel „Aus dem Schatten der Dienstleistungsorientierung – der Kinderschutz und seine Wiederentdeckung“ die Hintergründe für den Wandel der Aufgabenwahrnehmung des Kinderschutzes beschrieben. War für den Kinder- und Jugendhilfediskurs lange Zeit immer noch die Ambivalenz von „Hilfe und Kontrolle“ im Zentrum der analytischen Betrachtungen, ist das seit (etwa) 2006 die „Wiederentdeckung des Kinderschutzes als staatlicher Schutzauftrag“. Ein Beispiel für diesen Wandel ist die Einrichtung des Nationalen Zentrums Frühe Hilfen, ein anderes das Bundeskinderschutzgesetz von 2012.

Inwieweit der Anstieg der Inobhutnahmen seit den 2010er Jahren (2016: 39000 Fälle der bisherige Höchststand – ohne unbegleitete minderjährige Flüchtlinge) darauf zurückgeführt werden kann, dass die FachkollegInnen im Jugendamt/ASD „sensibler/vorsichtiger" geworden sind („lieber einmal mehr als einmal zu wenig ‚eingreifen'") lässt sich mit diesen KomDat-Daten noch nicht abschließend beurteilen, ist aber wohl eine zulässige Hypothese (vgl. auch Gerber 2015; sehr sorgfältig dazu Bange 2018, 325-341: ‚Mehr § 8a-Verfahren, aber keine Zunahme der Kindeswohlgefährdung', in: KomDat 2/2018,5-8).

Zur Gegenwart: Heute sind in aller Regel die Allgemeinen Sozialdienste für den Kinderschutz zuständig, manchmal ergänzt durch spezielle Dienste (Krisenhilfestellen, Clearingstellen). Allen MitarbeiterInnen ist – wie natürlich auch schon früher – seit den heftigen Diskussionen um Kindeswohlgefährdung und Kindesmisshandlung die besondere Bedeutung dieses Arbeitsbereiches gegenwärtig. Die parallele fachliche Entwicklung hat dazu geführt, dass die Mitarbeiter aller sozialer Dienste regelmäßig durch qualifizierte Materialien und entsprechende Fortbildung bei der Ausübung dieser schwierigen und risikobeladenen Aufgabe, das Kindeswohl zu gewährleisten, unterstützt werden. Es gibt in den meisten Jugendämtern klare Anweisungen und Leitfäden zum Umgang und zur Risikoeinschätzung bei Meldungen über Kindeswohlgefährdung (vgl. auch Schone 2015). Entscheidend für die kompetente Aufgabenwahrnehmung des Kinderschutzauftrags sind zwei Verantwortlichkeiten:

Erstens die Verantwortlichkeit des öffentlichen Trägers der Jugendhilfe (also des Jugendamtes, letztlich aber der Kommune), ausreichende Ressourcen für die Aufgabenwahrnehmung zur Verfügung zu stellen. Das heißt, die Stellenausstattung des Allgemeinen Sozialdienstes (oder eines vorhandenen Spezialdienstes) muss so bemessen sein, dass dieser sein „Wächteramt" in Sachen Kinderschutz jederzeit wahrnehmen kann. Das ist in Zeiten, in denen immer noch viele Kommunen in Geldnöten stecken und vor allem bei der Stellenausstattung sparen, nicht einfach sicherzustellen (zuletzt dazu Ehlting et al. 2018 (Schwerpunktheft ASD)). Der öffentliche Träger der Jugendhilfe muss auch dafür sorgen, dass genaue und klare Regelungen für den Ablauf von Kinderschutzfällen vorliegen und entsprechende Hilfestellungen für die zuständigen sozialpädagogischen Fachkräfte gegeben werden (J. Merchel hat dazu bereits umfassend auf die „Anforderungen an die Organisationsgestaltung im Jugendamt" und damit auf die „Verantwortung der Organisation" für gelingendes fachliches Handeln hingewiesen, ISS 2012, 103 ff.).

Zweitens gibt es die Verantwortlichkeit der zuständigen sozialpädagogischen Fachkraft, im konkreten Fall diese Regelungen zu beachten, das festgelegte Verfahren einzuhalten und das auch zu belegen. Standardelemente des Verfahrens sind i. d. R. die absolute Priorität von Meldungen über Kindeswohlgefährdung, d.h. alle anderen Tätigkeiten sind hinten anzustellen und der gemeldete Fall ist sofort aufzugreifen. Recherchen über bereits vorliegende Informationen (z.B. Vorgänge im ASD, Polizeimeldungen) und eine unverzügliche persönliche Kontaktaufnahme müssen Hand in Hand gehen. Die Kontaktaufnahme über einen Hausbesuch (Kap. 3.9) oder einen Besuch in der Einrichtung, in der sich das Kind/die Kinder befinden, z.B. in der Kindertagesstätte oder Schule, erfolgt in diesen Fällen regelmäßig im Tandem, d.h. durch zwei Fachkräfte. Dabei ist – oft anhand einer schriftlichen Entscheidungshilfe („Kinderschutzbogen") – eine Risikoanalyse durchzuführen und das weitere Handeln anhand dieser Analyse zu planen. Das kann je nach Lage der Dinge von der Feststellung eines „falschen Alarms" über eine intensive Beratung bis hin zur Inobhutnahme des Kindes/der Kinder reichen. Wichtig ist, dass alle Verfahrensschritte lückenlos dokumentiert und jeweils die Vorgesetzten informiert werden.

Diese „fachliche Seite" des sozialarbeiterischen Handelns bei Kindeswohlgefährdung hat z.B. Christian Schrapper bereits in seinem Beitrag „Kinder vor Gefahr für ihr Wohl schützen – Methodische Überlegungen zur Kinderschutzarbeit sozialpädagogischer Fachkräfte in der Kinder- und Jugendhilfe" sehr übersichtlich und nachvollziehbar beschrieben (ISS 2012, 58 ff.).
Er hat diese Hinweise in den „Grundregeln für Kriseninterventionen sozialer Dienste in Kinderschutzfällen" zusammengefasst:

„1. Hinweise auf Krisen ernst nehmen, aber nicht jedes Problem ist eine Krise – allerdings lieber einmal zu oft ausrücken als einmal zu wenig.
2. Für den Fall der Fälle muss jeder im Kriseneinsatz-Team des sozialen Dienstes wissen, was von wem in welcher Reihenfolge zu tun ist. Solche Einsatzpläne sind vorher entwickelt, vereinbart und geübt worden.
3. Für den Kriseneinsatz bei vermuteter akuter Gefährdung eines Kindes immer mit zwei Fachkräften „ausrücken"; geklärt ist auch, wer als Hintergrunddienst bereitsteht und wann und wie die Leitung des ASD oder Jugendamtes informiert und ggf. beteiligt wird.
4. Auf grundsätzliche Vereinbarungen mit der Polizei zurückgreifen, wie ggf. der Zugang zu einer Wohnung ermöglicht oder wie ggf. Personenschutz für die sozialpädagogischen Fachkräfte gewährleistet wird.

5. Das Kind erst schützen und in Sicherheit bringen, dann überlegen, wie es weitergehen kann; hierzu auf grundlegende Vereinbarungen mit Rettungsdiensten und Kinderärzten/Kinderkliniken zurückgreifen.
6. Eine Erklärung für die Eltern vorbereitet haben, was diese Krisenintervention bedeutet sowie dazu, was ihre Rechte und Pflichten sind. Diese Erklärung ggf. auch schriftlich in anderen Sprachen vorbereiten.
7. Jeden Kriseneinsatz nach einem vorbereiteten Muster sorgfältig dokumentieren und nach Abschluss ausführlich im Team und mit der Leitung nachbesprechen. Aus dieser Reflexion Konsequenzen für eine ständige Verbesserung der Kriseneinsatzpläne und Kriseninterventionskompetenzen der Fachkräfte ziehen." (Schrapper in: ISS 2012, 101 f.).

Wenn diese beiden Verantwortlichkeiten des Trägers und der Fachkraft sorgfältig wahrgenommen werden, ist der Kinderschutz vor Ort regelmäßig hinreichend organisiert und vorbereitet. Eine sinnvolle Ergänzung dazu stellen Präventionsprogramme dar, die im Sinn eines „Frühwarnsystems" oder auch in Form koordinierter früher Hilfen wirken und andere Professionen und Institutionen frühzeitig mit einbeziehen (z.B. Hebammen, Geburtskliniken, Kinderärzte, Polizei, Krippen und Kindertagesstätten). Hier hat sich in den Kommunen in den letzten Jahren viel entwickelt.

Weiterführende Literatur

Biesel, K., Urban-Stahl, U. (2018): Lehrbuch Kinderschutz, Beltz Juventa, Weinheim/Basel
Der aktuellste Versuch, alles ‚rund um Kinderschutz, Kindeswohl, Kindeswohlgefährdung' lehrbuchmäßig zusammenzufassen.

Deutscher Verein für öffentliche und private Fürsorge (Hrsg.) (2009): Empfehlungen zur Festlegung fachlicher Verfahrensstandards in den Jugendämtern bei Gefährdung des Kindeswohls. In: NDV, 263 ff. und zuletzt (2015) : Empfehlungen des Deutschen Vereins zur „Weiterentwicklung und Steuerung der Hilfen zur Erziehung". In: NDV, 606 ff.
Weiterhin wichtige Orientierungen für die Praxis sozialer Dienste.

Institut für Sozialarbeit und Sozialpädagogik/ISS (Hrsg.) (2012): Vernachlässigte Kinder besser schützen. Sozialpädagogisches Handeln bei Kindeswohlgefährdung. 2. Aufl. Ernst Reinhardt, München/Basel
In diesem Titel werden zusammenfassend die rechtlich, fachlich und organisatorisch bedeutsamen Fragen des Kinderschutzes aufbereitet und verständlich beantwortet.

Merchel, J. (Hrsg.) (2019): Handbuch Allgemeiner Sozialer Dienst (ASD). 3. Aufl. Ernst Reinhardt, München/Basel
Inzwischen der Standardtitel rund um den ASD.

3.9 Der Hausbesuch

Von Dieter Maly

Hausbesuche als Verfahren: Hausbesuche werden von Hausärzten gemacht (mit stark rückläufiger Tendenz), von ambulanten Pflegediensten, von Pfarrern zur Betreuung ihrer Gemeindemitglieder – und von Sozialarbeitern / Sozialpädagogen.

Der Hausbesuch ist ein Standardverfahren im Rahmen der Bezirkssozialarbeit der Allgemeinen Sozialdienste und im Rahmen von ambulanten Leistungen der Kinder- und Jugendhilfe nach dem SGB VIII (v. a. Sozialpädagogische Familienhilfe, Erziehungsbeistandschaft, intensive sozialpädagogische Einzelbetreuung). Dennoch stellt er im Kontext der Sozialen Arbeit und ihrer Verfahren in vielerlei Hinsicht etwas Besonderes dar:

- Methodisch wird der Hausbesuch unter den Oberbegriff der ‚aufsuchenden Arbeit' oder der ‚Geh-Struktur' subsumiert, als Gegenentwurf zur ‚Komm-Struktur', also der Beratungsarbeit im eigenen Büro bzw. den Beratungsräumen, die die Klienten nach vorheriger Terminabsprache aufsuchen.
- Der Hausbesuch in der Sozialen Arbeit hat ganz deutlich einen Doppelcharakter: Einerseits bedeutet er eine niedrigschwellige Form der Kontaktaufnahme zum Klienten, einen Service, der es dem Klienten erspart, den Kontakt im Büro zu terminieren und dort wahrzunehmen. Andererseits beinhaltet der Hausbesuch natürlich ein Eindringen des Sozialarbeiters/Sozialpädagogen in die Privatsphäre des Klienten inklusive Kontrollmöglichkeiten und der Möglichkeit zur sozialpädagogischen Recherche. Vor allem bei Aufgaben in der Kinder- und Jugendhilfe bietet der Hausbesuch unverzichtbaren Erkenntnisgewinn: Zustand und Ausstattung der Wohnung, die Versorgungssituation der Kinder, aber auch der Umgang innerhalb der Familie im gewohnten Territorium können aus erster Hand wahrgenommen und bewertet werden. Es ist wichtig, dass die sozialpädagogische Fachkraft gegenüber der Familie diesen Doppelcharakter authentisch darstellt und die Kontrollsituation nicht zu verschleiern versucht (dazu ausführlich Kap. 1.2: Beobachten, Beurteilen, Handeln).

Was es vor dem Hausbesuch zu bedenken gilt: Auch wenn der Hausbesuch im Rahmen von Bezirkssozialarbeit alltägliches Handeln darstellt, ist es notwendig, sich die Besonderheiten dieses Handelns immer wieder vor Augen zu halten: Die grundgesetzlich garantierte Unverletzlichkeit der Wohnung (Art. 13 GG) und die Bestimmungen des Datenschutzes sind zu beachten und setzen Bedingungen für das Handeln (genauer dazu Ollmann 2001; Wiesner 2015, § 8a, Rz. 23 a.-e.). Der Hausbesuch kann grundsätzlich nur auf freiwilliger Basis und mit Zustimmung der Klienten erfolgen (Ausnahme: Inobhutnahmen bei akuter Kindeswohlgefährdung); alle beim Hausbesuch gewonnenen Erkenntnisse sind vertraulich zu behandeln (das kann im Einzelfall zu Interessenkonflikten zwischen sozialer Arbeit und Strafverfolgungsbehörden führen, wenn ein Straftatbestand beim Hausbesuch bekannt wird, z. B. illegaler Aufenthalt eines Mitglieds des Haushalts).

Grundsätzlich sollte der Hausbesucher mit einem akzeptierenden Ansatz operieren, Rechte und Beteiligungsbedürfnisse der Klienten respektieren, Vertrauen und Transparenz herstellen (Rüting 2009, 12 ff.).

Hausbesuche müssen sorgfältig vorbereitet werden: Welche Ziele, wie ist die Rechtslage, was erwartet voraussichtlich den / die Hausbesucher / -in, welches Verhalten ist geboten, was sollte mitgeführt werden (z. B. vom Ausweis über das Handy und den Kalender bis zu wichtigen Telefonnummern), gibt es im Jugendamt / ASD Vereinbarungen über Kriterien der Dokumentation von Hausbesuchen usw.? (Details bei Urban-Stahl 2019, 251 ff., insbes. 257 ff. und zuletzt Albrecht et al. 2016).

Rahmenbedingungen von Hausbesuchen: Im Übrigen müssen die Rahmenbedingungen für die Organisation von Hausbesuchen sichergestellt sein: Erste Voraussetzung ist ein ausreichendes Zeitbudget der Fachkräfte, d. h. der (zeitintensive) Hausbesuch muss im Rahmen der Personalbemessung bzw. der Arbeitsbemessung berücksichtigt sein. Weiterhin hilfreich für die Organisation von Hausbesuchen ist eine räumliche Zuständigkeitsregelung, d. h. die Zuständigkeit für ein bestimmtes Gebiet – wie in der Bezirkssozialarbeit der Allgemeinen Sozialdienste üblich. Das sorgt für kurze Wege zum Hausbesuch und für umfassende Kenntnisse der Fachkraft von den sozialen Strukturen und Ressourcen im Bezirk: Die Organisation von Hilfen wird erleichtert.

Der Hausbesuch erfolgt ganz überwiegend als angemeldeter Hausbesuch, zur ersten Kontaktaufnahme oder als Teil eines Beratungsprozesses, dessen Termine auch variiert werden können – neben dem Hausbesuch können auch Termine im Büro des Sozialpädagogen oder an dritten Orten (Kindertagesstätte, Schule, Spielplatz, Eisdiele …) stattfinden.

Nicht angemeldete Hausbesuche sind die Ausnahme, z. B. bei Meldungen über eine Kindeswohlgefährdung und nicht ausreichender Kooperation der betroffenen Familie. Sie beinhalten natürlich das Risiko des Nichtantreffens und das Risiko ‚feindseligen' Verhaltens der Klienten. Es ist daher meist als Verfahrensgrundsatz festgelegt, dass bei nicht angemeldeten Hausbesuchen zwei Fachkräfte zusammen tätig werden. Geht es um eine Inobhutnahme gegen den Willen der Eltern, muss u. U. sogar eine Polizeibegleitung organisiert werden (§ 8a Abs. 4 S. 2 SGB VIII). Durch das BKSchG (in Kraft getreten am 1.1.2012) wurde in § 8a Abs. 1 S. 2 SGB VIII die Pflicht des JA zum Hausbesuch stärker hervorgehoben:

„Soweit der wirksame Schutz dieses Kindes [...] nicht in Frage gestellt wird, hat das JA [...] sich dabei einen unmittelbaren Eindruck von dem Kind und seiner persönlichen Umgebung zu verschaffen."

Die „fachliche Kritik an dieser Regelung von Hausbesuchen bleibt jedoch erhalten. Der Hausbesuch wird im Gesetz ausschließlich als Instrument zur Einschätzung von Kindeswohlgefährdung betrachtet und somit vom Kontext der Beziehungsgestaltung und weiterer fachlicher Fragen isoliert" (Urban-Stahl 2019, 260; ebenso Wiesner 2015, § 8a, Rz. 23 a.–e.; zuletzt Trenczek, in: Münder et al. 2019, Anhang I, Rz. 30 und Meysen in: Münder et al. 2019, § 8a, Rz. 32-34).

Gefährdungen: Noch ganz am Anfang in der Fachdiskussion steht die Risikoanalyse des Hausbesuchs: Aggressive Klienten, gefährliche Haustiere, aber auch gewisse Infektionsrisiken beim Hausbesuch können nicht wegdiskutiert werden. Das Wissen über Schutzmöglichkeiten – Deeskalationsstrategien, aber auch Wissen über Infektionsschutz u. a. – muss für die Hausbesucher entwickelt und ihnen vermittelt werden.

Weiterführende Literatur

Institut für Sozialarbeit und Sozialpädagogik e. V. (Hrsg.) (2011): Der Allgemeine Soziale Dienst. Aufgaben, Ziele, Standards. 2. Aufl. Ernst Reinhardt, München/Basel

Dieser Band behandelt kompakt alle Aspekte der schwierigen Arbeit dieses kommunalen sozialen Basisdienstes (und auch das Thema ‚Hausbesuch').

Merchel, J. (Hrsg.) (2019): Handbuch Allgemeiner Sozialer Dienst (ASD). 3. Aufl. Ernst Reinhardt, München/Basel

Der ‚Merchel' ist inzwischen das Standardwerk über den ASD.

Urban-Stahl, U. (2019): Hausbesuche. In: Merchel, J. (Hrsg.): Handbuch Allgemeiner Sozialer Dienst (ASD), 3. Aufl. Ernst Reinhardt, München/Basel, 241–260.

Schwerpunktheft von unsere jugend 10/2018: Allgemeiner Sozialer Dienst – Herausforderungen und Lösungsansätze

Eine sehr praxisnahe Zusammenfassung zur Beruflichen Realität, zum Fachkräftemangel, zum Professionellen Management im ASD und zu dessen Herausforderungen und (denkbaren) Lösungen

3.10 Straßensozialarbeit

Von Michael Galuske
(seit der 2. Auflage durchgesehen von Dieter Kreft)

Begriff und Entwicklung: Unter den Begriffen Straßensozialarbeit, Streetwork, aufsuchende bzw. mobile Jugend- und Sozialarbeit, Gassenarbeit usw. werden international wie national Verfahren der Sozialen Arbeit diskutiert, deren gemeinsames Merkmal es ist, dass die Hilfe nicht (primär) institutionsgebunden, sondern in den Lebenswelten vor allem randständiger und marginalisierter Gruppen realisiert wird.

Während einige ihrer Vertreter die historischen Wurzeln der Straßensozialarbeit z.B. in der aufsuchenden Fürsorgetätigkeit im Elberfelder System oder bei Pastoren, Diakonen, Hebammen oder Haus- und Landärzten zu finden glauben (z.B. Kiebel 1995, 21), betonen andere Darstellungen, dass die in Deutschland Ende der 1960er-/Anfang der 1970er Jahre installierten Straßensozialarbeitsprojekte „ohne wesentliche Anknüpfungspunkte zur milieunahen sozialen Arbeit Ende des 19./Anfang des 20. Jahrhunderts" (Klose/Stefan 1997, 14) entstanden sind. Klose/Stefan (1997, 14) machen dafür drei Gründe verantwortlich: Zum einen reifte die Erfahrung, dass einrichtungsbezogene Sozialarbeit bestimmte Gruppe nicht oder nur eingeschränkt erreicht. Zum anderen – und dies scheint ein wesentlicher Motor der Entwicklung insbesondere in den 1980er Jahren gewesen zu sein – forcierte die Ausbreitung von Aids neue Zugänge zu gefährdeten Zielgruppen etwa in der Drogenszene oder im Prostitutions- bzw. Stricher-Milieu. Zum dritten machen Klose/Stefan eine gesteigerte Sensibilität für eine (vermeintliche) Zunahme von Gewalt und Straffälligkeit von Jugendlichen für die Ausbreitung der Straßensozialarbeit verantwortlich. Als weiterer Aspekt lässt sich – viertens – die zunehmende fachliche Verständigung auf ein alltags- und lebensweltorientiertes Konzept Sozialer Arbeit (vgl. Thiersch 2014) in den unterschiedlichsten Handlungsfeldern anführen, deren methodisches Paradebeispiel die Straßensozialarbeit darstellt.

Zielgruppen und Handlungsformen: Straßensozialarbeit agiert vorrangig in problembelasteten und als problematisch erachteten Sozialräumen und richtet sich vorrangig an solche (Ziel-)Gruppen, die – nicht zuletzt aufgrund ihrer Stigmatisierung – Subkulturen entwickelt haben, die sich institutionellen Zugängen weitgehend verschließen, wie z.B. Straßenkinder, Drogenabhängige, gewalttätige Jugendgruppen und

-szenen, Wohnungslose, Prostituierte und Stricher. Straßensozialarbeit agiert in diesen Szenen ganzheitlich und deckt ein breites Spektrum an Unterstützungsformen und Hilfemöglichkeiten ab. Klose/Stefan (1997, 16f.) nennen folgende Handlungsebenen und Tätigkeitsschwerpunkte von Streetworkern:

„Aufbau und Pflege eines Kontaktnetzes in die Lebenswelt; Aufbau und Pflege eines institutionellen Netzes (…); allgemeine psychosozial-pädagogische Arbeit (Einzelfallhilfe …); zielgruppen-/arbeitsfeldspezifische lebensweltnahe Interventionen (z.B. Safer-Use-Schulung …); anwaltschaftliche Interessenvertretung (z.B. gegenüber Behörden) und Lobbyarbeit (z.B. in Medien); institutionelle Innovation, d.h. nutzerangemessene, bedarfsgerechte (Um-)Gestaltung des institutionellen Angebots …"

Angesichts eines derart breiten Handlungsspektrums fällt es schwer, Straßensozialarbeit als ein ‚in sich geschlossenes Verfahren' zu begreifen. Eher integriert sie heute unterschiedliche Verfahren, z.B. der Gesprächsführung, der Gruppenarbeit, der Öffentlichkeitsarbeit, der Beratung usw., je nach den spezifischen Bedingungen des Feldes und des öffentlichen Auftrags. Dem entsprechen auch die fachlichen Standards, die die BAG Streetwork/Mobile Jugendarbeit e. V. (2007) im Jahre 2007 entwickelt hat. Demnach umfasst Straßensozialarbeit unmittelbar personenbezogene soziale Angebote (Beziehungsarbeit, Beratung, Begleitung, Vermittlung, Gruppen- und Projektarbeit, Moderation und Konfliktbearbeitung), infrastrukturelle Tätigkeiten (Öffnung von Räumen, Verbesserung der Infrastruktur, Vernetzung) sowie Querschnittsfunktionen (Öffentlichkeitsarbeit, Qualitätssicherung, Organisation und Verwaltung). Die Angebote orientieren sich bei aller Unterschiedlichkeit an den Handlungsmaximen der Niedrigschwelligkeit, der Bedürfnis- und Lebensweltorientierung, der Freiwilligkeit, der Akzeptanz, des Vertrauensschutzes und der Anonymität, der Parteilichkeit für die Belange der Adressaten sowie der interkulturellen Dialogfähigkeit (BAG Streetwork/Mobile Jugendarbeit 2007, 230).

Bilder von Straßensozialarbeit: Streetwork gehört heute zum anerkannten Standardrepertoire Sozialer Arbeit und ist auch medial präsentabel geworden, wie etwa der (allerdings auch heftig kritisierte) Erfolg der RTL Doku-Soap „Die Ausreißer" mit dem Straßensozialarbeiter Thomas Sonnenburg zeigte (vier Staffeln von 2008–2015), auch wenn die mediale Inszenierung und der Alltag der Straßensozialarbeit nur vermittelt etwas miteinander zu tun haben dürften. So belegte bereits eine Erhebung von Wolfgang Krebs (2003) im Auftrag der BAG Streetwork/Mobile Jugendarbeit, dass das Bild vom Straßensozialarbeiter, der den größten Teil seiner Arbeitszeit vor Ort bei der Szene verbringt, falsch ist. Das Aufsuchen der Zielgruppe ist nur ein – wenn auch wichtiger und identitätsstiftender – Teil des Anforderungsprofils dieser Arbeit (genauer dazu: Gangway Berlin 2010; Mögling/Beierle 2015; FORUM Jugendhilfe 2015).

Bei allem zielgruppenorientierten Selbstverständnis der Streetwork darf auch nicht zu übersehen werden, dass sie eine öffentliche Veranstaltung ist und mithin dem konstitutiven doppelten Mandat von Hilfe und Kontrolle unterliegt. Da Straßensozialarbeiter sich häufig in Szenen bewegen, die durch Devianz und Delinquenz gekennzeichnet sind und sie sehr nahe an den Alltag der Menschen heranrücken, müssen sie besonders sensibel mit dieser Problematik umgehen, wie etwa der „Spagat zwischen Vertrauensschutz und Auskunftspflicht (nur Mitarbeiter von anerkannten Drogenberatungsstellen besitzen seit 1992 ein Zeugnisverweigerungsrecht)“ (Klose/Stefan 1997, 18) zeigt.

Weiterführende Literatur

Forum Jugendhilfe: Schwerpunktheft „Straßenjugendliche in Deutschland“ 2/2015

Wendt, P.-U. (2017): Methoden der Sozialen Arbeit. 2. Aufl. Beltz Juventa, München/Basel
(insbes. Kap. 11: Hingehen und Aufsuchen: Aufsuchende Formen Sozialer Arbeit)

Im Übrigen wird auf die Website der BAG Streetwork/Mobile Jugendarbeit e. V. verwiesen: www.bundesarbeitsgemeinschaft-streetwork-mobile-jugendarbeit.de

3.11 Quartiermanagement

Von Reinhard Thies

Quartiermanagement und Soziale Stadt: Mit dem Start des Programms, Stadtteile mit besonderem Entwicklungsbedarf – die Soziale Stadt‘ im Jahre 1999 wird Quartiermanagement/QM als Schlüsselbegriff neu eingeführt (DIfU 2009). Das Programm ‚Soziale Stadt – Investitionen im Quartier‘ (umbenannt 2009) wird 2013 als Leitprogramm der sozialen Integration fortgeführt und ist die Grundlage für eine ressortübergreifende Strategie ‚Soziale Stadt' Nachbarschaft stärken, Miteinander im Quartier (BMI 2018, S.8). Es lenkt die Aufmerksamkeit von Politik, Verwaltung und sozialen Trägern, Wohnungswirtschaft und Unternehmen auf Gebiete mit spezifischen (Multi-)Problemlagen, aber auch vielfältigen Potenzialen. Neben den baulichen Investitionen sollen insbesondere Ansätze zur Integration von Menschen unterschiedlicher Kulturen in ihrer Nachbarschaft, zur Beteiligung von Langzeitarbeitslosen am Erwerbsleben, zur Verbesserung der lokalen sozialen Sicherung sowie zur Förderung eines umfassenden gesunden Lebens- und Wohnumfelds unterstützt werden. Dazu wird allerdings mehr sozialstaatliche Verantwortung und Gemeinwesenkompetenz der Träger der Sozial- und Jugendhilfe reklamiert (Krummacher et al. 2003). Als Leitprogramm bekommt die Strategie ‚Soziale Stadt' gerade im Zusammenhang mit dem Thema Integration von Migranten besondere Bedeutung.

Das bei der Städtebauförderung angesiedelte Programm zielt darauf ab, ressortübergreifende Handlungskonzepte zur ganzheitlichen gebietsbezogenen Problemlösung zu unterstützen, um soziale Segregation in Städten und Gemeinden zu verhindern. Dieses ist nicht allein durch einen/eine QuartiermanagerIn zu leisten. Hierzu bedarf es vielmehr verbindlicher Strukturen der Kooperation für die Ausarbeitung Integrierte städtebauliche Entwicklungskompetenz (ISEK) und Gestaltung ‚Lokaler Aktionspläne' in den ausgewiesenen Gebieten, die durch verbindliche Beschlüsse der kommunalen Politik bearbeitet und ratifiziert werden müssen.

QM als Kooperationsstruktur: In einem kooperativen QM gilt es, verschiedene Verantwortungsebenen zu berücksichtigen, die sowohl die ‚Versäulung' der Verwaltung als auch die sektoralen Ausrichtungen bei den Fachdiensten überwindet.

Auf der Ebene der öffentlichen Verwaltung hat es sich bewährt, einen Gebietskoordinator zu nominieren, der eine ämterübergreifende Regiefunktion einnimmt. Hier ist eine Lenkungsgruppe anzusiedeln, die durch (ggf. auch externe) Gebietsbeauftragte zu erweitern wäre. Wichtig ist, dass die Gebietskoordination auch Kompetenzen der Sozialplanung und nicht nur die der Bauplanung in den Quartierprozess einbringt. Für die Quartiersebene muss die personelle Besetzung eines Vor-Ort-Büros (Stadtteilbüro) sichergestellt werden. Von hier erfolgt die Aktivierung und Einbindung der Quartiersbevölkerung sowie Beteiligung und Unterstützung der im Gebiet tätigen Trägervertreter. Hier werden Foren der Bürgerschaft aufgebaut und gestärkt sowie Aktivitäten im Verbund koordiniert und organisiert. Dazu sollen im Rahmen der ‚Sozialen Stadt' Mittel für das QM bereitgestellt werden. Bei der Auswahl von Gebietsbeauftragten sollten Kompetenzen der Gemeinwesenarbeit und Fähigkeiten zur Gebietsmoderation besonders berücksichtigt werden (Kap. 2.3).

Neben dem ‚Gemeinwesenbeauftragten', der ggf. bei einem Träger der Sozialen Arbeit angesiedelt wird, kann die zusätzliche Beschäftigung eines ‚Planungsbeauftragten' mit der Profession der Stadtplanung insbesondere dann wichtig sein, wenn in der Kommunalverwaltung diese Ressourcen nicht oder nicht in genügendem Umfang vorhanden sind. Hier sollten besondere Fähigkeiten des Projekt- und Dialogmanagements sowie der Wirtschaftsförderung berücksichtigt werden.

In einem interdisziplinär besetzen „Tandem" wird das Stadtteilbüro zu einem Kristallisationspunkt im QM (siehe Abb. 4).

In Stadtteilforen (Beiräten oder Runden Tischen) gilt es, in den Quartieren den Interessenausgleich zu suchen und politische Mitbestimmung zu praktizieren. Durch Einbindung der Vor-Ort-Politik in das

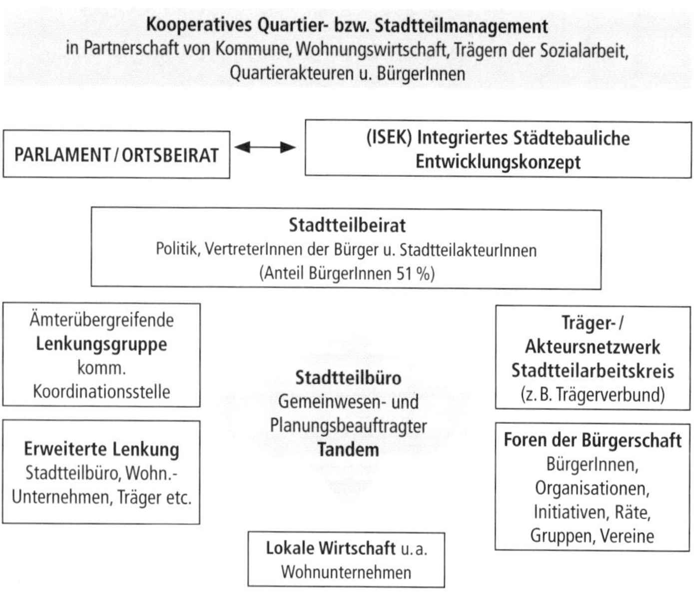

Abb. 4 Kooperatives Quartier- bzw. Stadtteilmanagement (nach Thies 2005)

lokale Kooperationsnetzwerk werden Beschlusslagen in Parlament und Ortsbeiräten gut vorbereitet. Vielfältige Projekte, aber auch Verfügungsfonds und Bürgerbudgets sind aus der ‚Sozialen Stadt' finanzierbar und schaffen über ein partizipatives QM neue Beteiligungs- und Gestaltungsmöglichkeiten vor Ort.

QM als Aktivierungsverfahren: Die Prozessgestaltung durch alle am QM Beteiligten zielt darauf ab, eine breite – auf Nachhaltigkeit ausgerichtete – Aktionsplattform von Initiativen aus der Bürgerschaft und Verbünden verschiedener Träger zu schaffen. Zusätzlich gilt es, möglichst viele (Schlüssel-)Akteure von außerhalb zur Mitwirkung an der Gebietsaufwertung zu gewinnen. Das sind z. B. Unternehmen der lokalen Sozialwirtschaft (kommunale Wohnungs- und Wohlfahrtsunternehmen usw.) und anderer Branchen, die für die Standorte zusätzliche Potenziale einbringen können. Dazu ist ein ortspezifisches Verfahren zu entwickeln, das für alle Beteiligten hohe Transparenz und Mitwirkungsmöglichkeiten schafft, ohne zu überfordern. Auch müssen unterschiedliche lokale Ausgangslagen und Rahmenbedingungen Berücksichtigung finden. Zu beachten ist, dass es oft schon vor der ‚Sozialen Stadt' gemeinwesenorientierte Arbeitsstrukturen gibt, die weiter zu entwickeln bzw. zu modifizieren sind. Auch sollten diese nach dem ‚Feuerwerk der Sozialen Stadt' weiter eigenständig handlungsfähig bleiben.

QM und Soziale Arbeit: Bei der Erarbeitung und Fortschreibung des ‚Integrierten Städtebaulichen Entwicklungskonzepts' und Ausgestaltung ‚Lokaler Aktionspläne' sowie bei der Zusammenarbeit in ‚Kooperativen Quartiermanagements' haben sich alle Fachressorts der Sozialen Arbeit einzubringen. Ihre Kenntnisse der Lebenslagen von Klienten und ihre spezifische Fachlichkeit in verschiedenen Handlungsfeldern, ihre Sozialplanungs- und Netzwerkkompetenzen sind als Ressourcen in lokalen Entwicklungspartnerschaften unverzichtbar. Entwicklungen im Gemeinwesen und sich verändernde Bedarfe stellen sie ständig vor neue Anforderungen. Das gilt in besonderer Weise für die Kinder- und Jugendhilfe.

Die Bekämpfung von sozialer Ausgrenzung, der Erwerb von Zukunftskompetenzen für Kinder und Jugendliche, aber auch die Stärkung von Eigenverantwortung und sozialem Engagement sind nicht in den einzelnen Hilfesystemen allein zu realisieren, sondern nur durch Soziale Arbeit als Ko-Produktion – also interinstitutionell und gemeinsam mit den BürgerInnen. Das Prinzip der sozialräumlichen Vernetzung, d. h. die Kooperation der vor Ort vorhandenen Akteure, Ämter, Einrichtungen und sozialen Dienste, die Aktivierung von materiellen und sozialen Ressourcen, der Aufbau von Netzwerken der Quartier- und Gemeinwesenarbeit und die Einrichtung von lokalen Zentren ist zwingend geboten. Die Partizipation der Kinder und Jugendlichen sowie deren Eltern sollte selbstverständlich sein (dazu Kap. 2.3 und Franke/Grimm 2006).

Weiterführende Literatur

BMI (2018) Programmstrategie Soziale Stadt, Berlin, https://www.bmi.bund.de/SharedDocs/downloads/DE/publikationen/themen/bauen/wohnen/programmstrategie-soziale-stadt.pdf?__blob=publicationFile&v=2

BMUB (2016) Integrierte städtebauliche Entwicklungskonzepte in der Städtebauförderung, Berlin, www.bmub.bund.de

Franke, T., Grimm, G. (2006): Quartiermanagement als Instrument einer integrierten Stadtteilentwicklung – konzeptionelle Grundlagen und Praxiserfahrungen. In: Sinnig, H. (Hrsg.): Stadtmanagement, Strategien zur Modernisierung der Stadt(-Region), Dortmunder Vertrieb – Verlag für Architektur, Bau- und Planungsliteratur, Dortmund, 307–319
In dem Sammelband setzen sich verschiedene Autoren aus dem Bereich Stadt(bau)planung mit veränderten Anforderungen und verschiedenen Handlungsfeldern/-ebenen sowie Instrumenten eines Stadtmanagements auseinander. Franke/Grimme thematisieren den intermediären Bereich des Quartiermanagements im Programm ‚Soziale Stadt'.

Krummacher, M., Kulbach, R., Waltz, V., Wohlfahrt, N. (2003): Soziale Stadt – Sozialraumentwicklung – Quartiersmanagement, Herausforderungen für Politik, Raumplanung und soziale Arbeit. Leske & Budrich, Opladen
Die Autoren analysieren vor dem Hintergrund von Umbrüchen in der Stadtentwicklung und ‚neuer' Formen der Sozialraumspaltung neue Steuerungsstrategien und -instrumente. Sie beschreiben Konsequenzen einerseits für die Politik, andererseits für die Theorie und Praxis sowie für die Ausbildung in der Raumplanung und der Sozialen Arbeit. Sie plädieren entschieden für eine verstärkte interdisziplinäre Zusammenarbeit beider Professionen.

Schubert, H., Spieckermann, H. (2010): Standards des Quartiermanagements: Handlungsgrundlagen für die Steuerung einer integrierten Stadtteilentwicklung. Verlag Sozial-Raum-Management, Köln
Die Autoren beschreiben für ‚Soziale-Stadt-Quartiere' die Notwendigkeit eines integrierten Politikansatzes der sektorenübergreifenden Stadtentwicklung. Darin bildet das QM das Kernelement als neues Steuerungsinstrument zur integrativen Bündelung der Kräfte. Damit diese Strukturaufgaben in den Quartieren realisiert werden können, müssen geeignete Rahmenbedingungen geschaffen werden. Aus den Analysen verschiedener Ansätze haben die Autoren Standards für ein erfolgreiches QM abgeleitet.

3.12 Qualitätsmanagement und Qualitätsentwicklung

Von Joachim Merchel

Neue Anforderungen: Im Zusammenhang mit einer stärkeren Orientierung an Managementverfahren (Kap. 3.13) wird seit ca. 15 Jahren auch in der Sozialen Arbeit das Thema ‚Qualität' umfassend diskutiert. Die Soziale Arbeit sieht sich der Anforderung ausgesetzt, zum einen Kriterien für eine Bewertung der ‚Güte' ihrer Handlungsweisen und Handlungsergebnisse zu benennen, zum anderen Verfahrensweisen für eine solche Bewertung zu erarbeiten und anzuwenden sowie zum dritten auf der Basis der Qualitätsbewertung Verfahren der kontinuierlichen Gewährleistung und Weiterentwicklung von Qualität zu installieren.

Qualitätsmanagement / QM ist der Sammelbegriff für diejenigen Aktivitäten in Einrichtungen und Diensten der Sozialen Arbeit, mit denen man die skizzierten Anforderungen einzulösen versucht. Mit dem Begriff werden solche Prozesse gekennzeichnet, bei denen es um die gezielte und methodisch strukturierte Bewertung der ‚Güte' sozialarbeiterischer oder sozialpädagogischer Handlungsweisen geht. Mit dem Begriffsteil ‚Management' ist ausgesagt, dass diese Prozesse organisiert werden müssen und im Grundsatz zu einem fortlaufenden Reflexionsmodus innerhalb der Organisation ausgestaltet werden sollen.

Qualitätsentwicklung / QE betont den dynamischen Charakter der Auseinandersetzung mit Qualität in der Sozialen Arbeit: Was Qualität in einer Einrichtung der Sozialen Arbeit ausmacht, muss immer wieder im Hinblick auf die Anforderungen der Adressaten, die Anforderungen der Finanzgeber und anderer wichtiger Kooperationspartner sowie im Hinblick auf den Stand der fachlichen Erkenntnisse definiert und überprüft werden. Ferner bedarf es der kontinuierlichen Überprüfung, ob die Arbeitsformen noch angemessen und auf welche Weise eine Qualitätsverbesserung bei der Leistung erreicht werden kann.

Qualität: Betrachtet man die logische Struktur des Begriffs ‚Qualität', so werden einige grundlegende Anforderungselemente für QE in der Sozialen Arbeit erkennbar. Der Begriff ‚Qualität' ist begriffslogisch mit Vorgängen der Bewertung verbunden: Allein das Zu- oder Aberkennen von ‚Güte' bei einer Leistung setzt voraus, dass vorher Normen gesetzt wurden, wie eine Leistung im guten Fall verlaufen soll. ‚Qualität' lässt sich ferner nur in relativen Merkmalen ausdrücken – als Grad der Übereinstimmung zwischen Erwartungen an eine Leistung und der tatsächlich erbrachten Leistung. Die Veränderlichkeit von Qualitätskonstrukten kennzeichnet sie damit auch als ‚historische Größen': Merkmale, denen nach heutigen fachlichen Erkenntnissen, nach heutigen Erwartungen der Adressaten, nach heutigen politischen Gewichtungen o. Ä. eine wesentliche Bedeutung in einem Qualitätskonzept zugesprochen wird, können durch die Veränderung von Wertmaßstäben ein geringeres Gewicht erhalten oder gar in ihr Gegenteil verkehrt werden. ‚Qualität' ist also zu verstehen als ein Konstrukt, bei dem Personen sich (implizit oder explizit) in einem Vorgang der Normsetzung auf Bewertungsmaßstäbe verständigt haben und diese unter Einbeziehung ihrer Erwartungen auf einen Gegenstand oder einen Prozess beziehen. ‚Qualität' ist also eine reflexive, substantiell auf Diskurs verwiesene Kategorie.

Anforderungen an die Qualitätsentwicklung und das Qualitätsmanagement: Aus der logischen Struktur des Qualitätsbegriffs resultieren folgende Anforderungen an die QE in Einrichtungen der Sozialen Arbeit:

- Bewertungsmaßstäbe für Qualität sollen nicht von oben ‚verordnet', sondern müssen ausgehandelt werden.
- Bei der Aushandlung von Bewertungsmaßstäben bzw. Qualitätskriterien sollten verschiedene Interessen, fachliche Vorstellungen und normative Maßstäbe eingebracht werden können. Qualitätsmaßstäbe bedürfen der fachlichen, der normativ-ethischen und interessenbezogenen Transparenz und Begründung.
- Eine große Bedeutung bei der Gewichtung von und bei der Auseinandersetzung über Qualitätskriterien nehmen die Anforderungen und Bewertungsmaßstäbe der Adressaten und der Finanzgeber ein. Da die Adressaten über ein relativ geringes Machtpotenzial verfügen, ihre Vorstellungen zur Qualität der Leistung aber aufgrund des koproduktiven Charakters von Sozialer Arbeit von großer Bedeutung sind, muss besonderes Augenmerk gelegt werden auf Formen, in denen die Qualitätsperspektiven von Adressaten zum Ausdruck gebracht und berücksichtigt werden.
- Weil Qualität eine auf Diskurs ausgerichtete Kategorie ist, richtet sich die Anforderung zur Aushandlung nicht nur auf die Konstruktion von Bewertungsmaßstäben für Qualität, sondern gleichermaßen auf die Verfahren, in denen sich die Qualitätsbewertung vollziehen soll.
- Weil die Maßstäbe für Qualität sich u. a. aufgrund von neuen fachlichen Erkenntnissen, aufgrund von sich entwickelnden Adressatenwünschen oder aufgrund neuer Anforderungen der Finanzgeber verändern, muss

Qualitätsmanagement prozesshaft ausgerichtet werden: kontinuierlich, reflexiv und Entwicklungen in den Rahmenbedingungen aufnehmend.

Qualitätsmanagement: Für das QM in der Sozialen Arbeit ist mittlerweile eine Vielzahl von Verfahren erarbeitet und in der Praxis erprobt worden. Dabei wurden zum Teil Verfahren transferiert, die in der Industrie entwickelt wurden (z. B. DIN EN ISO 9000 ff.), und zum Teil methodische Arrangements erarbeitet, die bei den Spezifika der Arbeitsfelder Sozialer Arbeit ihren Ausgangspunkt gefunden und sich in den Verfahren daran ausgerichtet haben. Die vielfältigen Verfahren und Instrumente der QE in der Sozialen Arbeit lassen sich auf mehreren Dimensionen voneinander unterscheiden und miteinander vergleichen, so insbesondere im Hinblick darauf,

- ob sie stärker auf Selbstbewertung (Selbstevaluation; Selbsteinschätzung) oder deutlicher auf Fremdbewertung (externe Audits, Zertifizierung etc.) ausgerichtet sind,
- ob sie stärker quantitativ (z. B. Kennzahlenvergleiche) oder stärker qualitativ (z. B. strukturierte Qualitätsdiskurse zu Wahrnehmungen in der Einrichtung oder zu Beschwerden) profiliert sind,
- ob sie sich auf die einzelne Organisation begrenzen (internes Qualitätsmanagement) oder ob sie ihre Dynamik aus dem Vergleich von mehreren Einrichtungen ziehen (Benchmarking),
- ob sie sich auf die engeren fachlichen Aspekte der Qualität begrenzen oder ob sie das Qualitätsmanagement in die Gesamtsteuerung der Organisation zu integrieren beabsichtigen (z. B. im Rahmen der Balanced Scorecard als Instrument des Strategischen Managements),
- ob sie sich auf ausgewählte einzelne Aspekte von Qualität (ausgewählte Schlüsselprozesse oder Schlüsselkriterien) beschränken oder ob sie im Grundsatz die gesamten Qualitätsabläufe der Organisation einbeziehen wollen (wie es in dem umfassenden, aber kaum zu realisierenden Anspruch eines „Total Quality Managements" zum Ausdruck gebracht wird).

Idealtypisch lassen sich zwei Muster oder ‚Denkweisen' des QM gegenüberstellen:

1. QM nach dem Muster der ‚Verfahrensstandardisierung': Man versucht, Qualität zu gewährleisten (‚Qualitätssicherung'), indem als richtig erkannte Verhaltensanforderungen festgelegt (in Handlungsanweisungen, Musterformularen, Checklisten usw.) und gegenüber den Organisationsmitgliedern für verbindlich erklärt werden. Die Einhal-

tung der definierten und in ‚Qualitätshandbüchern' festgelegten Verhaltensanforderungen (‚Standards') muss immer wieder überprüft und ausgewertet werden.
2. QM nach dem Muster der ‚an Qualitätskriterien ausgerichteten Evaluation': Es werden fachlich bedeutsame Maßstäbe (Qualitätskriterien: Unsere Arbeit ist dann gut, wenn …) definiert, und über eine systematische Untersuchung der eigenen Arbeit anhand dieser Maßstäbe (Kap. 3.14: Evaluation) sollen Ansatzpunkte zur zielgerichteten Reflexion und für die Verbesserung der eigenen Arbeit gewonnen werden (‚Qualitätsentwicklung').

Die in der Sozialen Arbeit entwickelten und praktizierten Verfahren des QM lassen sich dementsprechend auch danach unterscheiden, ob sie sich stärker von den Denkansätzen der ‚Qualitätssicherung' oder der ‚Qualitätsentwicklung' leiten lassen. Bisweilen werden in Einrichtungen auch beide Muster im QM differenziert angewendet und kombiniert: z. B. indem für die eher administrativen Abläufe über das Muster der Verfahrensstandardisierung Verlässlichkeit im Handeln gewährleistet werden soll und für die eher pädagogischen Vorgänge (die nur schwer über formale Verfahrensstandards zu steuern sind) Methoden der an Qualitätskriterien ausgerichteten Evaluation entwickelt werden.

Weiterführende Literatur

Beckmann, C., Otto H., Richter, M., Schrödter, M. (Hrsg.) (2004): Qualität in der Sozialen Arbeit. Zwischen Nutzerinteresse und Kostenkontrolle. VS-Verlag, Wiesbaden
Aufsatzsammlung, deren Lektüre den Blick öffnet für eine Einordnung der Qualitätsdebatte in sozialpolitische Zusammenhänge und in Debatten um die Bedeutung des Qualitätsthemas für die Profession Soziale Arbeit.
Merchel, J. (2019): Evaluation in der Sozialen Arbeit. 3. Aufl. Ernst Reinhardt, München / Basel
Merchel, J. (2013): Qualitätsmanagement in der Sozialen Arbeit. 4. Aufl. Beltz Juventa, Weinheim / München
Einführung in Denkweisen und methodische Verfahren des Qualitätsmanagements, bei der die spezifischen Anforderungen und Handlungsbedingungen der Sozialen Arbeit und die Bezüge zur Organisationsgestaltung sowie fachliche bzw. fachpolitische Linien einer Qualitätsentwicklung in der Sozialen Arbeit reflektiert werden.
Merchel, J. (2015a): Evaluation in der Sozialen Arbeit. 2. Aufl. Ernst Reinhardt, München / Basel
Methodische Anleitung zur Evaluation als ein zentraler Bestandteil eines auf die Profession ‚Soziale Arbeit' bezogenen Qualitätsmanagements.

3.13 Sozialmanagement

Von Joachim Merchel

Begriff und Ziele: Mit ‚Management' wird eine auf die Organisation gerichtete Gestaltungsaufgabe bezeichnet, in deren Zentrum die betrieblichen Abläufe einer Organisation stehen. Mit dem Managementbegriff gerät also der Betriebscharakter einer Organisation in den Mittelpunkt der Betrachtung: Es geht um die strategische Ausrichtung eines Betriebs (Welche ‚Produkte' oder ‚Leistungen', die von der Umwelt benötigt werden, soll die Organisation erstellen, und wie können die entsprechenden Ressourcen beschafft werden?) und um die Gestaltung einer zielentsprechenden und zweckmäßigen Leistungserstellung (Wie müssen die vorhandenen Ressourcen wirtschaftlich eingesetzt und die innerbetrieblichen Abläufe zu einer guten Leistungserstellung gesteuert werden?).

Sozialmanagement/SM thematisiert die Anwendung dieser allgemeinen Managementanforderungen auf die spezifischen Bedingungen von und in Einrichtungen der Sozialen Arbeit. Mit SM wird ein Blick auf Einrichtungen der Sozialen Arbeit gerichtet, der in der professionsinternen Diskussion über lange Zeit eher an den Rand gedrängt worden war: die Einrichtung als eine Organisation,

- in der Anforderungen aus der Umwelt produktiv verarbeitet und dadurch Ressourcen beschafft werden müssen,
- in der innerbetriebliche Abläufe der Arbeitsteilung und der Kooperation geregelt werden müssen,
- in der personelle und qualifikatorische Ressourcen zweckentsprechend eingesetzt, gepflegt und weiterentwickelt werden müssen,
- in der ökonomische Kalküle zur Aufrechterhaltung der Organisation entwickelt und in den Abläufen der Organisation verankert werden müssen.

SM markiert die Absicht, die Bedeutung der betriebswirtschaftlichen Perspektive stärker für die Gestaltung von Einrichtungen der Sozialen Arbeit zur Geltung zu bringen und dabei neben der Wirtschaftlichkeit auch Prinzipien der sozialen Gerechtigkeit und der Fachlichkeit in das Management zu integrieren. Beim SM geht es somit um die Anwendung des ökonomischen Kalküls unter den spezifischen fachlichen, normativen, politischen und rechtlichen Bedingungen der Sozialen Arbeit. Dabei werden Theorien und Konzepte aus unterschiedlichen Wissenschaftsbereichen einbezogen: insbesondere Organisationssoziologie/Organisationsberatung/Organisationsentwicklung, Organisationspsychologie/Sozialpsychologie (z. B. zum Personalmanagement oder zur Gestaltung von Gruppenprozessen), Betriebswirtschaftslehre (z. B. Rechnungswesen und Controlling, Wettbewerbsstrategien, Marktanalysen), Politikwissenschaft (z. B. sozialpolitische Entwicklungslinien, Einfluss politischer Interessengruppen), Rechtswissenschaft (z. B. Anforderungen im Sozialrecht, Vertrags- oder Arbeitsrecht). Die Nutzung von Erkenntnissen aus diesen Wissenschaftsbereichen erfolgt unter der pragmatischen Perspektive der Gestaltung und Steuerung von Organisationen der Sozialen Arbeit, eben zu Zwecken des ‚Managements'.

Aufgaben des Sozialmanagements treten im Grundsatz auf allen Hierarchie-Ebenen einer Organisation auf, jedoch erhalten Managementanforderungen ein deutlicheres und drängenderes Profil, je höher eine Person in der Hierarchie einer Organisation angesiedelt ist. Managementaufgaben bündeln sich auf der Ebene von Leitung, der somit eine hervorgehobene Managementverantwortung zukommt. Eine gute Leitungs- bzw. Managementkompetenz richtet sich auf folgende Steuerungsbereiche, in denen sich Managementaufgaben in Einrichtungen der Sozialen Arbeit konkretisieren:

- *Fachliche Steuerung:* Management bedeutet hier, die Bedingungen dafür zu schaffen, dass qualitativ gute Leistungen entstehen (z. B. mit Methoden des Qualitätsmanagements: Kap. 3.12). Sachzielorientierte (fachliche) und formalzielorientierte (wirtschaftliche) Überlegungen müssen miteinander in Verbindung gebracht werden und mögliche Spannungen zwischen den unterschiedlichen Gestaltungsanforderungen und Steuerungslogiken (‚Fachlichkeit' und ‚Ökonomie') müssen vor dem Hintergrund der fachlichen Aufgaben hinsichtlich ihrer Konsequenzen beurteilt und nach Möglichkeit ausgeglichen werden.
- *Ökonomische (betriebswirtschaftliche) Steuerung:* Es muss eine sachangemessene und wirtschaftliche Verwendung von finanziellen Ressourcen gewährleistet werden (mit Verfahren des Rechnungswesens, des Controllings u. a. m.).
- *Organisationsbezogene Steuerung:* Dabei geht es sowohl um die Gestaltung der innerorganisatorischen Strukturen und Abläufe (Arbeitsteilung, Kooperationsmodalitäten, Verkoppelung unterschiedlicher Organisationsbereiche und Arbeitsweisen) und um deren kontinuierliche Weiter-

entwicklung als auch um eine reflexiven Umgang mit den vielfältigen informellen Mechanismen in Organisationen (informelle Regeln, informelle Gruppenbildungen, latente oder offene Konfliktbeziehungen in der Organisation usw.).

- *Mitarbeiterbezogene Steuerung:* Die personellen Ressourcen einer Organisation bedürfen der bewussten Gestaltung sowohl im Hinblick auf Personalplanung (Personalbedarfsplanung, Personalbeschaffung) als auch im Hinblick auf Personalführung und Personalentwicklung (Aufrechterhalten der Qualifikation und der Motivation der Mitarbeiter, Herstellen einer Identifikation der Mitarbeiter mit den Zielen und Werten der Organisation). Ferner gilt es, die interaktiven Bezüge bei der Erbringung sozialer Dienstleistungen in den Blick zu nehmen (Anleitung, Kontrolle, Beratung der Mitarbeiter; Klären von personenbezogenen Problemen zwischen Mitarbeitern usw.).
- *Reflexion und Gestaltung der Außenbezüge:* Sozialpolitische Entwicklungen und Vorgänge im sozialen Nahraum, die für die Einrichtung bedeutsam sind, müssen rechtzeitig und bewusst wahrgenommen und in ihrer Bedeutung für die eigene Organisation ausgewertet werden. Es muss dafür Sorge getragen werden, dass die Leistungserstellung und die Leistungsvergabe der Einrichtung an den Anforderungen aus relevanten Teilen der Umwelt (Politik, Adressaten, andere Organisationen mit Kooperationsbezügen etc.) ausgerichtet sind und dass den Interessenträgern aus der Umwelt die spezifischen Leistungen der Einrichtung bekannt sind (Marketing). Denn nur bei einer angemessenen Ausrichtung der Leistung an den Anforderungen der Umwelt und bei einer guten Präsentation der Leistungsfähigkeit wird die Einrichtung mit Ressourcen versorgt, die sie zur Aufrechterhaltung ihres Bestandes benötigt.

SM als umfassende Steuerung einer Organisation der Sozialen Arbeit richtet sich somit auf verschiedene Steuerungsbereiche, die für die Existenz der Organisation relevant sind, und steht vor der Aufgabe, die vielfältigen Wechselbeziehungen und Spannungselemente zwischen den einzelnen Steuerungsbereichen sorgfältig wahrzunehmen und sie möglichst in eine Balance zu führen. Dass in vielen Veröffentlichungen zum SM der ökonomische Steuerungsbereich im Vergleich zu anderen Steuerungsbereichen bisweilen in den Vordergrund gerückt wird, hat zum einen mit der schlichten Tatsache zu tun, dass die wirtschaftliche Existenz die Grundlage jeder Organisation bildet, und zum anderen damit, dass die Bedeutung der Ökonomie in der Sozialen Arbeit über lange Zeit an den Rand gedrängt oder gar – mit einer undifferenzierten Verwendung des Begriffs ‚Ökonomisierung' – in die Nähe eines Feindbildes gerückt wurde.

Weiterführende Literatur

Grunwald, K., Lange, A. (Hrsg.) (2018): Sozialwirtschaft. Handbuch für Wissenschaft und Praxis. Nomos Verlag, Baden-Baden

Umfassendes Handbuch mit einer Vielzahl theoretischer und praxisbezogener Darstellungen zu Rahmenbedingungen und Handlungsbereichen des Sozialmanagements.

Merchel, J. (2015b): Management in Organisationen der Sozialen Arbeit. Eine Einführung. Beltz Juventa, Weinheim / Basel

Eine Einführung in Anforderungen, Begrifflichkeiten und Themen des Managements in der Sozialen Arbeit, die auch die Charakterisierung der Aufgaben in den verschiedenen Steuerungsbereichen des Managements von Organisationen in der Sozialen Arbeit beinhaltet.

Merchel, J. (2010): Leitungskompetenz für Einrichtungen der Sozialen Arbeit (Bd. 5 der Reihe „Handlungskompetenzen in der Sozialen Arbeit", hrsg. von Maja Heiner) Ernst Reinhardt, München / Basel

Praxisorientierte und mit kurzen ‚Wissensbausteinen' unterlegte Darstellung anhand von Fallbeispielen, welche Anforderungen in unterschiedlichen Managementbereichen an Leitung in verschiedenen Organisationsarten der Sozialen Arbeit sichtbar werden und welche Kompetenzen Leitungspersonen entwickeln müssen, um diesen Anforderungen gerecht werden zu können.

Simsa, R., Meyer, M., Badelt, Ch. (Hrsg.) (2013): Handbuch der Nonprofit Organisation. Strukturen und Management. 5. Aufl. Schäffer-Poeschel, Stuttgart

Ein umfassender Einblick in unterschiedliche Managementbereiche und eine fundierte Einführung in unterschiedliche Themen des Managements, die aus einem entsprechenden Studiengang der Wirtschaftsuniversität Wien entstanden ist.

3.14 Evaluation und Selbstevaluation

Von C. Wolfgang Müller

Definition: „Wer evaluiert, trägt systematisch und schriftlich Daten zusammen und analysiert diese, um Sachverhalte bewerten zu können" (v. Spiegel 2017, 298).

Allgemeine Vorklärungen: Die Frage, ob Soziale Arbeit das Geld wert sei, das die Steuerzahler jedes Jahr aufbringen, ist eine vergleichsweise junge Frage. Bis weit in das 19. Jh. hinein wurden solche Rentabilitätsfragen ideologisch beantwortet. Notleidenden müsse geholfen werden, weil wir unsere Nächsten lieben sollten (Caritas), weil alle Menschen Brüder und Schwestern wären (Humanitas) oder weil sie mit uns im weltweiten Klassenkampf verbunden seien (Solidarität). Hinzu kam in der zweiten Hälfte des 19. Jh. ein quasi-machiavellistisches Argument: ‚Damit uns die Gesellschaft nicht um die Ohren fliegt'.

Mit der schrittweisen Etablierung des Sozialstaates und seiner gesetzlich formulierten Ansprüche an ein Leben, das ‚der Würde des Menschen entspricht', taucht heute immer drängender die Frage auf, ‚wie viel Sozialstaat wir uns denn noch leisten können'. Damit tritt zugleich die Frage in den Hintergrund, ob die in der Sozialen Arbeit tätigen Fachkräfte ‚die richtige Gesinnung' haben. Sie wird verdrängt von der Frage, ob sie das Richtige *tun*. Und das Richtige tun heißt, das Wirksame tun, das, was den gewünschten Zielen näher kommt. Damit verschob sich das Interesse bei der Bewertung Sozialer Arbeit von der Bewertung dessen, *was sie wollte*, auf die Beschreibung dessen, *was sie machte*. In der Sprache der empirischen Sozialforschung also vom ‚Input' zum ‚Output'. Die interessierte Öffentlichkeit fragte nicht mehr: ‚Was macht ihr?', sondern: ‚Was bewirkt ihr?' (zur Wirkungsforschung und ihren Ergebnissen vgl. das Schwerpunktheft ‚Wirkungen und Grenzen in der Kinder- und Jugendhilfe' in uj 5/2016).

Weil aber nun Soziale Arbeit beileibe nicht nur auch aus Steuern finanziert wird, schiebt sich ein neues Argument kommunaler und staatlicher Steuersparsamkeit in den Vordergrund. Wichtig ist nicht mehr nur, ob eine Einrichtung oder Maßnahme der Sozialen Arbeit das tut, was sie ‚verspricht', und die Wirkung erzielt, für die sie ‚subventioniert' wurde, ob sie also *effektiv* arbeitet, sondern auch, ob ihre Ergebnisse im Vergleich mit den aufgewendeten Mitteln angemessen und vertretbar, also *effizient* eingesetzt sind.

In diesem Spannungsfeld von aufeinander aufbauenden Fragen operiert die sog. Evaluationsforschung, die sich in Deutschland in den letzten vierzig Jahren sprunghaft entwickelt hat (ausführlich dazu v. Spiegel 2017).

Evaluation heute: In der Sozialen Arbeit hängt Evaluation eng mit der Einführung des ‚Qualitätsbegriffs' in den 1990er Jahren zusammen (etwa Merchel 1998 und Kap. 3.12). In der Einführung für dieses Lehrbuch ist bereits erwähnt worden, dass Einrichtungen der Sozialen Arbeit, die aus gesetzlichen Leistungsansprüchen finanziert werden, heute schon vorher angeben müssen, „was genau, für wen und mit welchen Zielen Leistungen angeboten werden, was sie kosten und wie die einmal versprochene Qualität der Leistungen fortentwickelt und geprüft werden kann" (Kreft/C. W. Müller in Kap. 1.1).

Außerdem kann ‚unsachgemäßes Handeln' auch in der Sozialen Arbeit dazu führen, dass Anstellungsträger und Beschäftigte die möglichen Rechtsfolgen bei Verletzung fachlicher Standards zu tragen haben (genauer bei Meysen in: Münder et al. 2019, Anhang II). Es lohnt sich also immer wieder, nach den unterschiedlichen Gründen für evaluierende Tätigkeiten zu fragen. Im zuletzt genannten Fall von ‚Kunstfehlern' ist es die Notwendigkeit, zu rechtfertigen, dass ich/wir ‚nach den Regeln der Kunst' gearbeitet haben, d. h. die bestehenden und anerkannten Maximen und Praktiken professionellen methodischen Handelns und professioneller Methoden, Verfahren und Techniken angemessen und sinnvoll angewendet wurden.

Evaluation ist also durchaus mehrdeutig: eher kontrollierend, eher die Fachlichkeit der handelnden Fachkräfte befördernd, eher das Erreichen wünschenswerter Ziele dokumentierend (ausführlich bei Merchel 2015a).

Formative und summative Evaluation: Unabhängig vom Einzelfall hat es sich in den letzten fünfzig Jahren eingebürgert, neue soziale Hilfsprogramme – vor allem, wenn sie noch auf keine etablierte Praxis verweisen können –, von vornherein mit der Auflage zu befrachten, die verwendeten Verfahren und Prozesse von einem unabhängigen wissenschaftlichen Institut evaluieren zu lassen. Eine solche ‚Begleitforschung' kann *formativ* erfolgen, sie kann also während des Prozesses zu vielfältigen Rückkehrschleifen führen, um mögliche Fehlorientierungen schon im Prozess korrigieren zu können. Sie kann aber auch *summativ* erfolgen, nach Beendigung der Maßnahme Aufwand, Handlungsroutinen und Ergebnisse bilanzierend. Solche eher legitimatorischen Evaluationsprojekte werden i. d. R. von professionell arbeitenden Instituten in Auftrag genommen, die sich in der Vielzahl von Methoden empirischer Sozialforschung (quantitative und qualitative) auskennen. Hier soll anschließend eine spezielle Form der Evaluation beschrieben werden, die auf die Qualitätsbeschreibung und die Qualitätssicherung der eigenen Arbeit ausgerichtet ist und die – wenn auch regelmäßig unter Anleitung – ‚selbst gemacht werden kann': die Selbstevaluation.

Selbstevaluation: Es gibt zunächst einmal drei wichtige Argumente *gegen* Formen der Selbstevaluation:

1. Wir, die wir uns selbst evaluieren wollen, ‚lügen uns dabei etwas in die Tasche'. Das mag für Anlässe gelten, bei denen es vom Ergebnis der Studie abhängt, ob ich meinen Arbeitsplatz verliere oder behalte. Für solche Legitimations-Studien sollten wir nicht zur Verfügung stehen.
2. Wir, die wir uns selbst evaluieren sollen, wissen nicht, wie man das macht. Mindestens für die neuen Generationen mit Bachelor, Master oder Diplom sollte das nicht mehr gelten. Außerdem sollte auch die Selbstevaluation von empirisch-wissenschaftlich versierten Fachfrauen/-männern angeleitet und begleitet werden, die nicht nur ihre Werkzeuge kennen, sondern auch etwas von ‚unseren Inhalten' verstehen.
3. Wir, die wir uns selbst evaluieren sollen, haben dazu keine zusätzliche Arbeitszeit. Dieses Argument erweist sich meist als richtig. Selbstevaluation ist eine zusätzliche, anspruchsvolle Aufgabe, die zusätzliche Arbeitszeit braucht – sonst geht es nicht.

Aber wenn es geht? Dann können wir uns nacheinander die folgenden Fragen stellen und sie, unter sachkundiger Moderation, einzeln, im Team und/oder im Plenum bearbeiten:

1. Welche Frage(n) haben wir an unsere alltägliche Arbeit, die sich auf unseren Arbeitsauftrag beziehen?
2. Welche Daten brauchen wir, um diese Fragen zu beantworten?
3. Welche Daten fallen in unserer täglichen Arbeit ‚eh schon an', die wir sammeln, aufbereiten und auswerten könnten?
4. Verfügen wir über abgeschlossene oder nahezu abgeschlossene Fälle (oder Arbeitsverläufe), mit denen wir ausgesprochen zufrieden sind?

Können wir sie nach einem gemeinsam vereinbarten Schema darstellend beschreiben?

5. Verfügen wir über abgeschlossene oder nahezu abgeschlossene Fälle (oder Arbeitsverläufe), mit denen wir ausgesprochen unzufrieden sind? Können wir sie nach einem gemeinsam vereinbarten Schema beschreiben?
6. Können wir die vorsichtigen Verallgemeinerungen dieser Beschreibungen und dieser ansatzweisen ‚Kontrastgruppenanalyse' zwei berufserfahrenen Praktikern / Pratktikerinnen oder einem / einer methodenerfahrenen empirischen Sozialforscher / -in vorstellen und mit ihnen weitere Schritte vereinbaren, die uns helfen könnten, unsere Arbeit zu qualifizieren? (ausführlicher bei Beywl et al. 2011).

Weiterführende Literatur

Beywl, W., Bestvater, H., Friedrich, V. (Hrsg.) (2011): Selbstevaluation in der Lehre. Ein Wegweiser für sichtbares Lernen und besseres Lehren. Waxmann, Münster

Merchel, J. (2015a): Evaluation in der Sozialen Arbeit. 2. Aufl. Ernst Reinhardt, München / Basel
Hier wird sehr anschaulich vermittelt, wozu Evaluation in der Sozialen Arbeit dient und welche Formen es gibt. Ein grundlegender Überblick.

v. Spiegel, H. (2017): Evaluation. In: Kreft/Mielenz: Wörterbuch Soziale Arbeit, 298-302
Ein gelungener Überblick zum Stand und den Perspektiven der Ealuation und Selbstevaluation in der Sozialen Arbeit.

3.15 Öffentlichkeitsarbeit

Von Ria Puhl

Aufgabe und Funktion: Öffentlichkeitsarbeit wird heute durchgängig als eine wichtige Arbeitsgrundlage Sozialer Arbeit gesehen (Puhl 2003, 139f.). Dies kann insofern nicht verwundern, als Soziale Arbeit ohne Kommunikation nicht möglich ist und dies die Verständigung zwischen Klienten, Sozialarbeitern/Sozialpädagogen, Trägern und Öffentlichkeit gleichermaßen betrifft. Den notwendigen Austausch zwischen Reflexion und Präsentation der sozialen Tätigkeit kann nur ein professionelles Kommunikationsmanagement leisten: Damit ist eine umfassende, langfristig angelegte und systematische Öffentlichkeitsarbeit gemeint, die Inhalte, Absichten und Ziele der Sozialen Arbeit offensiv und nachvollziehbar darstellt. Öffentlichkeitsarbeit hat grob zwei Aufgaben, nämlich die der internen Verständigung oder fachlichen Vernetzung (interne Öffentlichkeitsarbeit) und die der Information nach außen (externe Öffentlichkeitsarbeit).

Generell ist Öffentlichkeitsarbeit Kommunikationsarbeit, die alle Formen mündlicher, schriftlicher und visueller Informationsvermittlung umfasst.

Bedeutung von Öffentlichkeitsarbeit – historisch und aktuell: Die Geschichte Sozialer Arbeit zeigt: Klappern gehört seit jeher zum Handwerk(szeug) des Helfens. So zeigen sich schon in der Armenpflege früherer Jahrhunderte, die noch angewiesen war auf Spenden – im damaligen Fachjargon: Almosen – Belege für Kommunikation als Vorläufer von Öffentlichkeitsarbeit. Johann Hinrich Wichern etwa, Begründer des Rauhen Hauses und des ältesten Wohlfahrtsverbandes (Niemeyer 1998, 45ff.) nutzte seine berühmten „Fliegenden Blätter" systematisch als PR-Instrument und zur Spendeneinwerbung.

Der Blick in die Geschichte zeigt aber auch, dass das Verhältnis von Sozialer Arbeit zur Öffentlichkeit Konjunkturen unterliegt, die sich sowohl für Themen wie für Strategien ausmachen lassen und die einmal defensiver und einmal offensiver sind. So heißt das Mittel der Wahl in den 1960er und 1970er Jahren ‚Skandalisierung' (Puhl 2003, 181). Es geht um die Anwaltschaft für die Klienten, die mittels der ‚Herstellung' von öffentlicher Aufmerksamkeit und Empörung politisch Druck ausüben will. Damit einhergehend entstehen aber auch neue Stigmatisierungen der Klienten (Hamburger 2012); diese Ambivalenz gilt als das ewige Dilemma in der Sozialen Arbeit.

Seit den 1980er Jahren, als der teilweise Umbau des Sozialstaates zum Sozialmarkt hin einsetzt, übernimmt Soziale Arbeit immer mehr das betriebswirtschaftliche Verständnis von Öffentlichkeitsarbeit im Sinne von Werbung und Imagebildung als der Optimierungsstrategie für Marktgängigkeit (Hamburger/Otto bereits 1999). Mitunter rückt dabei die seriöse, sachliche und verständigungsorientierte Information in den Hintergrund. Öffentlichkeitsarbeit gehört heute zusammen mit Spenden- und Direktmarketing zum Gesamtkonzept des Sozialmarketings. Hinsichtlich der Marktorientierung und bei der Erschließung neuer Ressourcen (Fund Raising, Sozialsponsoring) kommt der Öffentlichkeitsarbeit eine wachsende Bedeutung zu (Schürmann 2004, 13).

Konzepte für Öffentlichkeitsarbeit: Vor allem auf der unteren und mittleren Ebene von Einrichtungen (Tag der offenen Tür) und Organisationen (Selbstdarstellung, Sammelaktionen) wird intensiv Öffentlichkeitsarbeit betrieben. Für eine Umsetzung mit gesellschaftlicher Reichweite fehlen jedoch noch weitgehend das Verständnis, die Instrumente und auch die Kompetenzen. So zeigt eine Studie zur Öffentlichkeitsarbeit im Sozialen (Puhl 2003, 150 ff.), dass sie häufig von Mitarbeitern ‚nebenbei miterledigt' wird, die für professionelle Öffentlichkeitsarbeit nicht die notwendigen Kenntnisse erworben haben (Puhl/Straub 2002). So bleibt der sachgerechte öffentliche Diskurs über große und relevante Themen Sozialer Arbeit die Ausnahme (siehe etwa die verzerrte öffentliche Wahrnehmung und Stigmatisierung der Kinder- und Jugendhilfe bei Kindeswohlverletzungen). Das heißt, die Soziale Arbeit hat für ihre öffentlich wirksamen Belange noch nicht ausreichend tragfähige Konzepte entwickeln können.

Die Strategie professioneller Öffentlichkeitsarbeit: Der Stellenwert von Öffentlichkeitsarbeit (Public Relations versteht sich als synonymer Begriff) nimmt im Prozess der öffentlichen Meinungsbildung unaufhaltsam zu, denn Menschen wollen informiert sein und wichtige Entscheidungen mittragen oder zumindest nachvollziehen können. Soziale Arbeit als Expertin sozialer Leistungen muss mit ihren öffentlichen Zielgruppen (Adressaten, Fachöffentlichkeit, Träger, Gesellschaft und Politik) aktiv kommunizieren. Das bedeutet: Jede soziale Einrichtung sollte sich über ihre fachliche Arbeit hinaus als ‚kleine PR-Agentur in eigener Sache' verstehen und Informationen im Sinne einer Bringschuld an die Öffentlichkeit liefern. Die Frage: ‚Welche Informationen interessieren meine Zielgruppen am meisten?' ist handlungsleitend. Um die verschiedenen Zielgruppen zu erreichen, nutzt moderne Öffentlichkeitsarbeit vielfältige (massen-)mediale Kommunikationswege im Sinne von Pressepraxis. Zwar besteht Public Relations nicht nur aus Pressearbeit, aber aus Sicht vieler Experten stellt Pressearbeit nach wie vor das PR-Kommunikationsmittel ersten Ranges dar (Pleiner/Heblich 2009, 13). Selbstverständlich nutzt moderne Kommunikation auch die Möglichkeiten der sozialen Netzwerke.

Eine leistungsfähige Öffentlichkeitsarbeit ist ihrerseits nicht voraussetzungslos:

Voraussetzungen systematischer Öffentlichkeitsarbeit: Der Erfolg professioneller Öffentlichkeitsarbeit ist auf den verschiedenen Strukturebenen an bestimmte Bedingungen geknüpft:

- *Organisationsintern*: Im Sinne von Sozialmanagement (Kap. 3.13) muss ein klares Aufgaben- und Selbstverständnis entwickelt sein, das sich inhaltlich (Corporate Identity) und optisch (Corporate Design) vermittelt.
- *Personell*: Presse- und Medienarbeit wird durch einen qualifizierten Referenten für Öffentlichkeitsarbeit kontinuierlich gewährleistet.
- *Materiell*: Öffentlichkeitsarbeit ist mit den notwendigen finanziellen Mitteln und Zeitressourcen ausgestattet.
- *Strukturell*: Öffentlichkeitsarbeit ist als Leitungsaufgabe beim Management bzw. der Geschäftsführung angesiedelt.
- *Inhaltlich*: Die Kriterien und Instrumente von professioneller Öffentlichkeitsarbeit werden angewendet.

Um zu evaluieren, welche Kommunikationsmittel für die eigenen Kommunikationswünsche am besten geeignet sind, ist eine präzise Erfolgskontrolle der Öffentlichkeitsarbeit im Rahmen systematischen Handelns unerlässlich; die auf dieser Grundlage korrigierten Maßnahmen fließen dann in die nächste Runde der Kommunikationsplanung wieder ein. Schon im Interesse der eigenen Sache gelten dabei die internationalen ethischen Richtlinien, wie sie 1965 im Code d'Athènes für die Öffentlichkeitsarbeit proklamiert worden sind: Achtung der Menschenwürde, Wahrheitstreue, Sachlichkeit und Aktualität.

Über die Auskunftspflicht (§ 13 SGB I) sind die Öffentlichkeitsarbeit sozialer Einrichtungen durch das Datenschutzrecht (SGB X), die Persönlichkeitsrechte (GG) und Presserechte (Landespressegesetze) geregelt.

Fazit: Einerseits hat die Öffentlichkeit ein Anrecht auf transparente, nachvollziehbare Informationen aus dem sozialen Bereich, also auf Öffentlichkeitsarbeit. Andererseits können die Effekte von Öffentlichkeitsarbeit nicht nur die öffentliche Wahrnehmung, also die Position von Sozialer Arbeit, verbessern, sondern auch zur beruflichen Identitätsbildung von Sozialarbeitern und SozialpädagogInnen beitragen.

Weiterführende Literatur

Fröhlich, R., Szyszka, P., Bentele, G. (Hrsg.) (2015): Handbuch der Public Relations. Wissenschaftliche Grundlagen und berufliches Handeln. Mit Lexikon. 3. Aufl. Springer VS, Wiesbaden
Dient neben der Zusammenfassung von Wissensbeständen auch der Klärung von Begrifflichkeiten im Bereich PR und gibt Auskunft zu den Schlüsselbegriffen der Öffentlichkeitsarbeit als berufliches Handeln.

Pleiner, G., Heblich, B. (2009): Lehrbuch der Pressearbeit. Grundlagen und Praxismethoden für die Soziale Arbeit. Juventa, Weinheim / München
Dieses Buch ist ein auf die Bachelorstudiengänge Sozialer Arbeit zugeschnittenes Lehrbuch. Es rezipiert die vorhandenen Quellen zur Öffentlichkeitsarbeit wissenschaftlich, systematisiert die Erkenntnisse und bereitet sie didaktisch und praxisnah für die modularisierte Hochschulausbildung auf.

4 Techniken (eine exemplarische Auswahl)

4.1 Fragen, Nachfragen, Zuhören

Von C. Wolfgang Müller

Worum es geht: Die Methoden Sozialer Arbeit haben in ihrer Entwicklung von den Ergebnissen zeitgenössischer Kommunikationsforschung (Paul Watzlawick) profitiert, demzufolge das korrekte Verstehen kommunikativer Botschaften nicht die Regel ist, sondern eher die Ausnahme. Das hat Konsequenzen für die professionelle Entwicklung von Empathie (Einfühlungsvermögen), die nach Carl Rogers eine der drei wichtigen Eigenschaften von Beratern ist. So gesehen ist für die Berufe Sozialer Arbeit die Fähigkeit, Fragen zu stellen, mindestens ebenso wichtig wie die Fähigkeit, korrekte und der Situation angemessene Antworten zu geben. Nur: Das ‚empathische Fragen' wird nur in wenigen, gesprächstherapeutischen Weiterbildungs-Studiengängen systematisch gelehrt, gelernt und geübt.

Arten von Fragen: Man unterscheidet mancherlei unterschiedliche Arten (weil: Funktionen) von Fragen. Da ist zunächst die sondierende Frage. Sie soll, vergleichsweise allgemein gestellt, das Gelände abklären, in dem sich die Gesprächspartner befinden und wo sie Schwerpunkte setzen. Bei allen professionellen Fragen wird übrigens empfohlen, zur Begründung der Frage kurze, orientierende Ich-Botschaften zu geben, um den möglichen Eindruck eines ‚Verhörs' zu vermeiden. Gleichzeitig wird empfohlen, an bereits vorher Gesagtes der Gesprächspartner anzuknüpfen: ‚Sie haben vorhin erwähnt ... Ich fand das sehr spannend ... Können Sie dazu noch mehr sagen?'

Diese Haltung führt zur Nachfrage. Sie ist auf Erweiterung, Vertiefung oder den möglichen motivationalen Hintergrund eines bereits mitgeteilten Sachverhaltes gerichtet.

In letzter Zeit wird ein gewisser Wert auf sog. ‚konfrontierende Fragen' gelegt. Sie sollen früher gemachte Äußerungen der Gesprächspartner mit aktuellen Statements ‚konfrontieren' und um Aufklärung der möglichen Widersprüche zwischen beiden bitten. Sie sollten – wie übrigens Fragen überhaupt – niemals in einem bewertenden Tonfall gestellt werden, sondern immer mit dem Gestus wissenwollender Neugier.

Zuhören: Um diesen Eindruck zu vermitteln, gehört die Anteilnahme des gesamten Körpers der/des Fragenden dazu: die Augen, die Mimik, die Haltung des Kopfes, des Oberkörpers. Dies ist die Körperhaltung aktiven Zuhörens. Und dieses aktive Zuhören hat zwei Funktionen: Einmal soll es dem Sprechenden vermitteln, dass wir uns als Zuhörer wirklich für das interessieren, was er zu sagen hat, dass wir daran Anteil nehmen und dass wir diese Anteilnahme mit unserem ganzen Körper ausdrücken können. Zum anderen signalisiert das aktive Zuhören unserem eigenen Körper, dass er bereit ist, Neues, Unerwartetes, vielleicht auch Widerspenstiges wahrzunehmen. Diese wachsam-aktive Haltung ist das Gegenteil von jener Schläfrigkeit, mit der wir manchmal auf die Botschaften von alten Bekannten reagieren, wenn wir genau zu wissen meinen, was der andere sagen will, weil wir ihn schon so lange kennen. Sie ist auch das Gegenteil von jener gespielten Freundlichkeit gegenüber Gesprächspartnern, die uns eigentlich egal sind und die wir mit einem ungerichteten Einstreuen einsilbiger Geräusche (ach, aha, na, echt) ‚bei der Stange zu halten' suchen.

Aktives Zuhören ist in einer Zeit multi-ethnischer Kommunikation gerade für Sozialarbeiter/Sozialpädagogen lebens- und berufswichtig. Es berücksichtigt die Vermutung, dass unsere Gesprächspartner, selbst wenn sie gut Deutsch sprechen, mit ihren Worten nicht immer das Gleiche meinen, das wir mit ihnen verbinden. Es bedarf deshalb zahlreicher vorsichtiger Rückfragen, um sich zu versichern, dass wir uns wirklich verstehen, ohne dabei den Verdacht zu nähren, dass wir an der sprachlichen Kompetenz unserer Gesprächspartner zweifeln.

Vermieden werden sollen stets Fragetypen, die sich als wenig hilfreich erwiesen haben: Warum-Fragen – sie führen selten dazu, dass Gesprächspartner spontan Auskunft über komplizierte oder verdeckte Gründe dessen Auskunft geben können, was sie gerade mitgeteilt haben. Geschlossene Fragen und Entweder-oder-Fragen – sie wirken suggestiv, weil sie den Eindruck vermitteln (können), als gebe es nur die beiden präsentierten Alternativen. Serienfragen – sie präsentieren mehr als zwei Alternativen und wirken in der Regel verwirrend oder überwältigend. Suggestivfragen – sie erwecken den Eindruck, als wollten Sie Ihren Gesprächspartner in eine gewisse Ecke treiben: ‚Wollen Sie damit sagen, dass es Ihnen nie in den Sinn gekommen ist, …?'

Auf der anderen Seite gibt es für die eruierende und diagnostizierende Funktion von Sozialarbeitern ab und zu die Notwendigkeit, Fragen zu stellen, die zu Antworten führen können, die für die Befragten unangenehm sind, weil diese eine abweisende Reaktion des Fragenden befürchten müssen. In solchen Fällen lohnt es sich, die Frage mit einem Statement zu beginnen, dass es heute ja viele Möglichkeiten gibt, mit einer bestimmten Sache umzugehen. Die einen machen es so, die anderen machen es anders. ‚Wie ist das bei Ihnen?' Dann mag es unter Umständen leichter fallen, eine Antwort zu geben, die nicht im Mainstream liegt.

Allgemein gesprochen sollten Fragen knapp und klar sein, sollten ein kooperierendes Interesse des Fragenden signalisieren und die Kernaussage der Antwort anschließend wiederholen bzw. ‚paraphrasieren': mit eigenen Worten, aber nahe an der verstandenen Aussage der Gesprächspartnerin oder des Gesprächspartners. Dies kann durch die Verständnisfrage eingeleitet werden: ‚Habe ich Sie recht verstanden …?' oder: ‚Sie sagen also, dass Sie …?' Die mögliche Korrektur durch den Gesprächspartner ist dann widerspruchslos zur Kenntnis zu nehmen.

Wenn die Fragenden etwas aufschreiben wollen/sollen/müssen, sollten sie es den Gesprächspartnern mitteilen und den Grund dafür angeben. Der Komplex ‚Fragen' und ‚Fragen stellen' ist Teil klientenzentrierter Gesprächsführung und spielt vor allem in der anamnestischen und diagnostischen (ersten) Phase Sozialer Beratung (Kap. 3.1) eine Rolle, aber auch im Gesprächsverhalten von Gruppenpädagogen (Kap 2.2) und Gemeinwesenarbeitern (Kap. 2.3), vor allem, wenn sie sich in Einzelgesprächen (Kap. 2.1) befinden.

Weiterführende Literatur

Weinberger, S. (2013): Klientenzentrierte Gesprächsführung. Lern- und Praxisanleitung für Personen in psychosozialen Berufen. 14. Aufl. Beltz Juventa, Weinheim/München

Culley, S. (2015): Beratung als Prozess. Lehrbuch kommunikativer Fertigkeiten. 6. Aufl. Beltz Edition Sozial, Weinheim/München

Beide Werke führen angemessen in ‚Gespräche' und ‚Beratungen' ein.

4.2 Oral History: Erzähltes Leben

Von Sabine Gieschler

Seit den 1930er Jahren gilt im englischsprachigen Raum die Oral History als qualitative Methode in der Geschichtswissenschaft, seit den 1960er Jahren als ‚mündlich überlieferte Geschichte' auch im deutschsprachigen Raum. Zu ihrem Instrument wurde das ‚narrative Interview' entwickelt, das strengen Regeln folgt.

Erzähltes Leben und Soziale Arbeit: In den 1990er Jahren wurden Methode und Instrument der Oral History für die Soziale Arbeit adaptiert. Diese entwickelte allerdings, ihrem Gegenstand entsprechend, andere, eigene Regeln dafür. Während im narrativen Interview der Geschichtswissenschaft die (scheinbare) Neutralität und emotionale Distanz des Zuhörenden größtmögliche ‚Wahrhaftigkeit' im Erzählstrom herbeiführen soll, ist das entscheidende Kriterium für die Haltung des zuhörenden Sozialarbeiters die ‚Empathie' (Kap. 4.1).

In den Geschichtswissenschaften wird die Wahrhaftigkeit des Erzählten und also auch die des sich Erinnernden letztendlich bezweifelt. Beim Erzählenden soll die Erinnerung – die natürlich immer durch weitere hinzukommende Einschnitte und Erfahrungen gefiltert ist – in ihrer Brüchigkeit deutlich werden. Durch ein bestimmtes Verfahren der Auswertung des Tonmitschnittes werden ‚subjektive Irrtümer' identifiziert und gleichzeitig dokumentiert.

SozialarbeiterInnen können auf diese ‚Coolness' verzichten. Ihnen geht es um anderes. Wenn Menschen in unterschiedlichen sozialen Situationen oder Settings ihr Leben erzählen, bewirkt das Zweierlei: Der Erzählende hat seinen Zuhörer oder ein ‚Publikum' gefunden. Seine persönlichen Erinnerungen und damit seine Person gewinnen an Bedeutung, nicht nur für den Zuhörenden, sondern auch für den Erzählenden selbst. Die ‚historische Wahrheit' – was immer sie sein mag – ist in diesem Prozess zwar nicht bedeutungslos, aber vielleicht zweitrangig. Durch vorsichtiges, eben ‚empathisches Fragen' (C. W. Müller) soll es möglich werden, dass der sich Erinnernde weiter und tiefer in quasi ‚verschüttete' Bereiche des Erlebten eindringen kann – möglicherweise war das schon in der gedanklichen Vorbereitung auf das Gespräch geschehen. Darum scheint es angemessen, dass wir in der Sozialen Arbeit den Begriff ‚Oral History' mit ‚Erzählter Geschichte' übersetzen, denn es geht nicht um historische Genauigkeit oder gar

Wahrheit, sondern um ‚erzähltes Leben'. Dieses Verfahren bezieht auch den Zuhörer in den Erkenntnisprozess mit ein. Seine Empathie ist ja mehr als eine gebräuchliche Vorstellung von ‚Einfühlungsvermögen'. Es geht nicht darum, in den Erzählenden ‚hineinzukriechen', um ihm ‚weiß Gott wie viel Verständnis entgegenzubringen', sondern es geht um wirkliches Verstehen. Um ein Einordnen, das Wissen voraussetzt. Das Wissen um die vielschichtigen Grundlagen, die individuelles Bearbeiten von Erlebnissen und individuelles Erinnern beeinflussen (z. B. Herkunft und Sozialisation, kollektives Gedächtnis und seine subjektive Deutung etc.).

Wie zu verfahren ist: Wie locke ich nun als SozialarbeiterIn die erzählte Lebensgeschichte meines Gesprächspartners hervor? Es kann sich bei ihm um eine Person handeln, die ich – aus welchen Gründen auch immer – interessant finde, deren Werdegang mich per se interessiert, oder aber auch um eine Person, die mir zur weiteren ‚Befassung' überstellt wurde:

- In beiden Fällen muss ich das Gespräch vorbereiten. Das heißt, dass ich mich auf den Erzählenden einzustellen habe. Ich sammle Vorinformationen, telefoniere oder schreibe, bitte um eine Vita und um einen Termin für ein Vorgespräch. Die telefonische Verabredung ist darum günstiger, weil sie bereits eine Vorstellung von der Persönlichkeit des Erzählenden sowie von dem Klima gibt, in dem das anvisierte Gespräch stattfinden könnte. Zeit und Ort für ein Vorgespräch bestimmt der Gesprächspartner. Ein Vorgespräch ist sinnvoll, um eine Atmosphäre vorzubereiten, in der Empathie möglich ist. In ihm entwickelt der interessierte Zuhörer in der Regel ein wirkliches Interesse am Erzählenden und ein Gefühl für den sensiblen Umgang mit Fragen und Nachfragen. Die Entscheidung darüber, was erzählt werden kann und soll, liegt beim Erzählenden; auch die Grenzen des Erzählbaren werden von ihm bestimmt. Ist die Atmosphäre gut, fühlt sich der Erzählende geborgen, überwindet er häufig die von ihm selbst gesetzten Grenzen.
- Für das Vorgespräch – ob es in den privaten Räumen des Erzählenden oder an anderem Ort stattfindet – brauche ich einen jeweils entsprechenden ‚Tür-' bzw. ‚Mundöffner'. Türöffner sind bereits Zeit und Ort des verabredeten Vorgesprächs. Mundöffner kann eine ‚scheinbar' belanglose Bemerkung über das Wetter, den Ort oder die Situation sein. Entscheidend ist, dass in ihr Empathie bereits anklingt. Das bedeutet, dass ein Gespräch, das möglicherweise in verborgene, vergessene, ver-

schwiegene Bereiche eines Lebens führen wird, nur dann zustande kommen kann, wenn ein wirkliches Interesse beim Zuhörenden vorausgesetzt werden kann und dieses auch spürbar wird. Es geht um Geben und Nehmen: In Bezug auf das eigene ‚gelebte' Leben, ist der Erzählende der Gebende, der Zuhörer der Nehmende. Er ist nicht derjenige, der es besser weiß, sondern der, der ‚bisher noch nie Gehörtes' in sein Wissen aufnimmt und es damit erweitert oder modifiziert.

- Das Vorgespräch setzt noch auf die ‚Spontaneität der Erinnerung', auch, wenn davon ausgegangen werden kann, dass zwischen Telefonat und Vorgesprächstermin beim Erzählenden bereits die Reflexion über das Erlebte eingesetzt hat. Allerdings wird sie nach dem Vorgespräch zunehmen. Im eigentlichen Gespräch wird es dann um vorbereitete Reflexion gehen, auch wenn sich Richtung und Intensität der Erinnerung im Gespräch verändern können.
- Zeit ist ein wichtiger Faktor im Erzählprozess. Will ich vom Erzählenden wirklich etwas erfahren, muss ich ihm das Gefühl geben, dass ich ihm die Zeit, die er braucht, den Raum und meine ungeteilte Aufmerksamkeit zur Verfügung stelle. Natürlich gibt es auch beim Zuhörenden diesbezüglich Grenzen, die vermittelt werden müssen. Darum ist es sinnvoll, im Vorgespräch ein zeitliches und räumliches Setting zu verabreden, das ausreichend Zeit und Raum für gedankliche Entwicklung suggeriert und gleichzeitig eine die Konsistenz der Erinnerung schützende Grenze vorgibt.
- Vor Beginn des Gesprächs gelten folgende Regeln: Der Erzählende muss (ggf.) wissen, dass das Gespräch aufgezeichnet und im Anschluss transkribiert wird, und er muss den Verwertungszusammenhang kennen. Letzterer sollte am Ende des Gesprächs nochmals bestätigt werden.

Neue Entwicklungen: Die Regeln dieser Technik werden seit Jahren in Erzählcafés oder auch an Erzähltischen beachtet, in Veranstaltungen von Vereinen und Wohlfahrtsverbänden, in denen Menschen über ihr Leben berichten, vielfach von interessierten Laien organisiert und moderiert, jedenfalls ohne eine besondere sozialpädagogische Zielsetzung.

1987 entstand in Deutschland das erste Erzählcafé in Berlin-Wedding: als öffentliches Forum, in dem man zum Zwecke des Erzählens zu vorbereiteten Themen zusammenkommt. Es geht bei diesen Treffen um Alltagsgeschichten, statt empirischer Fakten stehen individuelle Erlebnisse und Erfahrungen im Vordergrund (nach: Ev.-Luth. Kirchenkreis Hamburg-West/Südholstein). Interessante Beispiele für Erzählcafés gibt es u. a. in Bonn, Saarbrücken und Mönchengladbach. Für das Format Erzähltisch stand beispielhaft der Erzähltisch der Arbeiterwohlfahrt Nürnberg von 2009–2014.

Aktuell eröffnet sich dazu ein ganz neues Arbeitsfeld: Wir erlebten in Europa im Jahr 2015 die Flucht von Menschen vor allem aus Afghanistan, dem Irak und Syrien sowie aus Afrika. Zu Millionen verlassen sie ihr Land, ihre gewohnten Lebenszusammenhänge, ihre Familien und Freunde. Sie setzten sich gefährlichen Fluchtbedingungen aus, um in Frieden und Sicherheit leben zu können. In den aufnehmenden Ländern erleben sie Verständnis und Unterstützung – aber nicht nur. Viele Bewohner fühlen sich in ihrer Sicherheit bedroht. Hier öffnet sich ein neuer Wirkungsraum für die Soziale Arbeit, wenn es gelingt, die Lebensgeschichten von Flüchtlingen zu erfahren, indem diese einen Ort finden, sie zu erzählen. Die Technik des ‚Leben Erzählens' steht daher vor völlig neuen Aufgaben.

Weiterführende Literatur

Ev.-Luth. Kirchenkreis Hamburg-West/Südholstein: Arbeitshilfe Erzählcafé, abrufbar unter www.seniorenwerk-hhsh.de/wp-content/uploads/Erzähl-Café.pdf

Gieschler, S. (1999): Leben erzählen – Von der Wiederbelebung einer Kulturtätigkeit in postmoderner Zeit. Waxmann, Münster u. a. O.

Hanses, A. (Hrsg.) (2004): Biographie und Soziale Arbeit. Schneider Verlag, Hohengehren

Gute praxisorientierte Weiterführungen des Themas.

Rohnstock-Biografien: Karin Rohnstock gründete in den 1990er Jahren in Berlin eine biografie-orientierte Firma, die hilft, neue ‚Erzähl-Salons' zu etablieren, zu begleiten und transkribierte Texte als Bücher zu drucken (www.rohnstock-biografien.de)

4.3 Genogrammarbeit

Von Nando Belardi

Definition: Das Genogramm ist die piktografische Darstellung von Familienbeziehungen in der Generationenabfolge (Mehr-Generationen-Perspektive). Dabei ähnelt es dem Familienstammbaum. Allerdings geht das Genogramm weit darüber hinaus, weil nicht nur Lebensdaten, sondern auch Beziehungen, Persönlichkeitsmerkmale, Verhaltensweisen, eheliche und nichteheliche Geburten, familiäre Konflikte, Geschwisterrivalitäten, Trennungen, berufliche Karrieren sowie sonstige Auffälligkeiten (z. B. in der Familie wiederkehrende Krankheiten) aufgezeigt werden können.

Entwicklung: Schon immer haben Menschen sich mit der Frage beschäftigt, wer ihre Vorfahren gewesen sind und weshalb sie so geworden sind, wie sie sind. Aus dem Bedürfnis, die eigene Familie hervorzuheben, entstanden schon vor vielen hundert Jahren, vor allem bei den höheren Sozialschichten (Adel), die Stammbäume. In der Diktatur des Nationalsozialismus (1933–1945) musste man auch mithilfe von Stammbäumen nachweisen, dass man ‚rassisch' und gesundheitlich zum privilegierten Volk der ‚Deutschen' gehörte, um nicht verfolgt oder getötet zu werden. Das hatte mit Genogrammarbeit, wie wir sie heute verstehen, nichts zu tun.

Abgrenzung: Die Genogrammarbeit ist keine eigenständige Methode, sie löst auch von sich aus keine Probleme; sie ist allerdings eine gute Technik (ähnlich wie z. B. Rollenspiel, Soziogramm), um herauszufinden, was war und was ist (Diagnose), um gemeinsam zu diskutieren, was verändert werden könnte. Genogrammarbeit wird vor allem in der Familienhilfe, Familienberatung oder Einzel- und Familientherapie verwendet.

Theoretische Grundlagen: Eigentlich existiert keine Theorie der Genogrammarbeit. Denn das Genogramm ist lediglich eine symbolische Darstellung auf einem großen Blatt Papier von Familienbeziehungen im Generationenablauf. Dazu hat man Symbole entwickelt: Quadrat für eine männliche Person, Kreis für eine weibliche Person. Wenn sie eine Lebensgemeinschaft (z. B. Ehe) eingehen, werden diese Symbole mit einer Linie verbunden. Deren Nachkommen befinden sich dann eine Etage tiefer und werden ebenso mit ihren Beziehungen dargestellt. Dann kann man zu diesen Symbolen alle möglichen (oben erwähnten) Eigenschaften hinzuschreiben: Lebensdaten, Eigenschaften, Konflikte, Trennungen, Krankheiten usw. So hat man sehr schnell einen grafischen Blick auf Familiensysteme.

Anwendungen: In der Medizin untersucht man mithilfe des Genogramms Krankheitsrisiken (Erbkrankheiten, Krebsrisiko) im Generationenablauf. Auch in der Geschichte, Musik und Literatur (Familie Wagner, Familie Mann) haben Genogramme ihre Verwendung gefunden. Sozialarbeiter / Sozialpädagogen, Berater und Psychotherapeuten erstellen bei einer längeren und intensiven Arbeit mit Klienten in den ersten Stunden gemeinsam ein Genogramm, um die Familienbeziehungen sowie ihre Hintergründe verstehen zu können. Die Erstellung des Genogramms ist ein Prozess. Deshalb kann man es immer wieder ergänzen und verändern. Bis auf die genannten wenigen formalen Vorgaben gibt es keine vorgeschriebene Form. Man kann dem Genogramm auch Kommentare, Zeichnungen oder Fotos beifügen und es sehr groß auf einer Tapetenrolle anfertigen.

Barrieren: Das Bedürfnis, ein Genogramm zu erstellen, sollte in der gemeinsamen Arbeit mit dem Klienten entstehen. Es ist sinnlos, zu Beginn einer Zusammenarbeit schematisch ein Genogramm anfertigen zu wollen. Vorher muss beim Klienten ein Vertrauensverhältnis sowie eine Motivation entstanden sein. Klienten dürfen nicht den Eindruck haben, dass ihre persönlichen Verhältnisse mit Hilfe des Genogramms der öffentlichen Neugier ausgesetzt sind. Nach Ende der Zusammenarbeit sollten die Klienten ihre Genogramme ausgehändigt bekommen.

Resümee: Genogramme sind Hilfsmittel, um Familienverhältnisse im Generationenablauf auf einem Blatt Papier darzustellen, damit man darüber sprechen kann. Genogrammarbeit kann man am besten in einer kurzen Weiterbildung erlernen, um sie dann in der eigenen Praxis anzuwenden. (vgl. auch Wendt, P.-U. 2017, Kap. 4.3.2: Genogramm, 140-144).

Weiterführende Literatur

McGoldrick, M., Gerson R., Erckenbrecht I. (2016): Genogramme in der Familienberatung. 4. Aufl. Huber, Bern

Roedel, B. (2014): Praxis der Genogrammarbeit. 7. Aufl. Borgmann, Dortmund

Diese Titel sind klassische Ergänzungs- und Erweiterungsliteratur.

4.4 Spielen und Spiele

Von C. Wolfgang Müller

Was meint Spielen? Spielen ist eine lustvolle Tätigkeit in allen Altersgruppen – allein, aber bevorzugt in Gemeinschaft mit anderen, die man gut kennt, oder die man gern kennenlernen möchte. Es folgt allgemeinen Regeln, die bekannt sind oder von Spielmachern angesagt und eingehalten werden müssen. Gern wird nach Regelspielen gespielt, die von Generation zu Generation weitergegeben werden (Bürger, Bauer, Bettelmann, Mensch ärgere Dich nicht…) – oder neue kreative Spiele werden erfunden, die es erlauben, bestehende Grenzen zu überschreiten, die gleichzeitig aber doch Regeln setzen, die das Überschreiten kanalisieren.

Spielen in der Sozialen Arbeit: In der Sozialpädagogik haben Singspiele seit der Tradition des Fröbelschen Kindergartens eine große Bedeutung. Und in der Gruppenpädagogik (Kap. 2.2) werden Spiele noch heute genutzt, um drei neuralgische Phasen im Gruppenprozess auf elegante Weise zu bearbeiten: die Anfangsphase, in der die Gruppe ‚gebildet wird', ‚ankommt' oder sich ‚findet'; die Phase, in der sich die Großgruppe in verschiedene Kleingruppen auflösen soll (wer mit wem?) und die Phase abendlicher Besinnung, die früher singend am Lagerfeuer verbracht wurde und die heute als ‚Cool down' auf neue Weise ritualisiert wird (Bay / Sauer 2010).

Im Sport wird das Spiel häufig zum konkurrenzorientierten Leistungssport überspitzt und profitabel ausgebeutet. Als Gegenbewegung erfand die deutsche Sportjugend in den 1980er Jahren ‚Spiele ohne Gewinner', denen aber manchmal der letzte Pfiff fehlte (Orlick 2001). Inzwischen ist die Bedeutung des Sports für die Soziale Arbeit in einer differenzierten Betrachtung (Freizeit-, Breiten- und Spitzensport) unbestritten (Kreft 2018).

In der therapeutischen Arbeit mit Kindern werden neu erdachte Spiele inzwischen häufig eingesetzt, um hyperaktives, aggressives, ängstliches oder traumatisiertes Verhalten übend bearbeiten zu können (Weinberger 2015).

Insgesamt kann man sagen, dass in gruppenpädagogisch orientierten Spielen eine erstrebenswerte Einheit von kognitivem und handwerklichem, emotionalem und sozialem Lernen erfahren werden kann, ohne dass dieses Lernen lehrhaft-aufgesetzt wirken muss.

Fazit: Früher wurde vom Volksschullehrer erwartet, dass er Lieder singen und Geige spielen kann. Heute ist für Pädagogen (aller Richtungen und Handlungsebenen) die Kenntnis eines Fundus von Spielen (z.B. Brett-, Karten- und Bewegungsspielen) und die 'Traute', sie auch wirklich zu spielen, von großer Bedeutung.

Weiterführende Literatur

Bay C., Sauer, R. (2010): Vom Warming-Up zum Cool-Down. Neue Methoden für die Arbeit mit Jugendgruppen. 3. Aufl. Beltz Juventa, Weinheim/München

Thiesen, P. (2017): Spielen. In: Kreft, D., Mielenz, I. (Hrsg.): Wörterbuch Soziale Arbeit. 8. Aufl. Beltz Juventa, Weinheim/München, 969-973

Thiesen, P. (2018): Arbeitsbuch Spiel. 8. Aufl. Westermann Gruppe, München/Köln
Der letzte Beitrag ist eine qualifizierte Erstinformation für das Thema Spielen und Spiele.

4.5 Rollenspiel

Von C. Wolfgang Müller

Anwendungsbereiche: Viele Interventionen der Sozialen Arbeit basieren auf dem gesprochenen Wort und seinem Austausch unter den Menschen. Sie setzen empathisches Vermögen voraus, also das Vermögen, die ankommenden Botschaften so zu entschlüsseln, dass der gemeinte Sinn verstanden wird. Und andererseits die gesendeten Botschaften so zu formulieren, dass ihr gemeinter Sinn auch verstanden werden kann. Wenn wir Situationen, Ereignisse und Geschehnisse berichten, die vergangen sind oder die wir von Dritten erfahren haben, dann benutzen wir meist eine indirekte, erzählende Rede mit Begriffen und Satzkonstruktionen, die das zu verhüllen oder zu verändern scheinen, was wirklich geschehen ist und gesprochen wurde. Deshalb raten Gesprächs- und Konfliktberater, von der indirekten Rede (... und dann hat er gesagt, er würde..., und dann habe ich geantwortet, ich würde nicht...) in die direkte Rede überzugehen und so zu tun, als werde die vergangene Situation in der Gegenwart wiederhergestellt. Ich spreche dann im Originalton – und mir wird im Originalton geantwortet. Das ist der Anfang von einem Rollenspiel, das auch in dem von Jacob Levy Moreno 1921 in Wien gegründeten Stehgreiftheater eine Rolle gespielt hat. Indem ich in meine eigene Rolle schlüpfe (oder in die Rolle eines Kontrahenten) transportiere ich nicht nur Wörter und Begriffe, sondern ich transportiere sie auch ‚im Originalton' und in der Gebärden- und Körpersprache, welche die gesprochenen Wörter und Sätze begleiten und unterstreichen.

Ein solches, meist von einem neutralen Dritten angeleitetes Rollenspiel kann eine Reihe von klärenden Wirkungen auf mich und meine Interaktion haben:

- Indem ich nicht über eine Situation spreche, sondern mich in ihr bewege, kann ich zu einer größeren Klarheit darüber kommen, was wirklich geschehen ist und wie ich es erlebt habe.
- Indem ich die Rolle eines Anderen (vielleicht sogar meines Konfliktpartner) spiele, eigne ich mir dessen Argumentation und vielleicht sogar dessen Sichtweise an und kann sie deshalb eventuell besser verstehen, auch wenn ich sie nicht teile, weil ich andere Interessen habe und deshalb eine ‚andere Rolle spiele'.
- Indem wir dieses Rollenspiel vor anderen Beteiligten spielen, geben wir ihnen die Möglichkeit, besser zu verstehen, was geschehen ist, und gegebenenfalls moderierend in das Geschehen einzugreifen.

Beispiele: In der Beratung im Vier-Augen-Gespräch oder in der *Kleingruppe* kann das Rollenspiel benutzt werden, um schwierige Situationen noch einmal realistisch ‚nachzustellen', um sie anschließend besser bearbeiten zu können.

In der *Gruppenpädagogik* (vgl. Kap. 2.1 und Wendt, P.-U. 2017, 255f.) ist das Rollenspiel ein beliebtes Verfahren, um tote Punkte, Gruppenkonflikte und Gruppenidentitäts-Krisen realistisch ‚vor Augen und Ohren' zu führen, damit sie hinterher besser bearbeitet werden können.

In der *Theaterpädagogik* wird das angeleitete Rollenspiel als Stegreifspiel oder mit vorgegebenem literarischen Text in Ausbildung und Praxis gern verwendet. Dort treffen wir auch auf Fachleute, die uns beim angeleiteten Rollenspiel behilflich sein können.

Weiterführende Literatur

Höhn, J. (2015): Theaterpädagogik. Grundlagen, Zielgruppen, Übungen. Henschel, Leipzig

Koch, G., Streisand, M. (Hrsg.) (2009): Wörterbuch der Theaterpädagogik. 3. Aufl. Schibri Verlag, Milow

4.6 Tetralemma – Handeln bei Vieldeutigkeiten

Von Heiko Kleve

Entwicklung und Gegenstand: Das Tetralemma ist ein Modell, das in der erweiterten Form, wie es hier als Technik für die Soziale Arbeit vorgeschlagen wird (bereits Kleve 2007, 43 ff.), von Matthias Varga von Kibéd und Insa Sparrer (2000) entwickelt wurde. Die Struktur dieses Modells geht auf fernöstliche Gedanken zurück: Sie entstammt der

„traditionellen indischen Logik zur Kategorisierung von Haltungen und Standpunkten" und „wurde im Rechtswesen verwendet zur Kategorisierung der möglichen Standpunkte, die ein Richter zu einem Streitfall zwischen zwei Parteien einnehmen kann. Er kann der einen Partei Recht geben oder der anderen Partei oder beiden (jeder hat Recht) oder keiner von beiden. Diese vier Positionen wurden von den buddhistischen Logikern (...) um die Negation des Tetralemmas (die sog. vierfache Negation) erweitert" (Varga von Kibéd/Sparrer 2000, S. 77).

Tetralemma als Reflexionsmodell: Da die Soziale Arbeit eine Profession ist, die in ihrer Praxis mit zahlreichen Ambivalenzen und Entscheidungskonflikten aufgeladen ist (grundsätzlich etwa Kleve 2007), benötigt sie Verfahren und Techniken, um in ambivalenten und konflikthaften Situationen die möglichen Sichtweisen und Handlungsoptionen abzuwägen und mitunter durch weitere, vielleicht passendere Perspektiven und Möglichkeiten zu ergänzen. Das T. ist ein Reflexionsmodell, das sich genau für diesen Prozess des Abwägens von Möglichkeiten und des Konstruierens von zusätzlichen Optionen eignet. Die Struktur des Modells lässt sich zunächst in vier Positionen darstellen:

(1) *Das Eine* – die eine Seite der Ambivalenz bzw. die eine Option oder Perspektive.
(2) *Das Andere* – die andere Seite der Ambivalenz bzw. die andere Option oder Perspektive.
(3) *Beides* – die bisher möglicherweise übersehenen Verbindungen oder Vereinbarkeiten zwischen dem Einen und dem Anderen.
(4) *Keines von Beiden* – die bisher möglicherweise übersehenen Kontexte, die das Eine und das Andere auch noch tangieren, bedingen oder möglicherweise erst verursachen; worum es bei dem Einen und dem Anderen eben auch noch gehen könnte.

Die buddhistischen Logiker ergänzten das Tetralemma um eine weitere, fünfte Ebene:

(5) ‚… *all dies nicht – und selbst das nicht*‘ – die Negation der bisherigen vier Positionen sowie die Negation dieser Negation bzw. etwas ganz Anderes.

In unserer abendländischen Tradition ist der konstruktive Umgang mit Ambivalenzen und Konfliktsituationen häufig durch eine Entweder-oder-Logik verstellt. Wir gehen dann davon aus, dass wir uns entweder für das Eine oder das Andere entscheiden müssten. Wir pendeln dann, in einem „Tunnelblick" gefangen, zwischen der einen Option oder Perspektive und der anderen hin und her. Die Struktur des Tetralemmas ermöglicht es nun zunächst, die Idee zu prüfen, ob möglicherweise bisher übersehene Verbindungen oder Vereinbarkeiten zwischen dem Einen und dem Anderen denkbar sind. Die *dritte Position* (Beides) offeriert den Gedanken, dass es möglich ist, das Eine und das Andere konstruktiv und angemessen zu verbinden, so dass wir uns nicht mehr im Sinne eines Entweder-Oder einseitig entscheiden müssen. Wir können dann etwa merken, dass auf einer anderen Ebene eine übergeordnete Gemeinsamkeit auffindbar ist. Oder wir erkennen, dass eine Kontext- oder Situationen-Trennung eine mögliche Lösung wäre. Wir würden dann zwischen sachlichen, sozialen und zeitlichen Kontexten bzw. Situationen unterscheiden und beispielsweise überlegen, wann, wo oder wie die eine Seite der Ambivalenz und wann, wo oder wie die andere Seite die geeignete Option oder Perspektive wäre.

Wenn wir das beispielhaft an der klassischen sozialarbeiterischen Ambivalenz von Hilfe und Kontrolle verdeutlichen, dann könnten wir etwa zwischen Themenbereichen unterscheiden und überlegen, hinsichtlich welcher Themen Kontrolle und hinsichtlich welcher Aspekte Hilfe notwendig ist. Möglich wäre auch eine soziale Trennung, also eine Unterscheidung von Personen mit unterschiedlichen Funktionen, z. B. zwischen Sozialarbeitern, die eindeutig auf der Seite der Hilfe stehen und anderen, die klar in die Kontrollfunktion gehen. Schließlich könnte die Zeitdimension als Möglichkeit der Kontexttrennung sinnvoll sein: In der Anfangsphase bzw. bis zum Erreichen bestimmter Ergebnisse ist Kontrolle im Vordergrund, danach immer mehr die Hilfe.

Varga von Kibéd und Sparrer (2000, 79) nennen zahlreiche weitere Möglichkeiten von ‚Beides‘ (dritte Position), die hier nicht weiter ausgeführt werden können, etwa: Kompromiss, Prämissenverschiebung,

Haltungsänderung, Absorption oder Unschärfe als systematische Ambiguität.

Die *vierte Position* (Keines von Beiden) führt den Gedanken ein, dass es bei der Reflexion von ambivalenten oder konflikthaften Positionen zwischen dem Einen und dem Anderen sinnvoll sein kann zu überlegen, welches weitere Kontexte sind, die die Ambivalenz oder den Konflikt noch bedingen, die vielleicht sogar als mögliche Ursache betrachtet werden könnten. Die Frage wäre hier: Worum geht es bei dieser Ambivalenz oder bei diesem Konflikt eigentlich auch noch? Deutlich könnte dann etwa werden (z.B. hinsichtlich der Ambivalenz von Hilfe und Kontrolle in der Kinder- und Jugendhilfe), dass es eigentlich nicht darum geht, zu helfen oder zu kontrollieren, sondern beispielsweise um die angemessene Versorgung, Betreuung und Erziehung von Kindern, die Bildung der Eltern, den Umzug in eine passendere Wohnung usw. Plötzlich tauchen also noch ganz andere Themen auf, die unmittelbar verknüpft sein können mit der Ambivalenz oder Konfliktsituation und deren Bearbeitung die Polarität zwischen dem Einen und dem Anderen verändert oder ganz zum Verschwinden bringt.

Die *fünfte Position*, die mit „... all dies nicht – und selbst das nicht" bezeichnet wird, öffnet die Suche nach weiteren Perspektiven in Richtung auf etwas ganz Anderes. Damit gerät beispielsweise in den Blick, dass sich die Umwelt permanent, zum großen Teil unkontrollierbar, verändert und sich spontan auch so umgestalten kann, dass sich die Ausgangssituation zwischen dem Einen und dem Anderen wandelt. Auch Konfliktsituationen oder Ambivalenzen entkrampfender Humor kann so etwas ganz Anderes sein.

Die fünf genannten Positionen des Tetralemmas sind als Etappen eines Prozesses bzw. einer Wanderung zu verstehen: Sie können bei Ambivalenzen oder Konfliktsituationen durchlaufen werden, um ‚unterwegs' auf Neues, neue Perspektiven oder Optionen zu stoßen. Nicht immer müssen alle fünf Positionen durchwandert werden; vielleicht ergeben sich schon vorher (etwa bei der dritten Position: Beides) neue Erkenntnisse, die eine vorher übersehene Möglichkeit bieten, die Ambivalenz oder den Konflikt konstruktiv zu wenden. Dann müssen die beiden anderen Positionen nicht auch noch durchlaufen werden.

Fazit: Das Tetralemma-Modell, das als eine Technik des konstruktiven Ambivalenz- und Konfliktmanagements genutzt werden kann, ist ein Prozessschema, das uns erlaubt, neue, bisher möglicherweise übersehene Perspektiven zu konstruieren. Diese Perspektiven können als dritte, vierte oder gar fünfte Wege bewertet werden, um in Situationen, die scheinbar nur zwei Alternativen (entweder das Eine oder das Andere) zulassen, die Komplexität der Optionen zu vergrößern.

Weiterführende Literatur

Varga von Kibéd, M., Sparrer, I. (2000): Ganz im Gegenteil. Tetralemmaarbeit und andere Grundformen systemischer Strukturaufstellungen – für Querdenker und solche, die es werden wollen. Carl-Auer, Heidelberg
Dieses Grundlagenwerk zur systemischen Theorie und Methodik der Strukturaufstellungen präsentiert zum ersten Mal das beschriebene Tetralemma-Modell in sehr ausführlichen und mit zahlreichen Übungsvorschlägen angereicherten Vertiefungen. Das Werk kann bereits jetzt als ein Klassiker hinsichtlich der innovativen Weiterführung des systemischen Denkens und Handelns gelten.

Kleve, H. (2007): Ambivalenz, System und Erfolg. Provokationen postmoderner Sozialarbeit. Heidelberg: Carl-Auer
In diesem Buch wird das Tetralemma-Modell ausführlich vorgestellt und der Sozialen Arbeit als eine Reflexionstechnik vorgeschlagen. Es wird zudem exemplarisch vertieft an der sozialarbeiterischen Ambivalenz von Hilfe und Nicht-Hilfe.

Kleve, H. (2011): Aufgestellte Unterschiede. Systemische Aufstellung und Tetralemma in der Sozialen Arbeit. Carl-Auer, Heidelberg
In diesem Buch wird das Tetralemma-Modell sowohl in seiner theoretischen Fundierung als auch in der praktischen Anwendung an unterschiedlichen Beispielen aus dem Kontext der Sozialen Arbeit ausführlich veranschaulicht.

Herausgeber und AutorInnen

Nando Belardi, Dr. phil. habil., em. Universitäts-Professor, lehrte von 1977–2006 Sozialpädagogik/Sozialarbeit in Köln und an der Technischen Universität Chemnitz. Er war tätig als Gastprofessor in Wolgograd (Russland), Bozen/Brixen (Italien) und Chengdu (V. R. China). Er lebt und arbeitet in Bergisch Gladbach bei Köln.

Michael Galuske (1959–2011), Dr. phil. habil., war zuletzt Professor am Fachbereich Sozialwesen der Universität Kassel. Arbeitsschwerpunkte: Theorie und Theoriegeschichte sowie Methoden der Sozialen Arbeit.

Sabine Gieschler, Dr. phil., Dipl.-Pädagogin, war zuletzt Dozentin und Leiterin des Weiterbildungsangebotes der Technischen Universität Berlin, BANA (Berliner Modell: Ausbildung für nachberufliche Aktivitäten). Sie lebt und arbeitet in Berlin.

Wolfgang Hinte, Dr. päd., ist Professor i. R. für Sozialpädagogik an der Universität Duisburg-Essen. Er arbeitet als Berater von öffentlichen und freien Trägern der Sozialen Arbeit in Deutschland, Österreich und der Schweiz.

Heiko Kleve, Dr. phil., Dipl.-Sozialarbeiter/Sozialpädagoge FH, Soziologe, ist Professor für Organisation und Entwicklung von Unternehmerfamilien am WIFU - Wittener Institut für Familienunternehmen, Universität Witten/Herdecke.

Dieter Kreft, Dipl.-Verwaltungswirt FH., Dipl.-Kameralist, Dipl.-Pädagoge, Staatssekretär a. D., war Leiter/Geschäftsführer sozialwissenschaftlicher Praxisforschungs-Institute in Berlin, Nürnberg sowie Frankfurt am Main und ist Honorarprofessor der Leuphana Universität in Lüneburg. Er lebt und arbeitet in Nürnberg.

Dieter Maly, Dipl.-Sozialwirt, ist Leiter des Amtes für Existenzsicherung und soziale Integration – Sozialamt der Stadt Nürnberg.

Stephan Maykus, Dr. phil., Dipl.-Sozialpädagoge, ist Professor für Methoden und Konzepte der Sozialen Arbeit an der Hochschule Osnabrück. Vorher war er u. a. tätig als Referent im LJA Stuttgart sowie als wiss. Mitarbeiter/Bereichsleiter im ISA Münster.

Joachim Merchel, Dr. phil., Dipl.-Pädagoge, ist Professor für das Lehrgebiet ‚Organisation und Management in der Sozialen Arbeit' an der Fachhochschule Münster, Fachbereich Sozialwesen.

Werner Michl, Dr. phil., M. A., ist Professor i. R. der Technischen Hochschule, Fakultät Sozialwissenschaften, in Nürnberg, Schwerpunkt Erlebnispädagogik. Er lebt und arbeitet in Berg.

C. Wolfgang Müller, Dr. phil., Dr. h. c., em. Professor, lehrte seit 1965 an der Pädagogischen Hochschule Berlin und der Technischen Universität Berlin Sozialarbeit/Sozialpädagogik mit den Schwerpunkten ‚Methoden Sozialer Arbeit und ihre historische Entwicklung' sowie ‚empirische Sozialforschung unter besonderer Berücksichtigung qualitativer Methoden'. Seit seiner Emeritierung ist er weiterhin im In- und Ausland als Übersetzer von Fachbüchern sowie in der Lehre, Forschung, Weiterbildung und Beratung tätig.

Ria Puhl, Dr., em. Professorin für Fachwissenschaft Soziale Arbeit an der Kath. Fachhochschule NRW, Abt. Köln.

Hiltrud von Spiegel, Dr. phil., ist Professorin i. R. der Fachhochschule Münster, Fachbereich Sozialwesen mit den Schwerpunkten Theorien sowie methodisches Handeln in der Sozialen Arbeit (inkl. Qualitätsentwicklung und Selbstevaluation). Sie lebt und arbeitet in Preußisch Oldendorf.

Reinhard Thies, Dipl.-Pädagoge, Geschäftsführer Wohnbau Gießen GmbH bis 2019. Davor Referent beim Bundesverband des Diakonischen Werks der EKD/Projekt Servicestelle Soziale Stadt in Berlin und zuvor Geschäftsführer LAG Soziale Brennpunkte in Hessen.

Wolf Rainer Wendt, Dr., Dipl.-Psychologe, Prof. i. R. der Berufsakademie Stuttgart. Honorarprofessor der Universität Tübingen. Er lebt und arbeitet in Stuttgart.

Literatur

Vorbemerkung: Studierende informieren sich häufig zunächst in Hand- und Wörterbüchern oder Lexika. Aus diesem Grunde verweisen wir auf eine ausführliche, sehr sorgfältige Sammelbesprechung der vier aktuellsten Hand- und Wörterbücher/Lexika in der Fachzeitschrift „unsere jugend" des Ernst-Reinhardt-Verlages (uj 10/2014, 440–443). Besprochen wurden dort diese Werke (hier: in der Reihenfolge ihres letzten Erscheinungsdatums aufgeführt):

- Otto, H.-U., Thiersch, H., Treptow, R., Ziegler, H. (Hrsg.) (2018): Handbuch Soziale Arbeit. 6. Aufl. Ernst Reinhardt, München/Basel
- Deutscher Verein für öffentliche und private Fürsorge e. V. (Hrsg.) (2017): Fachlexikon der sozialen Arbeit. 8. Aufl. Nomos, Baden-Baden
- Kreft, D., Mielenz, I. (Hrsg.) (2017): Wörterbuch Soziale Arbeit. Aufgaben, Praxisfelder, Begriffe und Methoden der Sozialarbeit und Sozialpädagogik. 8. Aufl. Beltz Juventa, Weinheim/München
- Thole, W. (Hrsg.) (2012): Grundriss Soziale Arbeit. Ein einführendes Handbuch. 4. Aufl. VS-Verlag, Wiesbaden

Ader, S. (2001): Handlungsrationalität vs. Erkenntnisrationalität – oder: Was müssen professionelle HelferInnen verstehen? In: Ader, S., Schrapper, C., Thiesmeier, M. (Hrsg.) (2001): Sozialpädagogisches Fallverstehen und sozialpädagogische Diagnostik in Forschung und Praxis. Votum, Münster, 94–117

Albrecht, M., Lattwein, S., Urban-Stahl, U. (2016): Der Hausbesuch im Kontext des Schutzauftrages bei Kindeswohlgefährdung. In: np 2/2016, 107–124

Alinsky, S. D. (1973): Leidenschaft für den Nächsten. Strategien und Methoden der Gemeinwesenarbeit I. Burckhardthaus, Gelnhausen/Berlin

BAG Streetwork/Mobile Jugendarbeit e. V. (2007): Fachliche Standards. In: Gillich, S. (Hrsg.): Bei Ausgrenzung Streetwork. Handlungsmöglichkeiten und Wirkungen. Eigenverlag, Gelnhausen, 229–236

Bange, D. (2018): Haben sich die Eingriffsschwellen beim Kinderschutz verändert? neue praxis, 4, 325-341

Bay C., Sauer, R. (2010): Vom Warming-Up zum Cool-Down. Neue Methoden für die Arbeit mit Jugendgruppen. 3. Aufl. Juventa, Weinheim/München

Becker-Lenz, R., Müller, S. (2009): Die Notwendigkeit von wissenschaftlichem Wissen und die Bedeutung eines professionellen Habitus für die Berufspraxis der Sozialen Arbeit. In: Becker-Lenz, R., Busse, S., Ehlert, G., Müller, S. (Hrsg.): Professionalität in der Sozialen Arbeit. Standpunkte, Kontroversen, Perspektiven. VS-Verlag, Wiesbaden, 195–221

Beckmann, C., Otto, H.-U., Richter, M., Schrödter, M. (Hrsg.) (2004): Qualität in der Sozialen Arbeit. Zwischen Nutzerinteressen und Kostenkontrolle. Springer VS Verlag, Wiesbaden

Belardi, N. (2018): Supervision und Coaching. Grundlagen, Techniken, Perspektiven. 5. Aufl. Beck Verlag, München

Belardi, N. (2015): Supervision für helfende Berufe. 3. Aufl. Lambertus, Freiburg i. Br.

Belardi, N., Akgün, L., Gregor, B. (2011): Beratung. Eine sozialpädagogische Einführung. 6. Aufl. Beltz Juventa, Weinheim/München

Bestmann, S., Straßburger, G. (2008): Praxishandbuch für sozialraumorientierte interkulturelle Arbeit. Stiftung Mitarbeit, Bonn

Van Beugen, M. (1972): Agonische Intervention. Planung und Strategie. Lambertus, Freiburg i. Br.

Beywl, W., Bestvater, H., Friedrich, V. (2011): Selbstevaluation in der Lehre. Ein Wegweiser. Waxmann, Münster

Biesel, K., Urban-Stahl, U. (2018): Lehrbuch Kinderschutz. Beltz Juventa, Weinheim/Basel

Boeger, A., Schut, T. (2006): Auswirkungen von Project Adventure auf personale Kompetenzen. erleben und lernen 2, 4–6

Bundesjugendkuratorium/BJK (2001): Zukunftsfähigkeit sichern! Für ein neues Verhältnis von Bildung und Jugendhilfe, hrsg. vom BMFSFJ, Berlin

BMUB (2016): Städtebauförderungsprogramm ‚Soziale Stadt': Investitionen im Quartier. www.bmubbund.de, 26.08.2016

Boer, J., Utermann, K. (1970): Gemeinwesenarbeit. Community Organization – Opbouwwerk. Einführung in Theorie und Praxis. Ferdinand Enke, Stuttgart

Böllert, K. (2018): Funktionsbestimmungen Sozialer Arbeit. In: Otto/Thiersch/Treptow/Ziegler (Hrsg.): Handbuch Soziale Arbeit, 433–441

Boulet, J., Krauss, J., Oelschlägel, D. (1980): Gemeinwesenarbeit. Eine Grundlegung. AJZ, Bielefeld

Brocher, T. (1967): Gruppendynamik und Erwachsenenbildung. Westermann, Braunschweig.

Bronfenbrenner, U. (1976): Ökologische Sozialisationsforschung. Klett, Stuttgart

Brülle, H., Marschall, A. (1981): Sozialarbeit im Stadtteil – der soziale Raum als Strukturprinzip kommunaler Sozialarbeit. In: Müller, S. (Hrsg.): neue praxis, Sonderheft 6

Bundesregierung (2015): Evaluation des Bundeskinderschutzgesetzes. Bericht 2015. In: www.bmfsfj.de, 13.03.2019

Cohn, R. (1975): Von der Psychoanalyse zur themenzentrierten Interaktion. Von der Behandlung Einzelner zu einer Pädagogik für alle. Klett-Cotta, Stuttgart

Culley, S. (2015): Beratung als Prozess. Lehrbuch kommunikativer Fähigkeiten. 6. Aufl. Beltz Edition Sozial, Weinheim/Basel

Deinet, U. (2009) (Hrsg.): Sozialräumliche Jugendarbeit. Grundlagen, Methoden und Praxiskonzepte. 3. Aufl. VS- Verlag, Wiesbaden

Deinet, U., Sturzenhecker, B. (Hrsg.) (2013): Handbuch offene Kinder- und Jugendarbeit. 4. Aufl. Springer VS, Wiesbaden

Deutsches Institut für Urbanistik/DIfU (2009): Bundestransferstelle Soziale Stadt. In: www.sozialestadt.de/programm, 29.05.2016

Deutscher Kinderschutzbund Landesverband NRW/Institut für soziale Arbeit e.V. (2006): Kindeswohlgefährdung. Erkennen, Beurteilen, Handeln. Wuppertal/Münster

Deutscher Verein für öffentliche und private Fürsorge e. V. (Hrsg.) (2009): Empfehlungen zur Festlegung fachlicher Verfahrensstandards in den Jugendämtern bei Gefährdung des Kindeswohls. NDV, 263 ff.

Dewe, B., Ferchhoff, W., Radke, F.-O. (Hrsg.) (1992): Erziehen als Profession. Springer VS, Wiesbaden

DGCC (Hrsg.) (2015): Case Management Leitlinien. Rahmenempfehlungen, Standards und ethische Grundlagen. Medhochzwei, Heidelberg

Dießenbacher, H. (1984): Nehmen – Verteilen – Geben. Die Geburt des modernen Sozialarbeiters aus dem Geist der Heuchelei. In: neue praxis 4, 374–380

Dörner, K. (2007): Leben und Sterben, wo ich hingehöre. Paranus, Neumünster

Dorsch, W. (1982): Gemeinwesenarbeit in den USA. Sozialmagazin, 7. Jg., Heft 3

Duden-Fremdwörterbuch (2015): Das Fremdwörderbuch. Bd. 5. 11. Aufl. Bibliographisches Institut GmbH, Berlin

Erpenbeck, J., Heyse, V. (2007): Die Kompetenzbiographie. Wege der Kompetenzentwicklung. 2. Aufl. Waxmann, Münster

Ehlting, T., Klaes, S., Beckmann, K. (2018): Berufliche Realität – ASD in Not. Die Herausforderung sozialpädagogischer Arbeit heute. UJ 10/2018, 402–409

Fehren, O. (2008): Wer organisiert das Gemeinwesen? Zivilgesellschaftliche Perspektiven Sozialer Arbeit als intermediärer Instanz. Edition Sigma, Berlin

Fischer, T., Ziegenspeck, J. (2008): Erlebnispädagogik: Grundlagen des Erfahrungslernens. 2. Aufl. Klinkhardt, Bad Heilbrunn

FORUM Jugendhilfe (2015): Schwerpunktheft ‚Straßenjugendliche in Deutschland'. Heft 2

Franke, T., Grimm, G. (2006): Quartiermanagement als Instrument einer integrierten Stadtteilentwicklung – konzeptionelle Grundlagen und Praxiserfahrungen. In: Sinnig, H. (Hrsg.): Stadtmanagement, Strategien zur Modernisierung der Stadt(-Region), Dortmunder Vertrieb – Verlag für Architektur, Bau- und Planungsliteratur, Dortmund, 307–319

Freigang, W., Bräutigam, B., Müller, M. (2018): Gruppenpädagogik. Beltz Juventa, Weinheim/München

Friedländer, W., Pfaffenberger, H. (1966): Grundbegriffe und Methoden der Sozialarbeit. Luchterhand, Neuwied

Fritz, J. (1973): Gruppendynamik und Jugendarbeit. Juventa, Weinheim/München

Fröhlich, R., Szyszka, P., Bentele, G. (Hrsg.) (2015): Handbuch der Public Relations. Mit Lexikon. 3. Aufl. Springer VS, Wiesbaden

Fürst, R., Hinte, W. (2017): Sozialraumorientierung. 2. Aufl. facultas, Wien.

Gangway Berlin e. V. (Hrsg.) (2010): Down town Berlin. Geschichten aus der Unterstadt. 20 Jahre Straßensozialarbeit in Berlin. Hirnkost Verlag, Berlin

Gairing, F. (2008): Organisationsentwicklung als Lernprozess von Menschen und Systemen. 4. Aufl. Beltz, Weinheim/Basel

Galuske, M. (2013): Methoden der Sozialen Arbeit. 10. Aufl. Beltz Juventa, Weinheim / München

Galuske, M., Müller, C. W. (2012): Handlungsformen in der Sozialen Arbeit. Geschichte und Entwicklung. In: Thole, W. (Hrsg.), 587–610

Gerando, J. M. de (1831): Der Armenbesucher. Nach der 4. Aufl. vom Jahre 1828, übersetzt von E. Schelle und G. Basse, Quedlingburg und Leipzig

Gerber, C. (2015): Krisenintervention und Inobhutnahme. In: Merchel (Hrsg.): Handbuch Allgemeiner Sozialdienst, 257-267

Gerth, A., Sing, E. (1992): Knatsch, Zoff und Keilerei. AG Spak, München

Geißler, K. A., Hege, M. (2007): Konzepte sozialpädagogischen Handelns. Ein Leitfaden für soziale Berufe. 11. Aufl. Juventa, Weinheim / München

Geldard, K., Geldard, D. (2003): Helfende Gruppen. Eine Einführung in die Gruppenarbeit mit Kindern. Beltz, Weinheim / Basel

Gieschler, S. (1999): Leben erzählen – Von der Wiederbelebung einer Kulturtätigkeit in postmoderner Zeit. Waxmann, Münster / New York / München / Berlin

Gildemeister, R. (1983): Als Helfer überleben. Beruf und Identität in der Sozialarbeit / Sozialpädagogik. Luchterhand, Neuwied

Gilsdorf, R. (2004): Von der Erlebnispädagogik zur Erlebnistherapie. EHP-Verlag, Bergisch-Gladbach

Gilsdorf, R., Kistner, G. (2009): Kooperative Abenteuerspiele. Bd. 1 und Bd. 2. Kallmeier'sche Verlagsbuchhandlung, Seelze-Velber

Grimm, G., Hinte, W., Litkes, G. (2004): Quartiermanagement. Eine kommunale Strategie für benachteiligte Wohngebiete. Edition Sigma, Berlin

Grunwald, K., Lange, A. (Hrsg.) (2018): Sozialwirtschaft. Handbuch für Wissenschaft und Praxis. Nomos, Baden-Baden

Hahn, K: (1998): Reform mit Augenmaß, hrsg. von Michael Knoll. Klett-Cotta, Stuttgart

Haller, D., Hinte, W., Kummer, B. (2007): Jenseits von Tradition und Postmoderne. Sozialraumorientierung in der Schweiz, Österreich und Deutschland. Juventa, Weinheim / München

Hamburger, F. (2012): Soziale Arbeit und Öffentlichkeit. In: Thole, W. (Hrsg.), 999–1022

Hamburger, F., Otto, H.-U. (1999): Sozialpädagogik und Öffentlichkeit. Juventa, Weinheim / München

Hanft, F., Schlieffen, K. v. (Hrsg.): Handbuch Mediation. 3. Aufl. Beck, München

Hauser, A. (2004): Biographie und Soziale Arbeit. Schneider-Verlag Hohengehren, Baltmannsweiler

Hauser, R., Hauser, H. (1971): Die kommende Gesellschaft. Handbuch für soziale Gruppenarbeit und Gemeinwesenarbeit. Pfeiffer, München / Wuppertal

Heckmair, B. (2008): 20 erlebnisorientierte Lernprojekte: Szenarien für Trainings, Seminare und Workshops. Beltz, Weinheim / Basel

Heckmair, B., Michl, W. (2018): Erleben und Lernen. Einstieg in die Erlebnispädagogik. 8. Aufl. Ernst Reinhardt, München/Basel

Heckmair, B., Michl, W. (2013): Von der Hand zum Hirn und zurück. Bewegtes Lernen im Fokus der Hirnforschung. ZIEL-Verlag, Augsburg

Hege, M. (2001): Kunst oder Handwerk? Konzeptionelle und methodische Eckpfeiler sozialpädagogischen Fallverstehens. In: Ader, S., Schrapper, C., Thiesmeier, M. (Hrsg.): Sozialpädagogisches Fallverstehen und sozialpädagogische Diagnostik in Forschung und Praxis. Votum, Münster, 12–21

Heiner, M. (2010): Soziale Arbeit als Beruf. Fälle – Felder – Fähigkeiten. 2. Aufl. Ernst Reinhardt, München / Basel

Heiner, M, Meinhold, H., Spiegel, H. v., Staub-Bernasconi, S. (1998): Methodisches Handeln in der Sozialen Arbeit. 4. Aufl. Lambertus, Freiburg i. Br.

Helsper, W. (2008): Ungewissheit und pädagogische Professionalität. In: Bielefelder AG 8 (Hrsg.): Soziale Arbeit in Gesellschaft. Springer VS, Wiesbaden

Henningsen, J. (1959): Zur Theorie der Volksbildung: historische-kritische Studien zur Weimarer Zeit. Heimann, Köln

Herriger, N. (1997): Empowerment in der Sozialen Arbeit – eine Einführung. Kohlhammer, Stuttgart

Hinte, W., Karas, F. (1989): Studienbuch Gruppen und Gemeinwesenarbeit. Luchterhand, Neuwied

Hinte, W., Karas, F. (1978): Grundprogramm Gemeinwesenarbeit. Peter Hammer, Wuppertal

Hinte, W., Kreft, D. (2017): Sozialraumorientierung. In: Kreft/Mielenz (Hrsg.): Wörterbuch Soziale Arbeit, 943–948

Hinte, W., Litges, W., Springer, W. (1999): Vom Fall zum Feld. Soziale Räume statt Verwaltungsbezirke. Edition Sigma, Berlin

Hinte, W., Metzger-Pregizer, G., Springer, W. (1982): Stadtteilbezogene Soziale Arbeit – ein Kooperationsmodell für Ausbildung und berufliche Praxis. neue praxis, 12. Jg., Heft 4

Hinte, W., Treeß, H. (2014): Sozialraumorientierung in der Jugendhilfe. Theoretische Grundlagen, Handlungsprinzipien und Praxisbeispiele einer kooperativ-integrativen Pädagogik. 3. Aufl. Beltz Juventa, Weinheim / München

Höhn, J. (2015): Theaterpädagogik. Grundlagen, Zielgruppen, Übungen. Henschel, Leipzig

Hopmann, A. (2005): Visionen statt Prognosen. Mit der Szenario-Technik die Jugendhilfe voranbringen. In: Theorie und Praxis der Sozialen Arbeit 3/2005, 24–27

Hoppensack, C. (2012): Kevins Tod – Ein Fallbeispiel für missratene Kindeswohlsicherung. In: Institut für Sozialarbeit und Sozialpädagogik (ISS) (Hrsg): Vernachlässigte Kinder besser schützen. 2. Aufl. Ernst Reinhardt, München / Basel, 144 ff.

Institut für Sozialarbeit und Sozialpädagogik e. V. (ISS) (Hrsg.) (2012): Vernachlässigte Kinder besser schützen. Sozialpädagogisches Handeln bei Kindeswohlgefährdung. 2. Aufl. Ernst Reinhardt, München / Basel

Institut für Sozialarbeit und Sozialpädagogik e. V. (ISS) (Hrsg.) (2011): Der Allgemeine Soziale Dienst. Aufgaben, Ziele, Standards. 2. Aufl. Ernst Reinhardt, München / Basel

Jordan, E. (2001): Zwischen Kunst und Fertigkeit. Sozialpädagogisches Können auf dem Prüfstand. Zentralblatt für Jugendrecht 2001, 88. Jg., 48–53

Kähler, H. D., Gregusch, P. (2015): Erstgespräche in der fallbezogenen Sozialen Arbeit. 6. Aufl. Lambertus, Freiburg i. Br.

Kaufhold, G., Pothmann, J. (2018): Aus dem Schatten der Dienstleistungsorientierung – der Kinderschutz und seine Wiederentdeckung. KomDat, 1/2018, 22-26

Kiebel, H. (1995): Zwanzig Jahre Streetwork. Aufsuchende Sozialarbeit in der BRD. In: Becker, G., Simon, T. (Hrsg.) 1995: Handbuch Aufsuchende Jugend- und Sozialarbeit. Theoretische Grundlagen, Arbeitsfelder, Praxishilfen. Weinheim / München, 21–32

Kleve, H. (2011): Aufgestellte Unterschiede. Systemische Aufstellung und Tetralemma in der Sozialen Arbeit. Carl-Auer, Heidelberg

Kleve, H. (2007): Ambivalenz, System und Erfolg. Provokationen postmoderner Sozialarbeit. Carl-Auer, Heidelberg

Klose, A., Stefan, W. (Hrsg.) (1997): Streetwork und Mobile Jugendarbeit in Europa. Europäische Streetwork-Explorationsstudie, Münster

Koch, G., Streisand, M. (Hrsg.) (2009): Wörterbuch der Theaterpädagogik. 3. Aufl. Schibri-Verlag, Milow

Koch-Weser, S., von Lüpke, G. (2009): Vision Quest. Knaur-Verlag, München

Konopka, G. (1968, engl. 1963): Soziale Gruppenarbeit. Ein helfender Prozess. Beltz, Weinheim / Basel

Krauß, E. J. (2017): Methoden Sozialer Arbeit. In: Kreft/Mielenz (Hrsg.): Wörterbuch Soziale Arbeit, 651-657

Krauß, H. (1950): Casework in den USA. Metzner, Berlin

Krebs, W. (2003): Was machen Streetwork und Mobile Jugendarbeit. Eine empirische Untersuchung im Auftrage der BAG Streetwork / Mobile Jugendarbeit e. V., o. V., Hamburg

Kreft, D. (2018): Der Reiz des anderen. Sport und Soziale Arbeit können sich gegenseitig anregen. Blätter der Wohlfahrtspflege (Schwerpunktheft Sport), 1/2018, 3-5

Kreft, D. (2017): Handlungskompetenz. In: Kreft/Mielenz (Hrsg.): Wörterbuch Soziale Arbeit, 452-455

Kreft, D. (2015): Wie geht es der Kinder- und Jugendhilfe? In: uj 11+12/2015, 450–463

Kreft, D., Falten, P. (2003): Jugendhilfeplanung: Handeln nach den Regeln der Kunst. neue praxis 4, 243–252

Kreft, D., Lukas, H. et al. (1993): Perspektivenwandel der Jugendhilfe. 2 Bde. ISS-Eigenverlag. 2. Aufl. Frankfurt / M.

Kreft, D., Mielenz, I. (Hrsg.) (2017a): Wörterbuch Soziale Arbeit. Aufgaben, Praxisfelder, Begriffe und Methoden der Sozialarbeit und Sozialpädagogik. 8. Aufl. Beltz Juventa, Weinheim / München

Kreft, D., Mielenz, I. (2017b): Jugendhilfeplanung. In: Kreft/Mielenz (Hrsg.): Wörterbuch Soziale Arbeit, 527-531

Kreft, D., Mielenz, I. (2017): Soziale Arbeit. In: Kreft/Mielenz (Hrsg.): Wörterbuch Soziale Arbeit, 830-833

Kreft, D., Müller, C. W. (2008): Konzepte, Methoden, Verfahren und Techniken in der Sozialen Arbeit – Ein praxisorientierter Ordnungsversuch für das Handeln nach den Regeln der Kunst. In: Theorie und Praxis der Sozialen Arbeit 2008 (H. 2), 134–143

Krummacher, M., Kulbach, R., Waltz, V., Wohlfahrt, N.(2003): Soziale Stadt –Sozialraumentwicklung – Quartiermanagement. Herausforderungen für Politik, Raumplanung und soziale Arbeit. Leske & Budrich, Opladen

Lewin, K. (1968): Die Lösung sozialer Konflikte. Christian, Bad Nauheim

Lukas, H. (2017a): Anamnese. In: Kreft/Mielenz (Hrsg.): Wörterbuch Soziale Arbeit, 89–90

Lukas, H. (2017b): Empirische Sozialforschung. In: Kreft/Mielenz (Hrsg.): Wörterbuch Soziale Arbeit, 261–268

Lüttringhaus, M. (2000): Stadtentwicklung und Partizipation. Stiftung Mitarbeit, Bonn

Lüttringhaus, M., Richers, H. (2003): Handbuch Aktivierende Befragung. Stiftung Mitarbeit, Bonn

MacGoldrick, M., Gerson, R., Petry, S. (2009): Genogrammarbeit in der Familienberatung. 3. Aufl. Huber, Bern

Maier, K. (2009): Das ewige Leid mit der Leitwissenschaft. In: sozialmagazin 9, 14–23

Martin, E., Wawrinowski, U. (2003): Beobachtungslehre: Theorie und Praxis reflektierter Beobachtung und Beurteilung. Juventa, Weinheim/München

Maus, F., Nodes, W., Röh, D. (2013): Schlüsselkompetenzen der Sozialen Arbeit für die Tätigkeitsfelder Sozialarbeit und Sozialpädagogik. 4. Aufl. Wochenschau-Verlag, Schwalbach/T.

May, M. (2010): Aktuelle Theoriediskussion Sozialer Arbeit. 3. Aufl. VS Verlag, Wiesbaden

Maykus, S. (2013): Interprofessionalität in der Kinder und Jugendhilfe. Familienzentren als Symbol erweiterter (sozial-)pädagogischer Praxisrelationen. In: Wulfekühler, H., Wiedebusch, S., Maykus, S., Rietmann, S., Renic, M. (Hrsg.): Interprofessionalität in der Tagesbetreuung. Springer VS, Wiesbaden, 13–39

Maykus, S. (Hrsg.) (2006): Herausforderung Jugendhilfeplanung. Standortbestimmung, Entwicklungsoptionen und Gestaltungsperspektiven in der Praxis. Juventa, Weinheim/München

Maykus, S. (2003): Sozialpädagogisches Können ohne Grenzen? Grundlagen der Handlungskompetenz und Kompetenzformen im Bereich der Erziehungshilfen – Balance zwischen Überforderungsstrukturen und Innovationspotentialen. Evangelische Jugendhilfe 4/2003, 49–65

Maykus, S. (2001): Multiperspektivität und Entwicklungsfähigkeit in moderner Heimerziehung – Zur Notwendigkeit der Integration von Reflexion und Intervention im professionellen Handeln. uj 3/2001, 98–109

Maykus, S., Schone, R. (Hrsg.) (2010): Handbuch Jugendhilfeplanung. 3. Aufl. Springer VS, Wiesbaden

Merchel, J. (2019): Evaluation in der Sozialen Arbeit. 3. Aufl. Ernst Reinhardt, München/Basel

Merchel, J. (Hrsg.) (2019): Handbuch Allgemeiner Sozialer Dienst. 3. Aufl. Ernst Reinhardt, München/Basel

Merchel, J. (2016): Jugendhilfeplanung. Ernst Reinhardt, München/Basel

Merchel, J. (2015b): Management in Organisationen der Sozialen Arbeit. Eine Einführung. Beltz Juventa, Weinheim/München

Merchel, J. (2013): Qualitätsmanagement in der Sozialen Arbeit. 4. Aufl. Juventa, Weinheim/München

Merchel, J. (2012): Sozial- und Jugendhilfeplanung. In: Thole (Hrsg.), 743–758

Merchel, J. (2010): Leitungskompetenz für Eirichtungen der Sozialen Arbeit, hrsg. von M. Heiner. Ernst Reinhardt, München/Basel

Merchel, J. (2008): Trägerstrukturen der Sozialen Arbeit. Eine Einführung. 2. Aufl. Juventa, Weinheim/München

Merchel, J. (Hrsg.) (1998): Qualität in der Jugendhilfe. Kriterien und Bewertungsmöglichkeiten. Votum, Münster

Merten, R. (2017a): Professionalisierung. In: Kreft/Mielenz (Hrsg.): Wörterbuch Soziale Arbeit, 731–740

Merten, R. (2017b) Sozialarbeitswissenschaft. In: Kreft/Mielenz (Hrsg.): Wörterbuch Soziale Arbeit, 819–822

Merten, R. (2000): Zur Binnenstruktur professionellen Handelns in der Sozialen Arbeit. In: Müller, S., Sünker, H., Olk, T., Böllert, K. (Hrsg.) (2000): Soziale Arbeit. Gesellschaftliche Bedingungen und professionelle Perspektiven. Luchterhand, Neuwied/Kriftel, 399–416

Meysen, T., Schönecker, L., Kindler, H. (2009): Frühe Hilfen im Kinderschutz. Juventa, Weinheim/München

Michel-Schwartze, B. (2009a): Einführung: Methodenverständnis und Handlungsrationalitäten. In: Michel-Schwartze (Hrsg.) (2009): Methodenbuch Soziale Arbeit. Basiswissen für die Praxis. 2. Aufl., VS-Verlag, Wiesbaden, 9–23

Michel-Schwartze, B. (2009b): Fallarbeit. Ein theoretischer und methodischer Zugang. In: Michel-Schwartze (Hrsg.) (2009): Methodenbuch Soziale Arbeit. Basiswissen für die Praxis. 2. Aufl., VS-Verlag, Wiesbaden, 121–154

Michl, W. (2015): Erlebnispädagogik. 3. Aufl. Ernst Reinhardt, München/Basel

Mielenz, I. (1981): Die Strategie der Einmischung. Sozialarbeit zwischen sozialer Kommunalpolitik und Selbsthilfe. neue praxis/Sonderheft 6, 57–66

Minssen, F. (1965): Gruppendynamik und Lehrerverhalten. Internationale Zeitschrift für Erziehungswissenschaften 11, 305–325

Mögling, T., Beierle, S. (2015): Einmal Straße, immer Straße? Handlungs- und Unterstützungsstrukturen für Straßenjugendliche. In: FORUM Jugendhilfe 2/2015, 4–11

Morlok, M., Neubauer, R., Schönfelder, W. (1993): Let's Organize!! Gemeinwesenarbeit und Community Organization im Vergleich. AG SPAK, München

Muff, A., Engelhardt, H. (2013): Erlebnispädagogik und Spiritualität. 2. Aufl. Ernst Reinhardt, München/Basel

Müller, B. (2012): Professionalität. In: Thole (Hrsg.), 955–974

Müller, B. (1991): Die Last der großen Hoffnungen. Methodisches Handeln und Selbstkontrolle in sozialen Berufen. Juventa, Weinheim/München

Müller, C. W. (2013): Wie Helfen zum Beruf wurde: Eine Methodengeschichte der Sozialen Arbeit. Juventa, 6. Aufl. Weinheim/München

Müller, C. W. (1987): Gruppenpädagogik. Auswahl aus Schriften und Dokumenten. Beltz, Weinheim/Basel

Müller, C. W. (1973): Das Dilemma des Gemeinwesenarbeiters. In: Otto, H.-U., Schneider, S. (Hrsg.): Gesellschaftliche Perspektiven der Sozialarbeit, Bd. 2. Luchterhand, Neuwied/Berlin, 217–222

Müller, C. W. (1971): Die Rezeption der Gemeinwesenarbeit in der Bundesrepublik Deutschland. In: Müller, C. W., Nimmermann P. (Hrsg.): Stadtplanung und Gemeinwesenarbeit. Juventa, München, 228–240

Müller, C. W., Oelschläge, D. (1975): Gruppendynamik und Emanzipation. In: Hartfiel, S. (Hrsg.): Emanzipation. Ideologischer Fetisch oder reale Chance? VS Verlag, Opladen

Münchmeier, R. (2017a): Einmischungsstrategie. In: Kreft/Mielenz (Hrsg.): Wörterbuch Soziale Arbeit, 244–247

Münchmeier, R. (2017b): Ethik. In: Kreft/Mielenz (Hrsg.): Wörterbuch Soziale Arbeit, 291–293

Münchmeier, R., Hering, S. (2014): Geschichte der Sozialen Arbeit. 5. Aufl. Beltz Juventa, Weinheim/München

Münder, J. (2001): Rechtsfolgen bei Verletzung professioneller Standards. Zeitschrift für Jugendrecht 11, 401–408

Münder, I. et al. (1988): Frankfurter Kommentar zum Gesetz für Jugendwohlfahrt/JWG. 4. Aufl. Beltz, Weinheim/Basel

Münder, J., Meysen, T., Trenczek, T. (Hrsg.) (2019): Frankfurter Kommentar SGB VIII. Kinder- und Jugendhilfe. 8. Aufl. Nomos, Baden-Baden

Nolting, H. P., Paulus, P (1999): Psychologie lernen. Eine Einführung und Anleitung. Beltz, Weinheim

Obama, B. (2008): Ein amerikanischer Traum. Die Geschichte meiner Familie. Carl Hanser, München

Ollmann, R. (2001): Rechtsfragen im Zusammenhang mit dem Hausbesuch. Zentralblatt für Jugendrecht 1, 1–7

Orlick, T. (2001): Neue Kooperative Spiele. Mehr als 200 konkurrenzfreie Spiele für Kinder und Erwachsene. Beltz, Weinheim/Basel

Ortmann, F. (1996): Neue Steuerungsformen der Sozialverwaltung und der Sozialen Arbeit. In: NDV 2/1996, 62–67

Pagés, M. (1971): Bethel 1969. Eindrücke eines Immigranten. Gruppendynamik 2, 112–127

Penta, L. (2007): Community Organizing. Menschen verändern ihre Stadt. Edition Körber-Stiftung, Hamburg

Peters, F., Koch, J. (2004) (Hrsg.): Integrierte erzieherische Hilfen. Juventa, Weinheim / München

Pincus, A., Minahan, A. (1980): Ein Praxismodell der Sozialarbeit. In: Specht, H., Vickery, A.: Methodenintegration in der Sozialarbeit. Lambertus, Freiburg i. Br.

Pleiner, G., Heblich, B. (2009): Lehrbuch Pressearbeit. Grundlagen und Praxismethoden für die Soziale Arbeit. Juventa, Weinheim / München

Prior, H. (1970): Gruppendynamik in der Seminararbeit. Reihe Blickpunkt Hochschuldidaktik Nr. 11, Hamburg

Proksch, R. (2017): Mediation. In: Kreft/Mielenz (Hrsg.): Wörterbuch Soziale Arbeit, 641–644

Puhl, R. (2003): Klappern gehört zum Handwerk. Funktion und Perspektive von Öffentlichkeitsarbeit in der Sozialen Arbeit. Juventa, Weinheim / München

Puhl, R., Straub, U. (2002): Wie werden Sozialarbeiterinnen und Sozialpädagogen auf die Kommunikation mit der Öffentlichkeit vorbereitet? Sozialmagazin 7 / 8, 48–58

Rauen, C. (Hrsg.) (2005): Handbuch Coaching. 3. Aufl. Hogrefe, Göttingen

Rauschenbach, T. (2017): Soziale Berufe. In: Kreft/Mielenz (Hrsg.): Wörterbuch Soziale Arbeit, 871–878

Richmond, M. (1922): What is Social Case Work? Russell Sage Foundation. New York

Richmond, M. (1917): Social Diagnosis. Russell Sage Foundation. New York

Roberts, R. W., Nee, R. H. (Hrsg.) (1974): Konzepte der Sozialen Einzelfallhilfe. Lambertus, Freiburg i. Br.

Roedel, B. (2014): Praxis der Gruppenarbeit. 7. Aufl. Borgmann, Leipzig

Rogers, C. (1976): Entwicklung der Persönlichkeit. Klett-Cotta, Stuttgart

Roethlisberger, F., Dickson, W.J. (1939): Management and the Worker. Harvard University Press, Cambridge

Rüting, W. (2009): Hausbesuche des Allgemeinen Sozialen Dienstes – bewährter Standard sozialarbeiterischen Handelns. Forum Erziehungshilfen 1, 12–17

Salomon, A. (1926): Soziale Diagnose. Carl-Heymanns-Verlag, Berlin

Salomon, A., Wronsky, S. (1926): Soziale Therapie. Ausgewählte Akten aus der Fürsorge-Arbeit. Für Unterrichtszwecke zusammengestellt und bearbeitet. Carl-Heymanns-Verlag, Berlin

Schaarschuch, A. (2001): Soziale Dienstleistung. Luchterhand, Neuwied

Schad, N., Michl, W. (Hrsg.) (2004): Outdoor-Training. Personal- und Organisationsentwicklung zwischen Flipchart und Bergseil. 2. Aufl. Ernst Reinhardt, München / Basel

Schiller, H. (1997): Soziale Gruppenarbeit in Deutschland. Persönliche Erinnerungen und Erfahrungen. In: Nebel, G., Woltmann-Zingsheim, B.: Werkbuch für das Arbeiten mit Gruppen. Institut für Beratung und Supervision. Aachen, 277–327

Schiller, H. (1963): Gruppenpädagogik (social group work) als Methode der Sozialarbeit. Haus Schwalbach, Wiesbaden

Schilling. J. (2017): Didaktik/Methodik der Sozialpädagogik. 7. Aufl. Ernst Reinhardt, München/Basel

Schmidt, R. (2006): Auf dem Weg in eine evidenzbasierte Soziale Arbeit. In: Blätter der Wohlfahrtspflege 3/2006, 99–103

Schödlbauer, C. (Hrsg.)(2004): Weisheit und Trance. Ziel, Augsburg

Schone, R, (2015): Einschätzung von Gefährdungsrisiken im Kontext möglicher Kindeswohlgefährdung. In: Merchel (Hrsg.): Handbuch Allgemeiner Sozialer Dienst, 277–285

Schreyögg, A. (2012): Coaching. Eine Einführung für Praxis und Ausbildung. 7. Aufl. Campus, Frankfurt/M.

Schubert, H., Spieckermann, H. (2010): Standards des Qualitätsmanagements. Verlag Sozial-Raum-Mangement, Köln

Schürmann, E. (2004): Öffentlichkeitsarbeit für soziale Organisationen. Juventa, Weinheim/München

Schwäbisch, L., Siems, M. (1997): Anleitung zum sozialen Lernen für Paare, Gruppen und Erzieher. 29. Aufl. Rowohlt, Reinbek

Schwerpunktheft ‚Straßenjugendliche in Deutschland‘. In: FORUM Jugendhilfe 2/2015

Sherif, M., Sherif, C. W. (1964): Reference Groups. Exploration into Conformity and Deviation of Adolescents. Harper and Row, New York

Simon, T., Wendt, P.-U. (2019): Lehrbuch Soziale Gruppenarbeit, Beltz Juventa, Weinheim/München

Simsa, R., Meyer, M., Badelt, Ch. (Hrsg.): Handbuch der Nonprofit Organisation. Strukturen und Management. 5. Aufl. Schäffer-Poeschel, Stuttgart

Sinnig, H. (Hrsg.) (2006): Stadtmanagement. Strategien zur Modernisierung der Stadt (-Region). Dortmunder Vertrieb – Verlag für Architektur, Bau- und Planungsliteratur, Dortmund

Spangenberg, D. (1969): Chancen der Gruppendynamik. Gruppendynamische Modelle in Erziehung und Unterricht. Beltz, Weinheim/Basel

Spiegel, H. v. (2018): Methodisches Handeln in der Sozialen Arbeit. 6. Aufl. Ernst Reinhardt, München/Basel

Spiegel, H. v. (2017): Evaluation. In: Kreft/Mielenz (Hrsg.): Wörterbuch Soziale Arbeit, 298–302

Staub-Bernasconi, S. (1986): Soziale Arbeit als eine besondere Art des Umgangs mit Menschen, Dingen und Ideen. In: Sozialarbeit 10/1986 (Schweizerischer Berufsverband diplomierter Sozialarbeiter und Erzieher)

Theunissen, G. (2012): Lebensweltbezogene Behindertenarbeit und Sozialraumorientierung. Lambertus, Freiburg i. Br.

Thiersch, H. (2014): Lebensweltorientierte Soziale Arbeit. 9. Aufl. Beltz Juventa, Weinheim / München

Thiersch, H. (2009): Authentizität. In: Becker-Lenz, R., Busse, S., Ehlert, G., Müller, S. (Hrsg.): Professionalität in der Sozialen Arbeit. Standpunkte, Kontroversen, Perspektiven. VS-Verlag, Wiesbaden, 239–253

Thiersch, H. (1993): Strukturierte Offenheit. Zur Methodenfrage einer lebensweltorientierten Sozialen Arbeit. In: Rauschenbach, T., Ortmann, F., Karsten, M. (Hrsg.) (1993): Der sozialpädagogische Blick. Lebensweltorientierte Methoden in der Sozialen Arbeit. Juventa, Weinheim / München, 11 ff.

Thies, R. (2005): Zur Zusammenarbeit von sozialer Arbeit und Stadtplanung aus der Sicht sozialer Arbeit. In: Hamacher, G., Schubert, H., Eickhoff, A., Nüß, S. (Hrsg.): sozial raum stadt. Perspektiven bei der Planung des sozialen Raumes Stadt. Verlag Sozial-Raum-Management, Köln, 75 ff..

Thiesen, P. (2018): Arbeitsbuch Spiel. 8. Aufl. Westermann, München/Köln

Thiesen, P. (2017): Spielen. In: Kreft/Mielenz (Hrsg.): Wörterbuch Soziale Arbeit, 969–973

Thole, W. (Hrsg.) (2012): Grundriss Soziale Arbeit. Ein einführendes Handbuch. 4. Aufl. Springer VS, Wiesbaden

Udall, D., Mednick, A. (2000): Journeys Through Our Classroom: Expeditionary Learning Outward Bound. Kendall / Hunt, Dubuque, Iowa

Urban-Stahl, U. (2019): Hausbesuche. In: Merchel, J. (Hrsg.): Allgemeiner Sozialer Dienst (ASD). 3. Aufl. Ernst Reinhardt, München/Basel, 241–260

Urban-Stahl, U. (2009): Der Hausbesuch zwischen fachlicher Notwendigkeit und öffentlicher Instrumentalisierung. Forum Erziehungshilfen 1, 4–11

Varga von Kibéd, M., Sparrer, I. (2000): Ganz im Gegenteil. Tetralemmaarbeit und andere Grundformen systemischer Strukturaufstellungen – für Querdenker und solche, die es werden wollen. Carl-Auer, Heidelberg

Vogel, M. R., Oel, P. (1966): Gemeinde und Gemeinschaftshandeln. Zur Analyse der Begriffe Community Organization und Community Development. In: Schriftenreihe des Vereins für Kommunalwissenschaften e. V. Berlin, Bd. 11. Stuttgart / Berlin / Köln / Mainz

Weinberger, S. (2015): Kindern spielend helfen. Beltz Juventa. 6. Aufl. Weinheim/München

Weinberger, S. (2013): Klientenzentrierte Gesprächsführung. Lern- und Praxisanleitung für psychosoziale Berufe. 14. Aufl. Beltz Juventa, Weilheim / München

Wellhöfer, P. R. (2018): Gruppendynamik und soziales Lernen. 5. Aufl. UVK, Tübingen

Wendt, P.-U. (2017): Lehrbuch Methoden der Sozialen Arbeit. 2. Aufl. Beltz Juventa, Weinheim/München

Wendt, W. R. (2018): Case Management im Sozial- und Gesundheitswesen. Eine Einführung. 7. Aufl. Lambertus, Freiburg i. Br.

Wendt, W. R. (2017): Geschichte der Sozialen Arbeit 2. Die Profession im Wandel ihrer Verhältnisse. 2. Aufl. Springer VS Verlag, Wiesbaden